W0299235

Vorwort

Kernthema dieses Buches ist die Finanzkrise 2007/2008, die eine Banken- und Finanzkrise ist und im Frühsommer 2007 mit der „Subprimekrise" (Immobilienkrise) in den USA begann. Diese Krise äußerte sich weltweit in einer Reihe von erlittenen Verlusten und Insolvenzen bei Unternehmen der Finanzbranche (sogenannten Finanzintermediären); dies wurde dadurch ausgelöst, dass die zuvor steigenden Immobilienpreise in den USA, die sich inzwischen zu einer Immobilienblase entwickelt hatten, stagnierten und gebietsweise fielen; gleichzeitig konnten immer mehr Kreditnehmer ihre Kreditraten nicht mehr bedienen, teils wegen steigender Zinsen, teils wegen fehlender Einkommen.

Ab Seite 107 dieses Buches erfahren Sie alles zu dieser, inzwischen die Welt umspannenden Krise und was zu ihrer Abwehr unternommen wurde.

Gleichzeitig will dieses Buch aber nicht nur eine Punktlandung machen, sondern Ihnen im Umfeld dieser konkreten Situation umfassendes Wissen vermitteln, das es Ihnen ermöglicht, sich ein eigenes, gesamtwirtschaftliches und finanzgeschichtliches Bild zu machen. Sie erfahren alles über tangierende Fachbegriffe und bekommen viele Informationen zu den bisherigen, ebenfalls mit einschneidenden Folgen verbundenen Finanzkrisen dieser Welt.

Lassen Sie sich fesseln von einem Buch, dass in erster Linie Wissen vermitteln will, dabei aber ganz sicher auch für kurzweilige Abende sorgt ... denn was kann spannender sein, als Schritt für Schritt in eine eigentlich schwierige Wirtschafts-Problematik eingeführt zu werden und dabei -fast unmerklich- immer mehr Wissen über gesamtwirtschaftliche Zusammenhänge zu erlangen.

Ich wünsche Ihnen viel Spaß bei der Lektüre.

Dirk Glebe

www.spinbooks.de

Inhalt

Finanzkrise

Finanzkrisen sind größere Verwerfungen im Finanzsystem, die durch einen Rückgang der Vermögenspreise und die Zahlungsunfähigkeit zahlreicher Unternehmen der Finanzwirtschaft und anderer Branchen gekennzeichnet sind und die die ökonomische Aktivität in einem oder mehreren Ländern beeinträchtigen.

Varianten

Prinzipiell wird unterschieden zwischen Bankenkrisen, Währungskrisen, Finanzsystemkrisen und Krisen, in denen ein Land oder einzelne Länder ihre Auslandsschulden nicht mehr bedienen können.[1]

Geschichte

Seit dem Ende des 19. Jahrhunderts haben Finanzkrisen in den betroffenen Ländern durchschnittlich jeweils volkswirtschaftliche Kosten in Höhe von 5 bis 10 Prozent des Bruttoinlandsproduktes verursacht und etwa 2 bis 3 Jahre gedauert.[2]

Grenzüberschreitende Finanzkrisen waren die

- US-Sparkassenkrise in den 80er Jahren des 20. Jahrhunderts
- Lateinamerikakrise in den 70er und 80er-Jahren des 20. Jahrhunderts
- Japanische Bankenkrise in den 90er-Jahren des 20. Jahrhunderts
- Asienkrise der Jahre 1997 und 1998
- Russlandkrise der Jahre 1998 und 1999
- Finanzkrise 2007/2008 (Subprime-Krise)

Eine im Wesentlichen auf Mexiko beschränkte Krise war die Peso- oder Tequila-Krise der Jahre 1994 und 1995.

Argentinien-Krise

Der Ausdruck **Argentinien-Krise** bezeichnet die letzte große Wirtschaftskrise in Argentinien zwischen 1998 und 2002, deren Auswirkungen bis in das Jahr 2005 zu spüren waren.

Die beiden Höhepunkte der Krise waren einerseits eine starke Rezession 1998/99 und der Kollaps des Finanzsystems 2001/02, der zum Rücktritt des Präsidenten Fernando de la Rúa und einer Periode von großer politischer Instabilität führte. In der Zeit der Krise sank das Bruttoinlandsprodukt Argentiniens um insgesamt 21 %. Die sozialen Folgen waren verheerend: Am Höhepunkt der Krise (Mitte 2002) stieg die Armutsrate auf 57 %, die Arbeitslosenrate erreichte 23 %. Seit Mitte 2002 erholt sich die Wirtschaft des Landes wieder, sie befindet sich seit 2003 wieder auf Wachstumskurs (Wachstum 2003: 8,9 %, 2004: 8,8 %).

Vorgeschichte und Ursachen der Krise

Argentinien, das in der ersten Hälfte des 20. Jahrhunderts zu den reichsten Ländern der Welt gehört hatte (1913 lag das Pro-Kopf-Einkommen auf dem Niveau Frankreichs und Deutschlands[1]), hatte seit der Absetzung von Juan Perón 1955 eine sowohl politisch als auch wirtschaftlich instabile Phase durchgemacht. Es kam zu häufigen Regierungswechseln, die sich auch in einer Wirtschaftspolitik mit stark wechselnden Ideologien niederschlugen. Die Folge waren zahlreiche Wirtschaftskrisen, die wiederum zu kurzfristig angelegten Stabilisierungsprogrammen führten, die jedoch die instabile Situation meist noch verschärften und hohe soziale Kosten verursachten, insbesondere durch eine hohe Inflationsrate. Somit wird oft von einem langsamen Abstieg Argentiniens von der ersten in die Dritte Welt gesprochen.

Viele Fehler in der Wirtschaftspolitik dieser Phase waren ausschlaggebend für die Krise der Jahrtausendwende. 1983 war zwar die politische Instabilität durch die endgültige Etablierung der Demokratie überwunden worden, die wirtschaftliche Instabilität – hohe Inflationsraten und daraus resultierend harte Sparprogramme wie der Plan

Austral – dauerte jedoch noch bis 1991 an, als Argentinien seine Währung mit einem festen Wechselkurs an den US-Dollar band und damit die Inflation vorerst stoppen konnte. Schon nach wenigen Jahren zeigten sich jedoch die ersten Nachwirkungen dieses Stabilisierungsprogramms monetaristischer Ausrichtung: Die Preise argentinischer Produkte verteuerten sich auf dem Weltmarkt und führten zu einer geringeren Wettbewerbsfähigkeit und im Endeffekt einer negativen Handelsbilanz und einer starken Erhöhung der Auslandsverschuldung.

Obwohl mit den Ex-Präsidenten Carlos Menem und Fernando de la Rúa sowie dem Wirtschaftsminister Domingo Cavallo für einige Massenmedien die Schuldigen an der Krise schon früh "feststanden", ist die Krise durch das Zusammenwirken mehrerer komplexer Effekte zustande gekommen. Hier wären zu nennen:

Hohe Schuldenrate

Schon in der Militärdiktatur des Prozess der Nationalen Reorganisation 1976–83 war wegen einer negativen Handelsbilanz sowie Spekulation und Kapitalflucht die Verschuldung Argentiniens rapide angestiegen und konnte sich danach nur kurzzeitig stabilisieren. In der Regierungszeit Menems stieg sie ebenfalls wegen der fast immer negativen Handelsbilanz zwar moderat, aber konstant auf etwa 55% des Bruttosozialprodukts des Landes. Allein zwischen 1996 und 1999 stiegen die Staatsschulden um 36 %. [2]

Überbewertung des Peso gegenüber dem US-Dollar

1991 hatte der damalige Wirtschaftsminister Domingo Cavallo zunächst den Austral, dann, nach dessen Einführung, den Peso an den US-Dollar gekoppelt. Der fixe Wechselkurs betrug 10.000 Austral je US-Dollar bzw. 1 Peso je US-Dollar. Diese Maßnahme führte zunächst zu einem erfolgreichen Rückgang der Inflation, die während der Hyperinflations-Krise 1989 dreistellige Werte im Monat erreicht hatte. Dennoch blieb eine ein- bis zweistellige Restinflation erhalten, die die argentinischen Produkte auf dem Weltmarkt verteuerte. Dies führte vor allem in der zweiten Hälfte der 1990er Jahre zu einer Importschwemme und einer negativen Handelsbilanz, die durch Neuverschuldung ausgeglichen werden musste. Heute wird kritisiert, dass Argentinien die 1:1-Parität möglichst noch vor 1998 durch einen flexiblen Wechselkursmechanismus hätte ersetzen sollen, wodurch die Krise wohl nicht so drastisch ausgefallen wäre. Verschärft wurde dieser Effekt noch durch den starken Dollar Ende der 90er Jahre. [3]

Konsequenzen anderer südamerikanischer Krisen

1995 hatte Mexiko nach der so genannten Tequila-Krise seine Währung abgewertet, dasselbe passierte 1998 in Brasilien. Das hatte zur Folge, dass die Produkte dieser Länder auf dem Weltmarkt deutlich billiger wurden, mit verheerenden Folgen für die exportorientierten argentinischen Wirtschaftsbereiche. Zudem lagerten einige argentinische Betriebe und internationale Konzerne ihre Produktion daraufhin nach Brasilien aus, was die Arbeitslosenrate weiter erhöhte.

Mangelndes Vertrauen in das Finanzsystem

Wegen der wechselhaften Geschichte der argentinischen Wirtschaft waren die Argentinier misstrauisch gegenüber dem Bankensystem geworden, der Konsumentenvertrauensindex sank zwischen 1998 und 2001 um 20%. [4]. Dies führte zu Panikreaktionen - massenhafte Dollarkäufe und Verlagerung von Kapital ins Ausland - besonders nach dem neuen Bankengesetz Ende 2001 und der darauf folgenden Abwertung 2002, was die Wirtschaft noch weiter zurückwarf.

Auch international war das Vertrauen in die argentinische Volkswirtschaft um die Jahrtausendwende rapide gesunken. Die Länderrisikoprämie, die angibt, wie hoch die Zinsen für Anleihen eines Landes im Vergleich zum Standard-Zinssatz in den USA liegen, stieg ab 2000 stetig an, ab dem 10. Oktober 2001 war sie mit 1.916 Punkten [5], was 19,1 % Zusatzzinsen bedeutete die höchste der Welt. Faktisch bedeutete dies, das Argentinien der Zugang zum regulären ausländischen Kapitalmarkt verwehrt war und von den Krediten des IWF abhängig war. 2002 stieg die Prämie sogar bis über 6000 Punkte, erst 2005 entspannte sich die Situation.

Denationalisierung der Wirtschaft

Eine Privatisierungswelle Anfang der 90er Jahre, bei der viele Staatsbetriebe zum Teil unter Wert verkauft wurden, führte dazu, dass weite Teile der argentinischen Wirtschaft vom Ausland abhängig wurden. Dies machte das Land anfällig für Spekulation und Kapitalflucht, ein Phänomen, das Ende 2001 maßgeblich zur Bankenkrise beitrug.

Geschichte der Krise

Die Rezession 1998/99 und die Stagnation 2000

1997 und 1998 fiel das argentinische Nachbarland Brasilien in eine tiefe Krise, was eine drastische Abwertung der dortigen Währung auf etwa die Hälfte ihres ursprünglichen Wertes zur Folge hatte. Die Auswirkungen auf Argentinien zeigten sich bald. Zum einen ist Brasilien Argentiniens wichtigster Wirtschaftspartner (beide Länder sind Teil des Wirtschaftsbündnisses Mercosur), so dass die Brasilienkrise große negative Effekte auf den argentinischen Außenhandel hatte. Zum anderen gewann Brasilien durch die Abwertung einen entscheidenden Wettbewerbsvorteil gegenüber Argentinien.

In der Folge kam es zu steigenden Importen aus Brasilien. Zudem wurden argentinischen Produkte auf dem Weltmarkt zunehmend durch brasilianische ersetzt und viele Betriebe lagerten ihre Produktion nach Brasilien aus. Schließlich verringerten sich die Investitionen aus dem Ausland wegen schlechter Prognosen für die gesamte Region.

Diese Umstände führten 1999 zu einer *Rezession* von 4%. Im Jahr 2000 konnte sich die Wirtschaft von der Krise noch nicht erholen, sie stagnierte trotz eines Milliardenkredits (*Blindaje* Übers.: *Panzerung* genannt) des IWF und privater Banken.

Als Auswirkung der Rezession nahm die Arbeitslosigkeit zu. Das führte zu immer mehr Protesten und Demonstrationen. Die Proteste wurden bald zentralisiert und es entstanden verschiedene Protestorganisationen. Die Protestler nannten sich Piqueteros und wurden nach 2001 zeitweise zu einem wichtigen Machtfaktor in der argentinischen Politik.

Ebenso stieg als Auswirkung die Zahl der Unterbeschäftigten und damit vor allem der Angestellten in der informellen Wirtschaft. Großes Aufsehen in den Medien erlangten die *Cartoneros*, Menschen, die im Müll nach recycelbaren Materialien, meist Papier und Karton, suchten und diese dann verkauften. Trotz dieser Wiedergeburt des Recycling gab es nur lokale Initiativen zur Mülltrennung, in einigen Städten wie z.B. in Córdoba wurden die Cartoneros jedoch in Kooperativen zusammengeschlossen und fest von der Stadt mit dem Recycling beauftragt, so dass die zunächst sehr informelle und teilweise mafiaähnlich organisierte Tätigkeit in einen geregelteren Rahmen geführt werden konnte.

Ein besonderes Phänomen dieser Phase war die Einführung von Schulden-Bonds in mehreren Provinzen und auch durch den Nationalstaat (deren Bonds hießen *LECOP*). Mit diesen wurden staatliche Angestellte und Beamte - zum Teil zu über 50% des Lohnvolumens - bezahlt. Sie hatten das Aussehen von Geldscheinen und wurden in den meisten Geschäften als Zahlungsmittel angenommen, wenn auch oft ein Aufpreis berechnet wurde. Sie bestimmten zum Höhepunkt der Krise 2001/02 einen beträchtlichen Teil des Zahlungsverkehrs Argentiniens.

Weiterhin entstanden zu dieser Zeit viele Tauschringe, die zum Teil eine freiwirtschaftliche Ideologie (zinslose Wirtschaft) verfolgten, meist jedoch einzig und allein dem Austausch von Lebensmitteln und Dienstleistungen zum Zweck des Erringens eines Ausgleichs für die fallenden Gehälter dienten. Sie wurden ab 2001 zu einem wahren Massenphänomen, fast jedes Stadtviertel jeder Stadt hatte zu dieser Zeit einen eigenen Tauschring. Der Dachverband *Red Argentina de Trueque* gab 2001 eine eigene Währung, den Crédito, heraus, die sogar teilweise zum Immobilienkauf benutzt werden konnte.

Abwertungsgerüchte und die kurze Cavallo-Ära (Januar bis November 2001)

Wegen der Stagnation der Wirtschaft und der unverändert negativen Handelsbilanz wurden die Stimmen lauter, die eine Abwertung forderten. Dem trat die Regierung mit einem energischen Nein entgegen, da man Angst hatte, Opfer von Kapitalflucht und Spekulationsattacken zu werden. Im Nachhinein stellen viele Kritiker fest, dass eine geordnete, geplante Abwertung die Krise deutlich abgeschwächt hätte.

Der nach mehreren verschlissenen Vorgängern ins Amt des Wirtschaftsministers gehobene Domingo Cavallo hatte einen Plan, um geordnet aus der 1:1-Bindung an den Dollar herauszukommen. Diese Bindung sollte durch einen komplizierten Mechanismus ersetzt werden, der den Wert des Pesos sowohl an den US-Dollar als auch an den deutlich tiefer stehenden Euro koppeln sollte. Anstatt der Bindung an eine Währung hätte der Peso an einen Währungskorb gebunden werden sollen. Dies wurde zunächst für den Außenhandel unter Wahrung der 1:1-Parität für andere Finanztransaktionen eingeführt, was eine Abwertung von 5-8% bedeutete. Nach dem neuen Mechanismus setzte sich der Wert des Peso zu 50% aus dem Wert des Euro und zu 50% aus dem Wert des US-Dollars zusammen. Dies bedeutete zum Beispiel:

- wenn ein Euro 0,83 US-Dollar wert ist, dass der Wert des Peso 0,5*0,83+0,5*1=0,915 je US-Dollar beträgt;
- wenn ein Euro 1,08 US-Dollar wert ist, dass der Wert des Peso 0,5*1,08+0,5*1=1,04 je US-Dollar beträgt;

Dieser neue Wechselkurs hätte dann für alle Finanztransaktionen eingeführt werden sollen, wenn der Wechselkurs des Euro zum US-Dollar 1 beträgt, d. h. 1 Euro=1 US-Dollar=1 Peso. Allerdings hätte dies nur dann echte Vorteile gebracht, wenn der Euro - der zu dieser Zeit sehr niedrig stand - die Parität mit dem US-Dollar erreicht hätte und dann wieder gesunken wäre. Heute ist klar, dass der Euro nach Erreichung der Parität weiter gestiegen ist. Das neue Wechselkursregime hätte demnach nur weitere Nachteile für die argentinische Wirtschaft gebracht, wenn man bedenkt, dass der größte Teil des argentinischen Außenhandels mit *Dollar-Ländern* und nicht mit *Euro-*

Ländern getätigt wird. Deshalb hatten Kritiker des Cavallo-Plans vorgeschlagen, auch den brasilianischen Real mit in den Währungskorb zu nehmen, da der größte Teil des argentinischen Außenhandels mit Brasilien abgewickelt wird.

Mitte 2001 sah es so aus, als könnte die Wirtschaft des Landes mit einem blauen Auge davonkommen, das Wirtschaftswachstum rutschte in ein leichtes Plus.

Womöglich der endgültige Auslöser für den weiteren Niedergang könnte die weltweite Wirtschaftsdepression nach dem 11. September 2001 gewesen sein [6], der das Vertrauen der Anleger in die Märkte weltweit und in Krisenstaaten wie Argentinien insbesondere schwinden ließ.

Kapitalflucht, Bankenchaos und Abwertung (November 2001 bis April 2002)

Als Cavallo Ende November 2001 äußerte, das vom IWF vorgegebene Haushaltsziel nicht zu erreichen, führte dies zu einer Weigerung des IWF, eine vorgesehene 1,25 Mrd. USD-Tranche an Argentinien zu überweisen. Diese Schreckensnachricht führte zu einem drastischen Vertrauensverlust für den Staat und so zu einer raschen Kapitalflucht, die das Bankensystem in eine tiefe Krise stürzte. Um ein komplettes Chaos zu verhindern, führte Cavallo Anfang Dezember das so genannte Corralito ein, das eine Obergrenze von 250 Peso die Woche für das Abheben von Bargeld von Girokonten vorsieht. Der Hintergrund war, einen Umtausch der Währung in Dollar zu verhindern, da sonst das Bankensystem Giro- und Sparkonten nicht mehr hätte auszahlen können.

Das Corralito verschlimmerte jedoch die Vertrauenskrise in die Wirtschaft im In- und Ausland und rief den Zorn der Mittelklasse hervor, der sich zuerst durch einen Generalstreik am 13. Dezember und schließlich am 19. und 20. Dezember 2001 in einer Folge massiver, teils gewalttätiger Demonstrationen (Cacerolazo) mit insgesamt 28 Toten äußerte. Dieses Klima führte zum *Rücktritt* von Domingo Cavallo und tags darauf auch von Fernando de la Rúa.

Übergangsweise übernahm das Präsidentenamt der Peronist Adolfo Rodríguez Saá, der bis zu diesem Zeitpunkt Gouverneur der Provinz San Luis gewesen war. Seine Amtszeit dauerte nur fünf Tage lang. Auslöser für seinen Rücktritt am 30. Dezember 2001 waren zum einen die Weigerung einiger Provinzgouverneure, ihn in seinem Wirtschaftskurs zu unterstützen, der unter anderem eine radikale Rationalisierung des Staates sowie die Schaffung einer Zweitwährung (des so genannten *Argentino*, dessen Wechselkurs sich frei zum Dollar bewegen sollte) beinhaltete, sowie der wachsende Unmut der Bevölkerung, der sich in weiteren großen Protestkundgebungen äußerte. Das wichtigste Vorkommnis in Saás Präsidentschaft war die Erklärung der Zahlungsunfähigkeit (Staatsbankrott) gegenüber den Gläubigern des Landes; eine Entscheidung, die zunächst von seinen Nachfolgern beibehalten wurde.

Nachdem gemäß der argentinischen Verfassung das Amt des Präsidenten übergangsweise vom Präsidenten der Abgeordnetenkammer, Eduardo Camaño, bekleidet wurde, wurde der Peronist Eduardo Duhalde am 1. Januar 2002 zum Präsidenten ernannt und trat sein Amt am folgenden Tag an. Die Wirtschaftsexperten in seinem Umkreis entschieden sich eindeutig für eine Abwertung des Peso. Zunächst wurde die Öffnung der Banken landesweit an mehreren Tagen untersagt, um Panik-Dollarkäufe zu unterbinden. Der Umfang der Abwertung wurde auf 28% festgesetzt (1,40 Peso = 1 Dollar), jedoch galt dieser "offizielle" Kurs nur für den Außenhandel. Im Innenhandel ließ man den Kurs frei schwanken ("freier Dollarkurs").

Der Erfolg der Abwertung war ernüchternd. Der "freie Dollarkurs" stieg infolge von massiven Panikkäufen schon innerhalb weniger Tage über zwei Pesos. Dies veranlasste die Regierung, den "offiziellen" Kurs abzuschaffen, was weitere Panikkäufe zur Folge hatte und den Kurs weiter nach oben trieb.

In der Zwickmühle vor allem wegen der fatalen Folgen der Abwertung des Peso für die Banken, entschied man sich für eine rigide Maßnahme, die bald als *Corralón* bekannt wurde. Sie bestand darin, alle Konten über einem bestimmten Grenzwert in festverzinsliche Sparbücher umzuwandeln, deren Rückgabetermine bis 2010 gestreckt wurden. Besonders problematisch erwies sich die Situation der unter der

Regierungszeit Menems eingeführten Konten in Dollar, da diese sich ja im Wert vervielfacht hätten. So entschied man sich, Dollarkonten als Pesokonten mit Wert 1 zu 1,40 zu betrachten und erst im Laufe von mehreren Monaten, im Falle von hohen Werten sogar mehreren Jahren zurückzugeben. Schulden konnte man dagegen zunächst mit dem Kurs 1:1 zurückzahlen. Diese so genannte *asymmetrische Pesifizierung* beschäftigte die argentinischen Gerichte lange Zeit, die Folge war letztendlich, dass ein neues *Anleihen*-Programm namens *Plan BODEN* eingeführt wurde und auch die Schulden im Verhältnis 1:1,4 plus einem Inflationsindex, dem *CER*, umgerechnet wurden. Ab 2003 wurden die vom Corralón betroffenen Konten allerdings wegen der besseren Konjunkturlage vorzeitig zurückgezahlt.

Alle diese Maßnahmen führten zu einem weiteren Vertrauensschwund, so dass der Kurs des Dollars im April 2002 bald auf etwa 3,50 Pesos anstieg. Die Zentralbank konnte den Kurs jedoch durch Pesokäufe bald auf etwa 2,80 Peso senken.

Wirtschaftliche Unsicherheit (April bis August 2002)

Um die Bevölkerung zu beruhigen, wurde eine Sozialhilfe von 100, später 150 Pesos für arbeitslose Familienoberhäupter eingeführt (der sogenannte *Plan Jefes y Jefas de Hogar*), angesichts der Inflation war dies jedoch eher ein symbolischer Betrag. Der Dollarkurs in Peso schwankte in der Zeit weiter und stieg Mitte des Jahres wieder auf beinahe 4 Pesos, wo er jedoch wegen massiver Stützmaßnahmen der Zentralbank stagnierte.

Die Situation der Banken sorgte für weitere Unsicherheit. Am Ende setzte sich der *Plan Bonex II* oder *Plan BODEN* durch, welcher die Konten in Dollar in eine weite Palette festverzinslicher Wertpapiere mit einer Laufzeit von 5-10 Jahren *(Boden)* umwandelte.

Der Corralón sorgte in dieser Zeit dafür, das breite Teile der Wirtschaft wie etwa der Immobilienmarkt und die Automobilindustrie regelrecht abgewürgt wurden. So kam es in den ersten Monaten 2002 zu einer Rezession von 12%.

Ausklang der Krise und zaghafte Erholung (August 2002 bis Juli 2003)

Nach der Mitte des Jahres gab es zum ersten Mal Anzeichen einer Erholung der Wirtschaft. Der Dollar-Kurs stabilisierte sich auf dem Niveau zwischen 3,60 und 3,70 Pesos, was etwas mehr Sicherheit in die Pläne der Unternehmen brachte.

Ende 2002 ging es mit der Wirtschaft dann endgültig wieder aufwärts, die positiven Seiten der Abwertung (konkurrenzfähigere Preise auf dem Weltmarkt) machten sich deutlich bemerkbar. Anfang 2003 wurden das Corralito, das Corralón sowie im Laufe des Jahres die meisten Ersatzwährungen auf Basis von Schuldenbonds (z.B. LECOP) abgeschafft, was den Konsum wieder deutlich ankurbelte. Dennoch kündigte Präsident Duhalde Neuwahlen an, um die staatlichen Institutionen wieder mit Legitimität zu versehen.

Im Mai 2003 gewann Néstor Kirchner, der dem linken Flügel der Peronistischen Partei angehört, die Präsidentenwahl in der zweiten Runde, da sein Gegenkandidat Carlos Menem nicht zur Stichwahl antrat. Er verschaffte sich mit mehreren Aktionen ein "Macher-Image", behielt aber den wirtschaftlichen Kurs seines Vorgängers im Wesentlichen bei. Das Wirtschaftswachstum blieb konstant und erreichte im Jahr 2003 8,9 %.

Weitere Entwicklung

Seit Ende 2003 / Anfang 2004 gibt es immer wieder Energieengpässe, die ihre Ursachen in dem relativ starken Wirtschaftswachstum, den sehr hohen Rohölpreisen und in fehlenden Investitionen in die Energieinfrastruktur haben.

Ein weiterer Konflikt der Nachkrisenzeit war die lange Zeit ungelöste Frage der argentinischen Anleihen, die nicht mehr vom Staat bedient wurden. Ein großer Teil der Schulden Argentiniens wird von privaten Gläubigern reklamiert. Da Argentinien nach der Abwertung 2002 ohne ein extremes Sparprogramm nicht in der Lage gewesen wäre, den Zahlungen gegenüber den privaten Gläubigern nachzukommen, wurden Pläne für ein Umschuldungsangebot (*canje*) erarbeitet. Gegenüber den multilateralen

Gläubigern wie Weltbank, IWF, usw. beglich Argentinien hingegen stets seine Verpflichtungen in voller Höhe (wenn auch teilweise mit zeitlicher Verzögerung).

Im Jahr 2004 wurden den Vertretungen der Gläubiger mehrmals Vorschläge unterbreitet, die einen Kapitalschnitt von 75%, später 65% vorsahen. Sie stießen zunächst besonders bei den ausländischen Gläubigern, die mehr als 55% des Schuldenvolumens reklamieren, allgemein auf Ablehnung und trübten auch Argentiniens Verhältnis mit dem IWF. Durch mehrere diplomatische Missionen gelang es jedoch Argentinien, die meisten Gläubigergruppen zu überzeugen, Widerstand gab es bis zum Ende noch von den deutschen und vor allem von den italienischen Gläubigern.

Der Prozess der Umschuldung sollte ursprünglich Ende November 2004 beginnen, begann aber nach Verzögerungen erst am 12. Januar 2005 und sah einen Kapitalschnitt von nur noch durchschnittlich 50% vor, der durch die Einführung von drei neuen Bonds erreicht wurde, aus denen die Gläubiger mit Einschränkungen auswählen konnten. Die seit 2002 aufgelaufenen überfälligen Zinsen der notleidenden Anleihen wurden von Argentinien entgegen den Bedingungen nicht anerkannt, so dass der tatsächliche Verlust für die früheren Kreditgeber Argentiniens deutlich höher als offiziell angegeben ist.

Die drei Bondtypen sind:

- der *Bono Par* ohne Kapitalschnitt
- der *Bono Cuasi Par* mit einem Kapitalschnitt von 30%
- der *Bono de Descuento* mit einem Kapitalschnitt von 70%

Allen drei gemeinsam ist, dass sie wesentliche Verschlechterungen der rechtlichen Position der Gläubiger beinhalten. Unter anderem ist im Gegensatz zu den früheren Anleihen kein ausländischer Gerichtsstand mehr gegeben, wenn Argentinien erneut seine Schulden nicht mehr bedienen sollte, das heißt es werden dann Klagen nach argentinischer Rechtsordnung und Gerichtsstand anzustrengen sein.

Gezeichnet wurden *Bono Par* sowie *Bono Cuasi Par*, die auf 15 Mrd. US-Dollar (*Par*) bzw. 23,4 Mrd. US-Dollar (*Cuasi Par*) beschränkt waren. Anleger, die über diesen Kontingenten zeichneten, erhielten den *Bono de Descuento* zugeteilt.

Während der *Bono Par* nur niedrige Zinsen und eine sehr lange Laufzeit bietet, hat der *Bono de Descuento* den höchsten Zinssatz und die kürzeste Laufzeit. Weiterhin wird ein Teil der Bonds an die Inflationsrate gebunden, aber in Pesos, nicht mehr in US-Dollar berechnet. Nach Angaben der Zeitung *Clarín* waren dies nach dem Ende des Umschuldungsangebots etwa 40% der Bonds.

Der damalige argentinische Wirtschaftsminister Roberto Lavagna betonte mehrmals, dass dies das letzte und einzige Angebot sein werde, das Argentinien den Gläubigern machen würde. Als erste Gruppe traten die argentinischen Gläubiger in das Angebot ein, von denen ein Großteil Schuldentitel über die argentinischen Rentenkassen (AFJP) hielt.

Mitte Februar 2005 wurden die Verhandlungen für abgeschlossen erklärt. Bis zum Ende des Zeitraums für die Umschuldung am 25. Februar 2005 hatten 76,15% der Gläubiger das Angebot angenommen.

Nach dem Ende des Umschuldungsangebots gab es vereinzelte Stimmen, sowohl von Gläubigergruppen als auch vom IWF, die eine erneute Umschuldungsofferte forderten. Die argentinische Regierung betonte jedoch mehrmals, dass sie diesen Forderungen nicht nachkommen werde.

Ausblick

Das Wachstum in Argentinien blieb seit Mitte des Jahres 2003 stetig hoch. Dieses Wirtschaftswachstum kann vor allem durch die positiven Erfolge der Abwertung begründet werden. Die argentinische Industrie wurde durch die Exporte und Importsubstitution gestärkt. Ab dem Jahr 2004 steigt das Geschäft mit Importgütern wieder stark an, daher wird die wirtschaftliche Lage in Argentinien wieder normalisiert.

Trotz des Wirtschaftswachstums gibt es weiterhin starke soziale und wirtschaftliche Defizite im Land. Die Arbeitslosigkeit (8,7 %, Stand: 4.Quartal 2006) und die Armutsrate (26,9 %, Stand: 2. Halbjahr 2006) bleiben trotz eines stetigen Rückganges weiterhin hoch, und es ist noch nicht abzusehen, ob die teilweise entwicklungshemmenden, neofeudalistischen Strukturen in der argentinischen Wirtschaft und in der Politik von der Regierung Kirchner überwunden werden können. Für Besorgnis sorgt weiterhin die sehr große Ungleichheit zwischen den Regionen, so liegt die Armutsrate zwischen 5 % in Ushuaia und 56 % in Resistencia.[7]

Entscheidend ist auch die Frage, wie die aktuellen Streitigkeiten zwischen Argentinien, dem IWF und den privaten Gläubigern gelöst werden, auch wenn hier derzeit nach der Umschuldung im Februar 2005 eher optimistische Stimmen die Oberhand haben und Argentinien von einem großen Teil der G8-Staaten, unter anderem von Deutschland unterstützt wird. Dennoch gibt es weiter Gruppen von Gläubigern, die ein erneutes Umschuldungsangebot fordern. [8]

Es kann durchaus sein, dass die Argentinien-Krise, die schon überwunden schien, noch weiter geht. Insbesondere die Inflationsrate des Jahres 2005, die laut Schätzungen bei etwa 12 % liegen wird (letzter Jahresvergleich November 2005: 11,1 % laut INDEC), sorgt derzeit für Beunruhigung. Sie wird bisher vor allem durch kurzfristige Abkommen zwischen der Regierung Kirchner und dem Handelssektor bekämpft.

Das Wirtschaftswachstum lag 2005 wie in den Vorjahren mit 9,1 % weit über den Schätzungen des Statistikamtes. Auch 2006 konnte mit 8,5 Prozent ein hohes Wachstum erreicht werden [9].

Die Aussichten für die nächsten Jahre gehen allgemein von einem Fortschreiten des Wachstums der Wirtschaft Argentiniens aus. Der Wirtschaftsexperte Héctor Valle, Direktor der argentinischen Stiftung für Forschung und Entwicklung *Fide*, erwartet auch für die weiteren Jahre ein Wachstum zwischen 6 und 9 % [10], während das Wirtschaftsministerium mit 4 % für 2007 etwas pessimistischer ist [11]. Der Wirtschaftswissenschaftler Salvador Treber nimmt an, dass die Energiefrage das Kernproblem der argentinischen Wirtschaft in den nächsten Jahren sein wird und sein zukünftiges Wachstum von der Lösung des Problems abhängt. [12]

Auswirkungen auf die Bevölkerung

Die Argentinien-Krise hatte eine allgemeine Verschlechterung des Lebensniveaus der argentinischen Bevölkerung zur Folge, die allerdings wegen der schnellen Erholung der Wirtschaft nur wenige Jahre andauerte.

Kaufkraftverlust und Verkleinerung der Mittelklasse

Der direkteste Effekt der Abwertung Anfang 2002 war der Verlust der Kaufkraft des argentinischen Peso. Im Jahr 2002 kam es zu einer Inflationsrate von 41 % (Konsumentenpreisindex IPC). Da diese nicht oder nur in sehr beschränktem Maße von Lohnerhöhungen aufgefangen wurden, sank das Reallohnniveau um 23,2 % [13]. In den Folgejahren war die Inflationsrate weiterhin hoch (zwischen 6 und 16 Prozent im Jahresvergleich), wegen der verbesserten konjunkturellen Lage konnten jedoch zum Teil starke Lohnerhöhungen erreicht werden, so dass der Reallohn wieder anstieg und im Jahr 2005 etwa wieder das Niveau von 2000 erreichte.

Besonders die mittleren Schichten, die in den 1990er Jahren ein relativ hohes Lebensniveau erreicht hatten, waren von diesem Kaufkraftverlust betroffen, ein Teil von ihnen fiel zeitweise sogar unter die Armutsquote (die sogenannten *nuevos pobres*, span. "Neu-Armen"). Bei der Oberschicht waren die Verluste nicht so hoch, da diese ihr Vermögen meist in Dollar angelegt hatten und auch ihre Löhne oftmals in Dollar ausgezahlt bekommen.

Anstieg der Armut und Unterernährung

Mit dem Kaufkraftverlust ging ein hoher Anstieg der Armutsquote von Werten um 15 % in den mittleren 90er Jahren über 25,9 % im Jahr 1998 auf ein Höchstniveau von

57,5 % [13] Mitte 2002 einher. Gleichzeitig hatten 27,5 % der Bevölkerung laut dem Statistikamt INDEC nicht genügend Einkünfte, um den Lebensmittelwarenkorb zu decken, was in Argentinien mit dem Begriff *tasa de indigencia* (Elendsrate) bezeichnet wird.

Dies bedeutet zwar nicht, dass dieser Teil der Bevölkerung von Hunger betroffen ist, da sich der Lebensmittelwarenkorb nicht am absoluten Minimum der notwendigen Kalorienzufuhr, sondern an einem Lebensmittelwarenkorb, dessen Zusammensetzung dem durchschnittlichen Lebensmittelkonsum des zweitärmsten Fünftel der Bevölkerung im Jahr 1986 entspricht[14]. Zudem gibt es zahlreiche Hilfsprogramme vom Staat und Nichtregierungsorganisationen. Dennoch kam es in einigen Provinzen zu einem Anstieg der Unterernährung insbesondere bei Kindern, am schlimmsten war die Provinz Tucumán betroffen, in der im Jahr 2002 mehr als 20 % der Kinder unter fünf Jahren Untergewicht hatten.

Nach dem Höhepunkt der Krise ging die Armutsrate langsam, aber kontinuierlich zurück und liegt im zweiten Semester des Jahres 2006 auf einem Niveau von 26,9 %, die Elendsrate liegt bei 8,7 %. [15].

Stagnation in der Verbesserung sozialer Indikatoren

Während sich zahlreiche wichtige Indikatoren in den 90er Jahren deutlich verbessert hatten, verschlechterten sie sich in den Folgejahren der Krise oder sie stagnierten, wie im Fall der Kindersterblichkeit, die im Gesamtzeitraum der Krise (zwischen 1998 und 2002) zwar leicht zurückging (von 19,1 auf 16,8 auf 1000 Lebendgeburten), aber im Jahresvergleich zwischen 2001 (16,3 Promille) und 2002 leicht anstieg. [15]

Zusammenbruch und erneute Expansion des Informellen Sektors

Argentinien hat besonders seit den 1970er Jahren einen starken Informellen Sektor, der in den 1980er und besonders den späten 1990er Jahren, als die Arbeitslosigkeit zum ersten Mal auf zweistellige Werte anstieg, stark anwuchs. In den Medien wurden vor allem die sogenannten *cartoneros* - Sammler von Karton und anderen recycelbaren Materialien - thematisiert, doch daneben gibt es eine große Anzahl von ambulanten Verkäufern und nicht registrierten Dienstleistern aller Art, den sogenannten *changueros* (etwa: Tagelöhner). Weiterhin sind ein Großteil der in kleinen Einzelhandelsbetrieben (z.B. Kiosken) Angestellten informell beschäftigt.

Wegen der Bargeldknappheit infolge des Corralito, das die Bargeld-Umlaufmenge aus Angst vor Kapitalflucht beschränkte, war Ende 2001 der informelle Sektor in eine sehr schwierige Situation geraten, die mit zur Explosion der Proteste an diesem Jahreswechsel beitrug. Dieser Sektor hängt vollständig vom Vorhandensein von Bargeld ab und sah sich in seiner Existenz bedroht.

Trotz der Bargeldkrise expandierte der informelle Sektor ab Anfang 2002 wieder, als die Arbeitslosigkeit durch die Nebeneffekte der Krise anstieg und viele Neu-Arbeitslose in den Informellen Sektor zwang.

Um diese soziale Tragödie abzufedern, führte Eduardo Duhalde den *Plan Jefes y Jefas de Hogar*, eine Minimal-Sozialhilfe für arbeitslose Familienoberhäupter ein, die zunächst 100, dann 150 Pesos betrug. Es gibt jedoch kein Recht auf diese Sozialhilfe, sondern nur in einer bestimmten Frist eingetragene Berechtigte können sie empfangen.

Nachdem sich die Situation des Arbeitsmarktes ab 2003 wieder entspannte, entstanden nach und nach wieder mehr formelle Arbeitsplätze, so dass die Bedeutung des Informellen Sektors leicht zurückging. Dennoch sind noch im Jahr 2007 mehr als 40 % der erwebstätigen Bevölkerung nicht registriert. [15]

Tauschringe (Red Global de Trueque)

Schon in den 1990er Jahren war infolge der steigenden Arbeitslosigkeit eine große Anzahl von Tauschringen entstanden, in denen nicht nur Waren, sondern vor allem Dienstleistungen ausgetauscht wurden. Diese Aktivität nahm in den Krisenjahren stark zu. Die Marken der Dachorganisation der Tauschringe Red Global de Trueque (RGT), die Créditos, wurden ab 2001 zu einer inoffiziellen Komplementärwährung zum Peso.

Eine unkontrollierte Expansion dieser Aktivität sorgte jedoch für ständige Abwertungen des Crédito durch die RGT, so dass das Tauschen nach der Erholung der Wirtschaft um 2003 immer weniger attraktiv wurde und so an Bedeutung verlor.

Expansion der Piquetero-Protestbewegung

Ab 1996 war wegen der steigenden Arbeitslosigkeit eine wachsende Anzahl von Straßenblockaden (span. *piquetes*) zu verzeichnen, die anfangs durch lose zusammengeschlossene Arbeitslose, später durch organisierte Gruppen, den sogenannten *piqueteros*, veranstaltet wurden. Diese Aktivitäten nahmen ab 1998 stark zu und sorgten zum Teil für erhebliche Verkehrsprobleme vor allem in der Hauptstadt Buenos Aires. Zur selben Zeit wurde die Bewegung von diversen Parteien infiltriert, die ihre eigenen Piquetero-Organisationen gründen, darunter besonders linke und sozialistische Parteien wie das *Partido Obrero*. Mit Hilfe dieser Zusammenschlüsse und durch den Druck ihrer Aktivitäten erreichten die Piqueteros einige ihrer Ziele, etwa die Versorgung mit Arbeitsbeschaffungsmaßnahmen, sogenannte *planes trabajar*.

2004 verbündete sich einer der bekanntesten Piquetero-Aktivisten, *Luis D'Elia*, mit der Regierung Néstor Kirchners und erreichte dadurch einige Zugeständnisse. Dies trug allerdings auch dazu bei, dass die Bewegung insgesamt an Aggressivität und damit auch an Bedeutung verlor, auch wenn ein großer Teil der Piqueteros auf Oppositionskurs zu Kirchner steht (insbesondere das *Movimiento de Jubilados y Desocupados*, geführt von Raúl Castells).

Vorübergehendes Wiederaufflammen der Landflucht und Verschlechterung der Wohnsituation

Eine kurzzeitige Folgeerscheinung der Krise war ein Wiederaufflammen der in den 1990er Jahren zurückgegangenen Landfluchtsbewegungen, von denen vor allem Menschen aus abgelegenen Randregionen betroffen waren, die sich in den informellen Siedlungen am Rand der Großstädte niederließen und versuchten, im informellen Sektor ihren Lebensunterhalt zu verdienen. Dies führte jedoch nur zeitweise zu einer Erhöhung der Slumbevölkerung, da gleichzeitig bereits seit den

1990er Jahren eine Reihe von Bau- und Urbanisierungsprogrammen eingerichtet wurden (z.B. das *Programa de Mejoramiento de Barrios*, ein Programm zur Urbanisierung günstig gelegener Elendssiedlungen [16]) Nach der Wirtschaftserholung 2003 wurden diese Programme stark ausgeweitet, was in einigen Provinzen vermutlich zu einem starken Rückgang der Slumbevölkerung führte, auch wenn es dazu noch keine offiziellen Daten gibt. Gerade in der besonders stark betroffenen Provinz Buenos Aires, die auch die Randregionen der Landeshauptstadt umfasst, stagnieren die Werte jedoch weiterhin wegen des Fehlens einer koordinierten sozialen Baupolitik, so gibt es etwa im Gran Buenos Aires etwa 1,1 Millionen Bewohner von Elendsvierteln [17].

Auswirkungen auf die Volkswirtschaft

Auch auf die Volkswirtschaft allgemein gesehen hatte die Krise sowohl kurz- als auch langfristige Auswirkungen, die weiter als die reine Rezession gingen und einen Strukturwandel herbeiführten.

Importrückgang und Exportboom

Die schnelle Abwertung des Peso führte besonders im Jahr 2002 zu einer Unterbewertung des argentinischen Peso gegenüber den anderen Weltwährungen. Dies hatte eine drastische Senkung der Preise argentinischer Produkte und Dienstleistungen zur Folge, während in Relation dazu die Importe deutlich teurer wurden.

Dies führte zu einem starken Rückgang der Importe besonders in der Phase der stärksten Unterbewertung des Peso zwischen 2002 und 2004, in der der Handelsbilanzüberschuss bis auf 16,7 Milliarden US-Dollar anstieg. [18] Daher wurden zahlreiche vorher importierte Produkte wieder in Argentinien produziert, und es kam zu einer erneuten Welle der Importsubstitution, die allerdings im Gegensatz zu der Phase zwischen 1930 und 1976 nicht staatlich gefördert wurde, sondern allein eine Reaktion auf die Marktsituation war. Parallel dazu stiegen die Exporte ab 2003 stark an, da argentinische Produkte auf dem Weltmarkt wieder attraktiver geworden waren. Dies führte zu einer positiven Handelsbilanz auch in den Folgejahren.

Erst ab 2005, als die Unterbewertung des Pesos wegen einer steigender Inflation, aber stabilen Wechselkursen nachließ, zogen die Importe wieder an; die Handelsbilanz blieb aber bis 2007 weiterhin positiv.

Inflation

Die Abwertung des Peso setzte einen erneuten Inflationskreislauf in Gang. Zwar lagen die Werte weit unter denen der Krise zwischen 1988 und 1990, aber der Kaufkraftverlust des Peso ist bis 2007 trotz der seit 2004 stabilen Wechselkurse konstant.

Die Gründe dafür sind vor allem in der Preis-Kosten-Lohn-Spirale zu suchen. Die erhöhten Preise veranlassten die Gewerkschaften, auf teils starke Lohnerhöhungen Druck auszuüben. Da dies jedoch wiederum die Produkte verteuerte, konnte die Situation sich nur kurzzeitig stabilisieren (in den Jahren 2003 und 2004 mit 3,7 bzw. 6,1 %). Im Jahr 2005 erhöhte sich die Inflation jedoch wieder (12,3 %) [18]

Die Regierung versuchte dieser Entwicklung mittels Preiskontrollen für bestimmte Produkte Herr zu werden. Dies war jedoch nur zeitweise von Erfolg gekrönt. Die Inflationswerte sind auch 2007 weiterhin zweistellig und der Trend geht sogar wieder etwas nach oben - geschätzt wird eine Inflation von etwa 16 %. Die offiziellen Werte vom Jahr 2007, die auf eine einstellige Inflation hindeuten, sind von zahlreichen Wirtschaftsexperten angezweifelt worden, da die Mitarbeiter des INDEC mehrfach Einmischung der Regierung in die Berechnung des Konsumentenpreisindexes denunziert hatten. Es wird vermutet, das aus populistischen Gründen heimlich die Methodik geändert wurde, um die Zahlen zu "schönen". [19]

Energieengpässe

In den Jahren ab 2004 kam es besonders im Winter regelmäßig zu Energieengpässen. Der Grund dafür lag in der Expansion der Wirtschaft, insbesondere der Industrie, und im damit verbundenen steigenden Energieverbrauch, der jedoch nur unzureichend von Investitionen in die Erschließung neuer Energiequellen gedeckt wurde.

Zu einem besonders schweren Engpass kam es im Winter 2004, der landesweit kälter als im klimatischen Durchschnitt ausfiel und allgemein als *Energiekrise* bezeichnet wurde. Der Grund war ein weit überdurchschnittlicher Erdgas- und Stromverbrauch zu Heizzwecken, vor allem in den Privathaushalten. Als kurzfristige Reaktion darauf wurden einerseits die Industrie mit einem vorübergehen Erdgas- und Elektrizitätskonsumverbot belegt. Zum anderen wurden auch die Privathaushalte belastet, indem ein hoher Strafaufschlag auf den Strompreis von Haushalten angewendet wurde, die mehr Elektrizität als im Vergleichsmonat des Jahres 2003 verbraucht hatten. Einige Provinzen entschieden sich dieses Jahr für eine Umstellung auf Winterzeit. Wegen Erfolglosigkeit wurde diese Maßnahme jedoch nur wenige Wochen nach der Krise wieder zurückgenommen.

2005 und 2006 gab es zwar ebenfalls kurzzeitige Engpässe, da die Winter jedoch je nach Landesteil durchschnittlich oder wärmer als im Durchschnitt ausfielen, waren die Effekte nicht so drastisch. 2007 jedoch kam es ab Ende Mai wegen stark unterdurchschnittlicher Temperaturen zu einem weiteren starken Engpass, bei dem wiederum die Industrie zeitweise mit Verbrauchsverboten für Strom und Erdgas belegt wurde. Ebenfalls wurde an besonders kritischen Tagen der Verkauf von Erdgas für Kraftfahrzeuge an Tankstellen untersagt.

Als kurzfristige Lösung vereinbarte Präsident Kirchner mit dem erdgasreichen Nachbarland Bolivien im Juni 2007 eine verstärkte Investition in neue Energiequellen. Langfristig wird Hoffnung in die baldige Fertigstellung des Atomkraftwerks Atucha II und des Wasserkraftwerks Yacyretá-Apipé am Río Paraná - eines der größten der Welt - im Jahr 2008 gelegt, auch sind mehrere Wärmekraftwerke geplant. Eher zaghaft erfolgt dagegen der Ausbau der Windenergie, die in Argentinien besonders im Süden im Überfluss vorhanden ist, wenn auch einige Großprojekte im Norden der Provinz Chubut und im Süden von La Pampa geplant sind. Der Grund für die bisher geringe Nutzung liegt vor allem im bisherigen Fehlen einer eigenen Produktion von Windkraftwerken, das die Investitionen in diese Technik verteuert, da zahlreiche Einzelteile importiert werden müssen. [20]

Asien-Krise

Mit **Asienkrise** wird die Finanz-, Währungs- und Wirtschaftskrise Ostasiens der Jahre 1997 und 1998 bezeichnet. Sie begann im März 1997 in Thailand und griff auf mehrere asiatische Staaten über, insbesondere auf viele der so genannten Tiger- und Pantherstaaten.

Die am stärksten betroffenen Länder waren Indonesien, Südkorea und Thailand. Auch in Malaysia, den Philippinen und Singapur machte sich die Krise bemerkbar, während die Volksrepublik China und Taiwan größtenteils unberührt blieben. Die gleichzeitige Wirtschaftskrise in Japan hatte ihre eigenen Ursachen, wurde aber durch die Asienkrise noch verstärkt.

Entstehung und Ursachen der Krise

Die Ursachen und Gründe für die Krise 1997/98 im asiatischen Raum sehen viele Experten in maßlosen Investitionen, exzessiver Kreditaufnahme – auch in Fremdwährung, Handelsbilanzdefiziten und schwachen regionalen Finanzmarktstrukturen.[1][2][3][4]

Investitionsblase

In Folge der Liberalisierung der Finanzsektoren asiatischer Staaten entstand in den neunziger Jahren ein Kreditboom in Asien. Das Wachstum des Kreditvolumens lag in dieser Zeit im Durchschnitt bei 8 bis 10 Prozent über den Wachstumsraten des BIP. Ein immer größerer Teil der Kredite wurde dabei zum Kauf von Aktien und Immobilien eingesetzt. Die Folge war ein Anstieg der Aktienmärkte und ein starkes Ansteigen der Immobilienpreise um das bis zu Vierfache. Mit den steigenden Immobilien- und Aktienpreisen glaubten die asiatischen Banken gute Sicherheiten zu haben, was zu weiteren Kreditvergaben führte. Dieses Kapital floss wiederum in Aktien und Immobilien, durch die daraus folgenden Preissteigerungen entstand in einigen Bereichen eine spekulative Blase. Dieser „Teufelskreis“ aus Kreditvergabe und gestiegenem Wert der Sicherheiten hatte eine stark einseitige Ausrichtung der

Kreditvergabe zur Folge. Ende 1997 lag der Anteil der durch Immobilien besicherten Kredite in Thailand, Indonesien und Malaysia zwischen 25 und 40 Prozent.[5] Dies machte die Banken bei einem eventuellen Tief am Aktien- und Immobilienmarkt verwundbar.

Fehlende Fremdwährungsabsicherung

Weitere Probleme resultierten aus unterschiedlichen Laufzeiten und Währungen der aufgenommenen und vergebenen Kredite. Da die Banken von der günstigen Zinssituation auf den internationalen Finanzmärkten profitieren wollten, erfolgte die Verschuldung vielfach in US-Dollar oder Yen mit kurzen Laufzeiten. Die Kreditvergabe an inländische Kreditnehmer erfolgte meistens langfristig und in inländischer Währung. Kreditinstitute finanzierten langfristige Kredite mit Hilfe von kurzfristig aufgenommenem Geld. Aufgrund dieser Vorgehensweise kam es zu gravierenden Unterschieden bei Laufzeit und Währung zwischen den aufgenommenen und vergebenen Krediten. Zu diesem Zeitpunkt wurde ein schwerwiegender Fehler begangen, da die Finanzinstitute auf die anhaltende Stabilität der Währungen durch die Koppelung der heimischen Währung, zumeist an den US-Dollar, vertrauten, und deshalb keine Notwendigkeit sahen, die Verbindlichkeiten in Yen oder Dollar gegen Wechselkursänderungen abzusichern. Durch dieses Vorgehen profitierten sie von der Schwäche des US-Dollars gegenüber dem japanischen Yen zwischen 1985 und 1995. Bis 1995 war diese Strategie sehr erfolgreich. Die südostasiatischen Staaten waren konkurrenzfähig und konnten ein stark exportgetriebenes Wachstum verbuchen. Als sich der Dollar/Yen-Kurstrend umkehrte, stiegen plötzlich die lokalen Währungen in realer Rechnung, was zu einer ernsthaften Verschlechterung der Wettbewerbsfähigkeit führte und somit zu einem gravierenden Handelsbilanzdefizit. Für die asiatischen Banken war durch die staatlich abgesicherten Wechselkurse das Wechselkursrisiko für die Aufnahme ausländischer Gelder scheinbar vernachlässigbar und Devisenkredite waren aufgrund geringer Risikoprämien vergleichsmäßig günstig[6]. Sie verzichteten zu Gunsten höherer Gewinne auf die in derartigen Situationen notwendige Risikoabsicherung über die Terminmärkte.

Das Hauptproblem dieser Finanzpolitik waren die kurzfristigen, in Fremdwährung laufenden Kredite der asiatischen Banken, denen nur ein verhältnismäßig geringer Währungsreservenbestand gegenüberstand.[7] Die Krisenländer waren bei Eintreten der Krise und Fälligwerden der zuvor aufgenommenen Kredite nicht in der Lage diese kurzfristig mit genug ausländischen Devisen zu bedienen. Offizielle Angaben über die Währungsreserven zeigten ein verfälschtes Bild der wahren Situation. Die Währungsreserven waren viel zu hoch bewertet, weil Transaktionen an den Terminmärkten nicht berücksichtigt worden waren. Eine Reihe von Zentralbanken (bspw. die thailändische Zentralbank) versuchte bei Auftreten der Finanzkrise über Transaktionen an den Terminmärkten die Kurse ihrer Währungen zu stützen, um eine Währungskrise abzuwenden.

Schwache regionale Finanzmarktstrukturen

Zusätzlich zu den bereits skizzierten Missständen gab es in den meisten Ländern keine oder eine nur unzureichend funktionierende Aufsichtsbehörde. Zudem verzichteten die Banken auf eine gründliche Risikobeurteilung bei der Kreditvergabe, und die Bonitätsprüfung der Kreditnehmer wurde stark vernachlässigt. Die Folge dieser Kreditvergabepraktiken war, dass viele der Banken eine viel zu geringe Eigenkapitalquote aufwiesen. Das Management der Finanzinstitute vertraute darauf, dass die Regierung sie unterstützen würde, sollte es tatsächlich zu Schwierigkeiten kommen. Die Fehler sind jedoch nicht nur beim Management der asiatischen Banken zu suchen, sondern die Krise wurden besonders verstärkt oder erst herbeigeführt durch ausländische Spekulanten, die im Zusammenhang mit einer bevorstehenden Finanzkrise auf eine Währungskrise spekulierten.

Ein weiterer Grund für die Überschuldung der Institute und somit der einzelnen Staaten waren das niedrige Zinsniveau in Japan und die damit verbundenen Anreizstrukturen zur Kreditaufnahme im asiatischen Raum. Viele Investoren wollten in dem Zukunftsmarkt Südostasien dabei sein. Auch im Westen herrschte die Meinung, dass die Regierungen in Asien, sollte es zu Problemen kommen, über die Ressourcen verfügen würden, um eventuelle Solvenzprobleme abzufangen.

Chronologische Übersicht wichtiger Ereignisse

März 1997

Thailand: Erste offizielle Verlautbarung bezüglich Problemen bei zwei nicht namentlich genannten Finanzintermediären und Start von Rekapitalisierungen dieser.

April 1997

Malaysia: Die malaysische Nationalbank Bank Negara Malaysia begrenzt die Kreditvergabe der Banken im Hinblick auf Immobilien und Aktienkäufen.

Thailand: Im Zeitraum von März bis Juni 1997 erhalten 66 Finanzintermediäre nicht öffentlich Liquidität von der thailändischen Zentralbank. Signifikante Kapitalabflüsse.

Juni 1997:

Thailand: 16 Finanzintermediäre werden geschlossen und eine Spareinlagengarantie für alle Finanzinstitute von der Regierung abgegeben.

Juli 1997:

Indonesien: Die Indonesische Rupiah gerät unter Druck und verliert an Wert gegenüber dem US-Dollar.

Malaysia: Die Bank Negara Malaysia interveniert massiv um den Wechselkurs des Malayischen Ringgits zu verteildigen. Wenig später wird die Währungskoppelung aufgegeben.

Südkorea: Mehrere Koreanische Banken werden von Ratingagenturen auf „negative outlook" gesetzt.

Phillippinen: Der Philippinische Peso darf in größerer Bandbreite um den US-Dollar schwanken.

Thailand: Die Währungskoppelung wird aufgehoben und der thailändische Baht verliert zwischen 15–20 Prozent an Wert.

August 1997

Indonesien: Die Koppelung an den US-Dollar wird aufgehoben, daraufhin verliert die Indonesische Rupiah massiv an Wert.

Südkorea: Die Regierung gibt eine Garantieerklärung für alle Verbindlichkeiten der koreanischen Banken ab. Ausländische Investoren stellen Kredite, die an die Banken ausgereicht wurden, fällig.

Thailand: Maßnahmen zur Stärkung des Finanzmarkts werden ergriffen. 42 Finanzintermediäre vorübergehend geschlossen. Ein 3-Jahres Notfallarrangement mit dem Internationalen Währungsfonds, der Weltbank und weiteren bilateralen Quellen im Umfang von 17,1 Milliarden US-Dollar wird beschlossen

Oktober 1997

Indonesien: 16 Banken werden geschlossen; es wird eine begrenzte Spareinlagensicherungsgarantie abgegeben. Weitere Bankschließungen kündigen sich an.

November 1997

Indonesien: Ein 3-Jahres Notfallarrangement mit dem Internationalen Währungsfonds wird genehmigt. Das Hilfspaket des IWF, der Weltbank und weitere bilaterale Quellen von 48,1 Milliarden US-Dollar bis März 1999 wurde beschlossen.

Südkorea: Der koreanische Won gerät unter Druck und die erlaubte Wechselkursschwankung weitet sich aus. Der Won verliert massiv an Wert. Die Korea Asset Management Corporation (KAMCO) Fondsgesellschaft wird gegründet, um notleidende Kredite zu übernehmen

Thailand: Regierungswechsel. Implementierung von Wirtschaftsreformen. Notfallerlässe der Regierung um den Finanzsektor zu entlasten und zu restrukturieren.

Dezember 1997

Indonesien: Ein Bank Run beginnt. Die Hälfte aller Bankeinlagen werden abgezogen.

Südkorea: Ein 3-Jahres Notfallarrangement mit dem Internationalen Währungsfonds wird genehmigt. Die Aktien von 14 Universalbanken werden vom Handel ausgesetzt und 2 große Banken werden nationalisiert. Regierungswechsel. Reformen des Finanzmarkts, Gründung der Finanzmarktaufsicht und Implementierung von Kontrollen.

Thailand: 56 vorübergehend geschlossene Finanzintermediäre werden endgültig geschlossen und abgewickelt. Die thailändische Nationalbank nationalisiert die Universalbanken.

Januar 1998

Indonesien: Ein zweites IWF-Programm wird angekündigt. Die Indonesian Bank Restructuring Agency (IBRA) wird gegründet und gibt eine Generalgarantie für die indonesischen Banken ab.

Malaysia: Maßnahmen zur Stärkung der aufsichtsrechtlichen Vorschriften werden angekündigt. Bank Negara Malaysia gibt eine Generalgarantie für alle Bankeinlagen ab.

Südkorea: Korea-Abkommen mit externen privaten Gläubigern bezüglich Umschuldung von kurzfristigen Schulden. 10 von 14 vom börslichen Handel ausgesetzte Banken werden geschlossen. Die verbleibenden 20 Banken sind verpflichtet Restrukturierungspläne vorzulegen.

Thailand: Die thailändische Zentralbank interveniert bei zwei kommerziellen Banken; Aktionäre werden ausgeschlossen.

Februar 1998

Indonesien: Zweifel über die Zukunft des Finanzsektors wachsen inmitten politischer Unsicherheit. Die Indonesische Rupiah wird weiter abgewertet und ein Currency-Board wird diskutiert Präsident Suharto wird wiedergewählt.

Malaysia: Eine kommerzielle Bank wird von ausländischen strategischen Investoren gekauft.

Südkorea: Kim Dae-jung und eine neue Regierung treten ihr Amt an.

März 1998

Malaysia: Ein Programm zur Konsolidierung der Finanzen und zur Rekapitalisierung von Unternehmen und kommerzielle Banken wird angekündigt.

Philippinen: 3-Jahres-Stand-By-Arrangement mit dem IWF wird vereinbart

Thailand: Neue Klassifizierung für Drohverluste und deren Rückstellungen wird eingeführt.

April 1998

Indonesien: Die IBRA schließt 7 Banken und übernimmt 7 weitere.

Südkorea: Vier der 20 Restrukturierungspläne werden abgelehnt und die 4 Banken geschlossen und abgewickelt.

Mai 1998

Indonesien: Unruhen in Indonesien. Die Rupiah wird weiter abgewertet. Bank Runs intensivieren sich. Die Zentralbank Indonesiens Bank Indonesia muss Liquidität bereitstellen. Die IBRA übernimmt eine große Privatbank. Präsident Suharto tritt zurück.

Thailand: Die Bank von Thailand interveniert bei 7 Finanzintermediären; Aktionäre werden ausgeschlossen.

Juni 1998

Indonesien: International Kreditgeber und indonesische Unternehmen einigen sich auf Umschuldungsprogramme für indonesische Unternehmen.

Malaysia: Danaharta, eine staatliche Asset-Management-Gesellschaft, wird gegründet.

Südkorea: Die koreanische Regierung schließt 7 kleinere Banken und zwei weitere Banken werden mit größeren Geschäftsbanken fusioniert. Neue Klassifizierung für Drohverluste und deren Rückstellungen wird eingeführt.

August 1998

Malaysia: Danamodal, eine Bankumstrukturierungs- und Sanierungsagentur wird gegründet.

Thailand: Finanzsektorumstrukturierungsplan angekündigt. Bereitstellung von öffentlichen Mitteln zur Unterstützung der Rekapitalisierung der Banken. Intervention bei zwei Banken und fünf Finanzierungsgesellschaften. Aktionärsanteile eliminiert.

September 1998

Indonesien: Indonesiens Auslandsschulden bei institutionellen Investoren werden refinanziert. Bank Mandiri wird durch Fusion der vier größten staatlichen Banken gegründet. Pläne für eine gemeinsame Regierung angekündigt. Rekapitalisierungsmassnahmen von privaten Banken.

Malaysia: Kapitalkontrollen werden eingeführt, der Wechselkurs wird gekoppelt, die Offenlegungspflichten entspannt, und Maßnahmen zur Förderung der Kreditvergabe der Banken verabschiedet.

Oktober 1998

Indonesien: Die Indonesische Regierung verabschiedet Änderungen des Bankengesetzes zur Stärkung der IBRA.

Februar 1999

Malaysia: Kapitalkontrollen werden durch Abgaben ersetzt.

März 1999

Indonesien: Indonesiens Regierung schließt 38 Banken und die IBRA übernimmt sieben weitere. Für neun Banken werden staatliche Sanierungspläne angekündigt.

April 1999

Indonesien: Schließung einer Joint Venture-Bank. Indonesiens Regierung kündigt einen Plan zur Rekapitalisierung von drei verstaatlichten insolventen Banken an.

Juni 1999

Indonesien: Acht Privatbanken werden mit öffentlichen und privaten Mitteln rekapitalisiert.

Juli 1999

Indonesien: Indonesiens Regierung kündigt einen Plan zur Auflösung der IBRA Banken an.

Thailand: Die thailändische Regierung interveniert bei einer kleineren Privatbank und bereitet den Verkauf vor.

August 1999

Indonesien: Verschmelzung der Bankeneinheiten der Bank Mandiri.

Wirtschaftliche Auswirkungen

Auswirkungen der Krise auf die asiatischen Länder

Nach Jahren starken Wachstums sahen sich die asiatischen Länder 1997 mit einem plötzlichen Fall in tiefe Rezession konfrontiert. Damalige und zukünftige Investoren zeigten sich skeptisch über die Aussichten der Region und reagierten dementsprechend. Vor Beginn der Krise waren die „Tigerstaaten" noch sehr erfolgreich auf den weltweiten Kapitalmärkten, wobei der US-Dollar-Markt ungefähr 33 Mrd. US$ pro Jahr ausmachte. Doch der Vertrauensverlust der Investoren war enorm und 1998 sank der Wert auf nur noch 8 Mrd. US$ für asiatische Kreditnehmer. Die Krise zeigte sich besonders deutlich an der Wirtschaftsleistung des Jahres 1998. In diesem Jahr schrumpfte das BIP in Indonesien (-13,7 %), Thailand (-8,0 %), Südkorea (-5,5 %), Hongkong (-5,1 %) und auf den Philippinen (-0,5 %), nachdem diese Länder bis 1996 einen langjährigen Zuwachs verzeichnet hatten. In Japan sank das BIP ebenfalls um 2,8 %. Auch der Arbeitsmarkt brach zusammen. In Südkorea stieg die Arbeitslosenquote von 2 % (1996) auf 6,8 % (1998), in Malaysia von 2,5 % (1996) auf 8 % (1998) und in Indonesien auf 22 % (Anfang 1999).

Während sich die Asienkrise weiterhin verschlimmerte, bemühte sich die internationale Gemeinschaft, die negativen Konsequenzen einzugrenzen. Der Internationale Währungsfonds stellte in den Jahren 1997/98 39 Milliarden US-Dollar für Thailand, Indonesien und Südkorea zur Verfügung. Zusätzlich bemühten sich zahlreiche Regierungen und internationale Organisationen, Hilfestellung zu leisten. Damals bestand Hoffnung, dass sich der Markt bald erholen würde. Die am meisten betroffenen Währungen, der thailändische Baht, die indonesische Rupiah und der südkoreanische Won, hatten bis Mitte 1998 einen Teil ihres Wertverlustes aufgeholt und sich stabilisiert. Ebenso stabilisierten sich die Exportzahlen wieder. Eine beruhigende Tatsache war, dass nicht alle Länder gleichermaßen betroffen waren. Die VR China war relativ immun gegenüber den direkten Auswirkungen der Krise. Der Yuan behielt seinen Wert, das Bruttoinlandsprodukt wuchs weiter an und die Exporte nahmen weiterhin kräftig zu. Zwar waren die Kapitalabflüsse von ausländischen

Investoren auch in China beachtlich, doch die Auslandsverschuldung und das Haushaltsdefizit waren geringer als z.B. in Thailand und Malaysia. Des Weiteren waren die Devisenreserven Chinas im Vergleich zu den von der Asienkrise am meisten betroffenen Ländern deutlich größer.[8]

Japan, das aus geographischer Lage heraus einen natürlichen Handelspartner und Investor für die asiatische Region darstellt, wurde im Vergleich zu den USA und Europa deutlich stärker von den negativen Auswirkungen der Krise getroffen. Die seit 1991 anhaltende Japankrise wurde durch die Asienkrise noch verstärkt. Als direkte Konsequenz wurde Japans Exportanstieg deutlich geringer und erstmals in diesem Jahrzehnt wuchs Japans Wirtschaft 1998 nicht mehr. Die japanische Wirtschaft geriet in eine Rezession.

Auswirkungen der Krise auf andere Länder

Die Marktprognosen beim Ausbruch der Krise waren denkbar schlecht und verhießen einen gravierend negativen Effekt auf die gesamte Weltproduktion. Es gab Prognosen, die von einer Verringerung bis zu einem Drittel ausgingen. Tatsächlich entpuppten sich die direkten Effekte als wesentlich geringfügiger. Als Grund dafür ist der relativ geringfügige Exportanteil der USA und Europas in die asiatischen Länder, mit Ausnahme von Japan, zu nennen. So gingen zum Beispiel 1996 nur 2,5 % der US-amerikanischen Exporte nach Südostasien. Im Gegensatz dazu hatten die asiatischen Länder eine durchschnittlich hohe Exportquote von 36 % in die USA und nach Europa und standen so in einem engen Abhängigkeitsverhältnis.

Die USA konnten während der Ereignisse ihr Wirtschaftswachstum halten und gegen Ende 1998 sogar erhöhen. Gleichzeitig gelang es, die Inflation gering zu halten, die Konsumausgaben waren hoch und die Arbeitslosigkeit erreichte ein 30-Jahretief von 4,3 %. Aber der Höhepunkt der positiven Entwicklungen für die USA war der Höhenflug des Dow Jones Index, der die 10.000er Marke überstieg und damit die europäischen Aktienmärkte mit sich auf Rekordhöhe zog.

Die Auswirkungen auf die EU-Wirtschaft hielten sich in Grenzen, obwohl die europäischen Investitionen in Asien einen Rückschlag erlitten. Der sekundäre und der tertiäre Bereich hatten die größten Schwierigkeiten, da eine Reihe von europäischen Industrieprodukten und Dienstleistungen für den asiatischen Markt bestimmt waren. Die Einbußen der Bundesrepublik Deutschland wurden, nach Aussage der Regierung, auf 10 Milliarden DM geschätzt. Die Wachstumsrate der deutschen Wirtschaft fiel um 0,25 % und die Arbeitslosenquote nahm um 0,1–0,2 % zu.[9]

Auswirkungen auf die Bevölkerung

Die sozialen Auswirkungen der Krise äußerten sich überwiegend im Anstieg der Arbeitslosenzahlen und starken Realeinkommeneinbußen. Aber nicht alle Einkommensklassen waren gleichmäßig betroffen. Der Anteil der Löhne und Gehälter am Gesamteinkommen sank und führte so zu Änderungen der Einkommensverteilung. Als Folge hatten Bewohner der ländliche Gebieten, die meist ihre eigenen Nahrungsmittel anbauten oder züchteten, im Zuge der steigenden Preise durch den Verkauf ihrer Erzeugnisse profitiert, während die städtischen Haushalte, die sich Nahrungsmittel zu erhöhten Marktpreisen kaufen mussten, negativ betroffen waren. Dementsprechend stieg die Armut in städtischen Gebieten stärker als in ländlichen Gebieten. Durch Kürzung der Sozialausgaben seitens des Staates sank die Verfügbarkeit von Leistungen sowie die Qualität im Bildungs- und Gesundheitswesen und anderen öffentlichen Versorgungsleistungen. Aber auch die Humankapitalinvestitionen der Privathaushalte, insbesondere in den Bereichen Bildung, Gesundheit, Ernährung und Familienplanung nahmen ab. In der Gesundheitsversorgung verlagerten viele Haushalte ihre Behandlungen von der modernen medizinischen Versorgung zu traditionellen Heilern und Selbsthilfe um. So z.B. berichteten private Krankenhäuser und Kliniken in Malaysia einen Rückgang zwischen 15 und 50 Prozent der Anzahl der Patienten in Behandlung. Die Kosten für Verhütungsmittel stiegen und eine große Anzahl von Frauen schied aus den Familienplanungsprogrammen aus. In Indonesien hatten bis dato die Teilnehmer der nationalen Familienplanungsprogramme die Kosten in vollem Umfang tragen müssen.

Dementsprechend gehen Schätzungen davon aus, dass sich die Zahl der illegalen Abtreibungen und Kindstötungen deutlich erhöhte. [10]

Ausklang der Krise und Erholung

Die wirtschaftliche Erholung von der Krise erfolgte in den meisten der betroffenen Ländern recht schnell.[1] Ein gutes makroökonomisches Management in der Stärkung der Stabilisierung der Finanzmärkte spielte dabei eine besondere Rolle. In den meisten asiatischen Ländern waren zwei Jahre später die realen und nominalen Zinssätze auf den Geldmärkten niedriger als vor der Krise 1997. Als der spekulative Druck auf die Währungen nachließ, fielen die Zinssätze in Korea, Thailand (Anfang 1998) und Indonesien (Mitte 1999). Die Kreditvergabe im Privatsektor wurde drastisch gesenkt und zog negative Auswirkungen auf den Privatkonsum nach sich, stabilisierte aber das Bankensystem.

In den Jahren 2005–2007 stieg das Bruttosozialprodukt jährlichen im Durchschnitt von 8% - so schnell wie vor der Krise. Diese Zahl berücksichtigt aber das Wachstum Chinas und Indiens.

Studien weisen daraufhin, dass die öffentliche Infrastruktur, vor allem in Thailand und Indonesien, schlechter als ein Jahrzehnt zuvor, zur Zeit der Krise, sei. Investitionsausgaben seien durch die wirtschaftliche und politische Unsicherheit gesunken und Unternehmen seien bezüglich Fremdkapitalaufnahme immer noch sehr zurückhaltend. Die Asian Development Bank fordert daher, dass die Regierungen viel mehr dazu beitragen könnten dies zu ändern: Höhere Investitionen in Bildung und Infrastruktur, Unterbindung der Korruption und die Verbesserung der rechtlichen Rahmenbedingungen.[11]

Die Rolle des Internationalen Währungsfonds

Der Internationale Währungsfonds führte in Indonesien, Korea und Thailand Programme durch, die Finanzierungshilfen beinhalteten, aber an Bedingungen bezüglich Strukturreformen und makroökonomischen Maßnahmen gebunden waren. [12]

In den Jahren 1997/98 stellte er etwa 39 Milliarden US-Dollar Finanzmittel für Anpassungs- und Reformprogramme in Indonesien, Korea, Philippinen und Thailand bereit. [13] Insgesamt wurden 85 Milliarden US-Dollar von multilateralen und bilateralen Organisationen zugesichert, dieser Betrag wurde aber nie vollständig ausgezahlt. Diese Finanzmittel wurden unter der Voraussetzung in Aussicht gestellt, dass die Geldpolitik in den jeweiligen Ländern gestrafft und damit ein weiterer Verfall der Wechselkurse eingedämmt würde, sowie der Implementierung einer restriktiven Haushaltspolitik. Des Weiteren war die Freigabe der Finanzmittel an Strukturreformen gebunden, wozu insbesondere Vorschriften und das Einrichten von Überwachungskomissionen gehörten, die die Verschuldungs-, Effizienz- und Führungsprobleme im Banken- und Unternehmenssektor lösen sollten. Weitere Reformmaßnahmen sollten die sozialen Auswirkungen der Krise abschwächen und das Wirtschaftswachstum beleben.

„(...) erstens, das Versagen den Überhitzungsdruck der zunehmend in Thailand und vielen anderen Ländern in der Region sichtbar wurde und sich in großen Staatshaushaltfdefiziten, Immobilien- und Börsenblasen manifestierte, einzudämmen; zweitens, die zu lange Aufrechterhaltung des gekoppelten Wechselkursregimes, welches die externe Kreditaufnahme förderte und zu einer übermäßigen Wechselkursrisikoaussetzung sowohl im Finanz- als auch im Unternehmenssektor führte, und drittens, laxe aufsichtsrechtliche Vorschriften und Finanzmarktkontrolle, die zu einer drastischen Verschlechterung in der Qualität der Kreditportfolios der Banken führten.“

– Stanley Fischer, Erster stellvertretender Direktor des Internationalen Währungsfonds zu den internen Ursachen der Krise [14]

„Die Medizin, die der IWF verabreicht hat, war richtig. Er konnte nur nicht durchsetzen, daß die Patienten sie ordentlich nehmen.“

– RUDI DORNBUSCH: Interview in der FAZ [15]

Das Hilfsprogramm für Thailand

Am 14. August 1997 wandte sich die Regierung Thailands mit einer Absichtserklärung (*Letter of Intent*) an den Internationalen Währungsfonds, in welcher Strukturprogramme beschrieben wurden, welche die thailändische Regierung beabsichtigte zu implementieren mit der gleichzeitigen Anfrage nach finanzieller Unterstützung. [16] Am 20. August 1997 genehmigte der IWF 4 Milliarden US-Dollar Finanzhilfe für einen Zeitraum von 3 Jahren. Primäres Ziel dieser Finanzierungshilfe sollte die Stabilisierung des Thailändischen Bahts sein. Die Finanzierungshilfe war mit mehreren Bedingungen verbunden, darunter eine Anhebung des thailändischen Leitzinses, Senkung der Staatsausgaben, Erhöhung der Mehrwertsteuer, weitreichende Privatisierungsmaßnahmen, Restrukturierung des Finanzsektors und schlussendlich die Aufgabe der Wechselkursbindung des Baht an den US-Dollar. [12]

Das Hilfsprogramm für Südkorea

Am 4. Dezember 1997 stimmt der Internationale Währungsfonds einer Absichtserklärung der südkoreanischen Regierung bezüglich eines Finanzhilfeprogramms in Höhe von 58 Milliarden US-Dollar, wovon aber nur 21 Milliarden US-Dollar ausbezahlt wurden, für drei Jahre zu. Diese Zusage ist bis heute (2008) die größte monetäre Finanzhilfe des Internationalen Währungsfonds. Die Bedingungen dieser Finanzhilfe sahen unter anderem die kurzfristige Erhöhung des südkoreanischen Leitzinses, Reformen des hochverschuldeten Firmensektors und Umstrukturierungsmaßnahmen bezüglich der Laufzeiten von kurzfristigen Krediten vor. [12]

Das Hilfsprogramm für Indonesien

In den Jahren 1997/98 stellte der Internationale Währungsfonds 14,9 Milliarden US-Dollar Finanzhilfe für Indonesien zur Verfügung. Wirtschaftspolitische Maßnahmen, die an diese Finanzierungshilfe gebunden waren, beinhalteten Neustrukturierung und

Schließung von Finanzinstituten, Bekämpfung der Korruption und mafiaähnlicher Strukturen, Freigabe des Rupiah-Kurses und die Liberalisierung des Handels. [12]

Kritik an den Aktionen des Internationalen Währungsfonds

Der Internationale Währungsfonds bezeichnet seine Maßnahmen als erfolgreich und notwendig. Trotzdem ist die Rolle des IWF bis heute sehr umstritten, und die Aktionen des IWF während und nach der Asienkrise sind auf zahlreiche Kritik gestoßen, insbesondere von Kritikern aus den USA. Bis zu den Jahren 1997/98 hatte der IWF in mehr als 90 Entwicklungs- und Schwellenländer Strukturprogramme im Rahmen von Kreditvergaben „verordnet". Kritik an den Auflagen, an den Prioritäten dieser Auflagen und der zu implementierenden Strukturänderungen (Liberalisierung der Märkte) kamen überwiegend aus dem Bereich der Politischen Linken. Im amerikanischen Kongress äusserte sich allerdings auch die Politische Rechte zur Zeit der Asienkrise kritisch zu den Aktionen des IWF. Sie warf dem IWF vor, auf Kosten der Steuerzahler US-amerikanische Banken und Anleihegläubiger vor weitreichenden Verlusten bewahrt zu haben. Teilweise forderten die Kritiker aus beiden politischen Lagern aus unterschiedlicher politischer Motivation die Abschaffung des IWF. [17]
Die Kritik, unabhängig von der politischen Motivation, am Internationalen Währungsfonds kann wie folgt zusammengefasst werden:

Induzierung von „moral hazard" seitens des IWF:

Die Gläubiger der asiatischen Finanzintermediäre wurden verführt, erhöhte Risiken einzugehen, da sie angeblich damit rechnen konnten, dass bei Zahlungsschwierigkeiten der IWF einspringen würde, wie er es in anderen Krisen zuvor getan hatte.

Die auferlegten Maßnahmen im Rahmen der Asienkrise waren falsch:

Die Anhebung von Zinssätzen und Steuern einhergehend mit der Kürzung von Staatsausgaben während einer Rezession seien kontraproduktiv. [18]

Fokussierung auf wirtschaftspolitische Maßnahmen unter Vernachlässigung von sozialen Maßnahmen

Die vom IWF verordneten Strukturprogramme basierten auf rein fiskalischen Kriterien, wie z.B. Geldwertstabilität, dem Vorrang der Schuldentilgung und ausgeglichenen Leistungsbilanzen. So wurden Länder indirekt dazu „gezwungen" beispielsweise Investitionen ins Bildungssystem oder Subventionen für Grundnahrungsmittel einzustellen. Soziale Unruhen wie etwa in Indonesien seien die Folge. [19]

Die IWF-Agenda setze die Souveränität und die demokratische Kontrolle der abhängigen Staaten außer Kraft

Durch die Liberalisierung der Finanzmärkte hätten sich die Staaten vollständig dem Weltmarkt ausgeliefert. Zur Verhinderung von Kapitalflucht bei einer Krise oder zur Verteidigung ihrer Währung gegen Spekulationen, könnten sich diese Staaten nicht durch gesetzliche Regelungen, sondern nur durch eigenes Agieren am Markt, etwa durch Stützungskäufe für die eigene Währung, helfen. [19]

Theoretische Erklärungsmodelle

Die Ursachen von Finanzkrisen sind Gegenstand zahlreicher wissenschaftlicher Untersuchungen und Erklärungsansätzen in der ökonomischen Literatur. Hierbei sind Modelle drei verschiedener Generationen zu unterscheiden, welche auf mehreren theoretischen Erklärungsansätzen beruhen.[6]

Modelle erster Generation

Modelle der ersten Generation zur theoretischen Erläuterung von Finanzkrisen beruhen überwiegend auf dem Modell von Paul Krugman.[20] In diesen Modellen, so z. B. auch bei dem 1984 präsentierten Modell von Robert Flood & Peter Garber[21], wird erklärt, dass eine Finanzkrise ausgelöst werden kann, wenn die Regierung, deren Haushalt dauerhafte monetäre Haushaltsdefizite aufweist, versucht, bei beschränkten Devisenreserven einen an eine Leitwährung gebundenen Wechselkurs zu halten

(Wechselkursparität). In diesen Modellen werden Finanzkrisen als reine Währungskrisen angesehen.

Modelle zweiter Generation

Die Modelle der zweiten Generation betrachten eine Finanzkrise ebenfalls lediglich als Währungskrise. In diesen Modellen, so z. B. dem von Maurice Obstfeld im Jahre 1994 veröffentlichten Modell,[22] wird erklärt, dass auch ohne expansive Geldpolitik und damit verbundenem starken Haushaltsdefizit eine Währungskrise ausgelöst werden kann. In diesen Modellen wird erläutert, dass internationale Finanzmarktteilnehmer spekulative Attacken auf eine Währung ausführen, wenn diese Spekulanten davon ausgehen, dass eine Regierung eine zuvor stabile Wechselkurspolitik zugunsten anderer Ziele, zum Beispiel die Bekämpfung der Arbeitslosigkeit, aufgeben würde. Diese Modelle der zweiten Generation basieren überwiegend auf der Erwartungshaltung der Wirtschaftssubjekte, welche das Auslösen einer Finanzkrise determiniert.[6]

Aktuelle Modelle

Aktuelle Modelle, auch Modelle der dritten Generation genannt, versuchen dem Umstand Rechnung zu tragen, dass es sich bei Finanzkrisen nicht nur um Währungskrisen handelt, sondern gleichzeitig beziehungsweise unmittelbar darauffolgend auch um Wirtschaftskrisen beziehungsweise Finanzmarktkrisen handelt[23]. Diese Modelle werden in der englischsprachigen Literatur unter dem Begriff „twin crises“ zusammengefasst.[24] Hierbei werden insbesondere die Rolle von Leistungsbilanzdefiziten, staatlichen Garantien für Banken[25] (auch indirekt über das Moral-Hazard-Problem) und schwache Finanzmarktstrukturen[26] in Verbindung mit Währungskrisen gesetzt.

Giancarlo Corsetti, Paolo Pesenti, Nouriel Roubini veröffentlichten 1999 ein Modell, welches basierend auf dem Moral-Hazard-Problem die Finanzmarkt- und Währungskrise in Asien makroökonomisch darzustellen versucht. Unter dem Moral-Hazard-Problem versteht man, dass schwach regulierte und kontrollierte private

Finanzinstitutionen aufgrund eines indirekten staatlichen Bürgschaftssystem für diese Institutionen einen gewissen Anreiz bieten, sich in exzessiven, riskanten Investitionen zu engagieren.

Präventivmaßnahmen

Spekulative Attacken können verschiedene Formen annehmen, wobei eine Finanzmarktkrise eine Währungskrise bedingen kann. Unter gewissen Umständen kann, wie im Modell von Corsetti gezeigt, das „Moral-Hazard"-Problem zu zusätzlichen staatlichen Verbindlichkeiten durch die Insolvenz von heimischen Kreditinstituten führen, welche im Gegenzug die Funktionsfähigkeit einer fixierten Wechselkurspolitik unterwandern.

Eine genaue und strikte Finanzmarktaufsicht zur Absicherung gegen unzureichende Risikobewertung der Forderungen seitens der heimischen Finanzinstitutionen ist als wichtigstes Instrument zur Krisenprohylaxe zu sehen. In Europa wird, da spekulativen Angriffe nicht kontrollierbar und auch nicht nur auf Entwicklungsländer reduziert sind, mit der Kreditausfallrisikobewertung durch die europaweite Einführung der Basel-II-Vorschriften Rechnung getragen. Dadurch werden eventuelle Insolvenzen und Missmanagement der Kreditinstitute und Unternehmen, die exzessive Kredite ins Ausland vergeben beziehungsweise Kredit in Fremdwährung aufnehmen, frühzeitig erkennbar und der Staat beziehungsweise die Zentralbank kann Verbindlichkeiten, die nicht in der Leistungsbilanz aufscheinen, frühzeitig mit einplanen. Ein frühzeitiges Einschätzen der staatlichen eventuell auftretenden Verbindlichkeiten würde in Folge das Ausmaß von „overinvestments" reduzieren. Gleichzeitig, würde auf einem neuen Effizienzlevel für Investitionen, das reale Einkommen des restlichen Landes fallen, einerseits aufgrund niedrigerer Reallöhne und andererseits aufgrund eines höheren Steuersatzes. Insbesondere in Folge der Subprime-Krise 2007 haben aber Kritiker darauf hingewiesen, dass die Basel-II Vorschriften insbesondere für Grossbanken teilweise zu geringe Mindesteigenkapitalanforderungen für Kreditrisiken enthalten. [33] [34]

Paulo Corsetti hingegen sieht als die einfachste Methode der staatlichen Absicherung eine Kapitalflusskontrolle durch eine Besteuerung von Kreditabschlüssen beziehungsweise Aufnahmen in Fremdwährung. Das hierbei auftretende Problem wäre, so zeigt er auf, dass gerade Entwicklungsländer auf ausländische Direktinvestitionen angewiesen sind. Die Kreditgeber versuchen sich gegen die in Entwicklungsländern hohe Wechselkursvolatilität abzusichern, indem sie Kredite auf US-Dollar- oder Yen-Basis abschließen. Dennoch wäre aus theoretischer Überlegung bei der Implementierung der Kapitalflusskontrolle der Steuersatz so zu wählen, dass ein ausbalanciertes Verhältnis zwischen Nichtabschluss und Abschluss der Kredite in ausländischer Währung möglich ist.

Bank Run

Bei einem **Bank Run** (dt. etwa: „Ansturm auf eine Bank") versuchen viele Anleger einer Bank zeitnah ihre Einlagen (Depositen) abzuheben. Da eine Bank meistens nur einen Bruchteil ihres Vermögens als Bargeld bereithält und der Hauptteil in längerfristigen Aktiva angelegt ist, kann dies zur Insolvenz einer Bank führen.

Mechanismus

Es gibt verschiedene mögliche Gründe für einen **Bank Run**.

Bei einer Hyperinflation kann derjenige, der sein Geld als erstes abhebt, für den gleichen Geldbetrag die meisten Güter kaufen.

Bei einer (möglicherweise falschen) Information, dass eine Bank insolvent ist, muss der Anleger um seine Einlagen fürchten und die Gefahr ist umso größer, je länger er seine Einlagen auf der Bank behält. Durch den Run, der dann zur tatsächlichen Insolvenz der Bank führt, nimmt dies den Charakter einer selbsterfüllenden Prophezeiung an.

Es kann sich auch um eine zufällige Massenabhebung handeln, der sich andere Anleger im Vertrauen darauf, dass dies einen bestimmten Grund haben muss, blindlings anschließen.

In allen diesen Fällen ist es für den Anleger eine optimale Strategie, möglichst früh am Run teilzunehmen, da damit die Wahrscheinlichkeit, an sein Geld zu kommen, am höchsten ist. Es handelt sich somit um den Fall eines Nash-Gleichgewichtes. Diese Situation ist jedoch instabil, sie kann zum Zusammenbruch der Bank und dem Verlust eines Großteils der Einlagen führen.

Beispiele für einen Bank Run sind die Bankenkrise 1929-31, die Krise in Argentinien oder der Ansturm auf die britische Bank Northern Rock. Northern Rock war im Sommer 2007 aufgrund einer einseitigen Refinanzierungsstrategie, welche sich überwiegend auf den Geldmarkt konzentrierte, in Liquiditätsengpässe geraten, da sich

Geldmarktrefinanzierungen aufgrund von Liquiditätsverknappung und Risikoneubewertung seitens der Investoren immens verteuert hatten. Auch bei der Schweizerischen UBS kam es im Herbst 2008 zu einem *Bank Run* bei welchem der Bank innert kurzer Zeit 25 Mrd CHF Kapital abgezogen wurden. Daraufhin musste die Schweizerische Eidgenossenschaft einen Notfallplan auslösen, den sie zusammen mit UBS und Zentralbank ausgearbeitet hatte um die Liquidität der Bank zu gewährleisten.

Maßnahmen

Einlagensicherung

Einlagensicherungssysteme können einem Bank Run vorbeugen, da sie die Liquidität der Bank garantieren. Bei diesem wird dem Anleger über die Ausgabe von Wertpapieren oder die Möglichkeit, die Anlagen einer anderen Bank zu übertragen, die Sicherheit gewährt, seine Einlagen nicht zu verlieren. Eine Einlagensicherung lässt sich staatlich und privat organisieren. Eine *private* Institution muss über genügend Sicherheiten verfügen, während der *Staat* sich durch Erhebung von Steuern refinanziert. In Deutschland findet ähnlich wie bei einer Versicherung eine Einlagesicherung auf freiwilliger Basis statt, indem die Banken jährlich einen Geldbetrag zur Einlagensicherung einzahlen.

Bei *stochastichem Anteil* der Investoren mit Konsumwünschen in einer Periode (siehe unten: stochastisches Alpha) kann zusätzlich die optimale Allokation durch eine ex-post Steuer erreicht werden.

Aussetzung der Rückzahlung

Um einem Bank Run vorzubeugen, kann die Bank ankündigen, ab einer bestimmten Sperrschwelle die Zahlungen auszusetzen (*Aussetzung der Zahlungen*). Diese Sperrschwelle wird vertraglich festgelegt und öffentlich bekannt gemacht. Also werden nur solche Anleger ihre Einlagen abheben wollen, die das Geld tatsächlich benötigen; alle anderen müssen sonst um ihre Auszahlungen bangen, da unklar bleibt, wann die Sperrschwelle erreicht ist und den Anlegern klar sein muss, dass jede weitere Abhebung mit einem immer größeren Risiko behaftet ist.

Dies funktioniert jedoch nur optimal, wenn der Anteil der Sparer, die frühzeitig abziehen wollen, in etwa bekannt ist. Sonst besteht das Problem darin, den Schwellenwert festzulegen. Wird dieser zu niedrig gewählt, werden die Anleger der Bank misstrauen und nicht anlegen; wird dieser zu groß gewählt, dann muss die Bank einen unverhältnismäßig großen Teil von Geldern zur Verfügung stellen, mit denen sie keinen oder nur geringen Gewinn machen kann.

Direkte Begrenzung

Das Problem des Bank Run ergibt sich daraus, dass die Bank durch die bloße Aufbewahrung von Geld keinen Gewinn machen kann. Sie ist deshalb bestrebt, ihr Vermögen gewinnbringend zu verwerten, indem sie in gewinnbringende Anlagen investiert oder Geld verleiht und dabei eine Aufwandsentschädigung in Form von Kreditzinsen zurückbekommt. Langfristige Anlagen bringen oft einen höheren Gewinn als kurzfristige. Bei einem Bank Run ist es der Bank nun in der ihr zur Verfügung stehenden Zeitspanne nicht möglich, die langfristig angelegten Anlagen wieder in Bargeld umzuwandeln, so dass trotz evtl. genügend vorhandenem Kapital die Zahlungsunfähigkeit droht.

Theoretische Analyse des Bank Run: Das Modell von Diamond und Dybvig

Einlagen in Form von Bargeld gehören dem Kunden und durch die Zuschreibung eines festen Wertes kann damit bei einem Tausch weder Verlust noch Gewinn erzielt werden. Für den Kunden ist das Geld damit eine ständig verfügbare Reserve, mit der er seinen schwankenden Bedarf an Gebrauchsgütern decken kann. Die Bank hingegen kann damit im Gegenstück zu Aktien oder Edelmetallen keinen Handel betreiben. Diamond und Dybvig gehen in ihrem Modell von zeitlich schwankenden Ausgaben und zudem von einem risikominimierendem Verhalten des Sparers aus. Die Auszahlungen an den Anleger finden nacheinander statt.

Der Ablauf wird in zwei Zeiträume aufgeteilt. Es gibt zwei Typen von Anlegern: Der erste Anleger interessiert sich nur dafür, welchen Nutzen er mit seinem Vermögen in einem Zeitraum erhalten kann, der zweite Typ betrachtet den Gesamtnutzen über beide Zeiträume. Steigt das Vermögen gleich bleibend an, nimmt bei beiden Anlegern die Zunahme des Nutzens immer weiter ab. Beide Anleger können für einen Zeitraum entscheiden, ob sie investieren wollen. Angenommen, es besteht eine Investitionsmöglichkeit, bei der über beide Zeiträume hinweg ein kleiner Gewinn erzielt wird, jedoch bei nur einer Investitionsperiode keine Veränderung eintritt. In diesem Fall ist die Anlage für Anleger 1 uninteressant (d.h. sie investieren nicht oder fordern ihre Einlagen nach einem Zeitraum zurück), für Anleger 2 ist die Investition lohnend und deshalb wird kein Anleger vom Typ 2 seine Investition nach einem Zeitraum abziehen. Die Situation ist stabil.

Diamond und Dybvig konnten nun zeigen, dass durch die Einschaltung eines Mittelmannes (der Bank), der selbst ohne Gewinninteresse investiert, eine instabile Situation entstehen kann. Dazu muss dem Anleger vom Typ 1 nur eine Möglichkeit gegeben werden, durch Risikoausgleich zwischen den beiden Typen von Anlegern trotzdem einen kleineren Gewinn in nur einem Zeitraum zu bekommen.

Bankenkrise

Als **Bankenkrise** wird eine Finanzkrise bezeichnet, in der das Vertrauen in das Bankensystem durch finanzielle Probleme einzelner Kreditinstitute so schwer beschädigt wird, dass eine Kettenreaktion droht. Durch diese Kettenreaktion werden auch andere Banken, deren Gläubiger und in der Folge die gesamte Volkswirtschaft geschädigt.

Ein bekanntes Beispiel solcher Vorgänge ist die Weltwirtschaftskrise der 1920er-Jahre. Doch sind auch seit 2007 – von den USA ausgehend und durch Vergabe riesiger unbesicherter Kredite verursacht – solche bedrohlichen Krisensituationen der Weltwirtschaft entstanden.

Ursachen und Folgen

Bankenkrisen werden vor allem durch die drastische Abnahme der Qualität der Vermögenspositionen (Aktiva) einer Bank oder des gesamten Bankensystems, die eine niedrigere Bewertung dieser Aktiva zur Folge hat, verursacht. Auslöser des Qualitäts- und Bewertungsverfalls können zum Beispiel sein:

1. Kreditausfälle
2. Börsenverluste
3. Liquiditätsprobleme

Banken vergeben Kredite. Diese sind immer mit einem gewissen Kreditrisiko verbunden, welches die Kreditinstitute versuchen durch Sachwerte oder andere Vermögenswerte des Kreditnehmers oder Bürgen adäquat abzusichern. Beim Ausfall des Kreditnehmers wird versucht diese besichernden Objektive zu liquidieren und zur Tilgung des Kredits zu verwenden. Wenn Banken, im Verhältnis zu ihrem Eigenkapital, zu hohe Kredite an einzelne Kreditnehmer ausgeben (Klumpenrisiken eingehen) oder bedingt durch Wirtschaftskrisen unerwartet viele Schuldner gleichzeitig zahlungsunfähig werden und sich zudem die gestellten Sicherheiten als unzureichend herausstellen (etwa Überbewertung einer Immobilie, die als Kreditsicherheit angegeben wurde), können Banken unter dem Forderungsausfall zusammenbrechen.

Banken tragen umfangreiche Marktrisiken, vor allem Kursrisiken, Zinsänderungsrisiken und Währungsrisiken. Entwickeln sich die Märkte in eine für die Bank ungünstige Richtung, so kann dies den Bestand der Bank gefährden.

Zuletzt besteht eine Existenzgefahr für Banken aus unzureichender Liquidität. Hintergrund ist die Fristentransformation, das heißt die Praxis der Banken, auch langfristige Kredite (z. B. Baudarlehen) teilweise mit kurzfristigen Einlagen (z. B. Tagesgeld) zu finanzieren. Ziehen nun die Anleger die kurzfristigen Gelder ab, so kann die Bank ihren Verpflichtungen nicht mehr nachkommen. Im Extremfall kommt es zum Bank Run, dem Stürmen der Bankschalter durch viele Kleinsparer.

Banken, Unternehmen und Anleger sind eng miteinander verflochten. Aus diesem Grund ist der Zusammenbruch einer Bank oder eine schwere Krise einer Bank oftmals Auslöser einer Kettenreaktion. Verlieren aufgrund dieser Probleme die Anleger das Vertrauen in die Banken allgemein, so kommt es zu einer allgemeinen Liquiditätskrise. Verlieren die Banken das Vertrauen in ihre Schuldner, so kann es zu einer Kreditklemme kommen. Beides kann in einer Kettenreaktion dazu führen, dass eine Bankenkrise entsteht.

Jedoch führen nicht alle Bankenzusammenbrüche zu Bankenkrisen. Der Zusammenbruch der Herstatt-Bank führte zwar zu Verlusten der Anleger dieser Bank, das Vertrauen in das Bankensystem wurde jedoch nicht geschädigt.

Auch führten nicht alle Bankenkrisen zu einer großen Wirtschaftskrise. So gelang es den USA die Folgen der Sparkassenkrise zu meistern, ohne dass es zu einer Rezession kam.

Gegenmaßnahmen

Geldinstitute werden vom Staat eng reguliert - speziell in Europa. Die Solvabilitätsverordnung regelt die Höhe des Mindesteigenkapitals, Kreditwesengesetz und GroMiKV sollen Großkredite und Klumpenrisiken reduzieren, und die Mindestanforderungen an das Risikomanagement die Banken zwingen, ihr Risikomanagement zu stärken. Mit dem Ziel, das Kreditrisiko im Verhältnis zum Eigenkapital zu limitieren, wurden die Regularien von Basel II in Europa eingeführt. Die USA verzögerten mit Hinweis auf "komplizierte Regelungen" die Einführung von *Basel II* bis heute.

Für den Fall eines Bankenzusammenbruchs sind die Anleger über verschiedene Formen der Einlagensicherung abgesichert. Damit entfällt der Anreiz, auf sinkendes Vertrauen in die Bank seine Anlagen abzuziehen.

Auch wenn eine Bankenkrise ausbricht oder auszubrechen droht, bestehen Möglichkeiten, diese einzugrenzen. So hat die Notenbank die Möglichkeit, den Banken zusätzliche Liquidität zur Verfügung zu stellen und die Leitzinsen zu senken. Die Bankenaufsicht kann einzelne Banken schließen oder in deren Geschäftspolitik eingreifen.

In den USA ist der Bankensektor anders organisiert als in Europa, was in den letzten Jahren die Empfindlichkeit gegen Finanzkrisen erhöht hat. Während in Europa die Universalbanken dominieren, sind es in den USA die Spezial- und Investmentbanken. Ihr naturgemäß höheres Geschäftsrisiko kann nur schwer mit anderen Zweigen "ausgeglichen" werden, sodass die Gefahr einer Insolvenz höher ist. Ausdruck dieser Tatsache und auch einer höheren Risikobereitschaft in Nordamerika ist u.a. die von hier ausgegangene, in weltweite Insolvenzen mündende Finanzkrise 2007/2008 und die vom Investment-Sektor ausgehende, im September kulminierende US-Bankenkrise 2008.

Geschichte

Die Geschichte der Banken ist eine Geschichte der Bankenkrise. Wirtschaftskrisen (wie z. B. die Wirtschaftskrise von 1837, die Wirtschaftskrise von 1857 oder die Weltwirtschaftskrise) waren meist auch mit Bankkrisen verbunden oder durch solche ausgelöst. In Deutschland war die Deutsche Bankenkrise die größte Bankenkrise.

Börsenkrach

Als **Börsenkrach** oder **Börsencrash** wird ein extremer Kurseinbruch bezeichnet, der sich in einem kurzen Zeitraum, zum Beispiel einem Tag oder einer Woche, an Börsen ereignet. Genaugenommen beschreibt der Crash das Nichtvorhandensein eines funktionierenden Börsenmarktes.
Verkaufsorder treffen nicht auf Kauforder und auf breiter Front brechen Kurse unkontrolliert ein. Dem Crash folgt dann meist eine weitere, länger andauernde Abwärtsbewegung. Ursache ist oft das Platzen einer sogenannten Spekulationsblase. Nachdem steigende Kurse zuvor immer mehr Anleger veranlasst hatten auf den fahrenden Zug aufzuspringen und dies die Bewertung der entsprechenden

Spekulationsobjekte weiter in die Höhe getrieben hatte, „platzt" die Blase, indem erste Verkäufe rasch weitere Anleger dazu bewegen, sich aus diesen, meist anerkannt risikoreichen, Beteiligungen zurückzuziehen. Bei der gleichzeitigen Zurückhaltung potentieller Käufer löst dies letztlich einen Kurssturz aus. Der Anlass können Meldungen sein, die in 'normalen' Zeiten als unbedeutend eingestuft würden, aber in einer Übertreibungsphase für Nervosität sorgen.

Aber auch ohne vorhergehende Spekulationsblase kann es dasselbe Phänomen geben. Kursverluste (zum Beispiel aufgrund äußerer Ereignisse wie der Asienkrise) führen zu, oft irrationalen, Ängsten der Anleger, die sich gegenseitig verstärken.

Im Prinzip sind diese Phänomene den meisten Anlegern (Marktteilnehmern) bekannt. Es gibt jedoch keine Möglichkeit, objektiv zu beurteilen, ob eine Übertreibung des Marktes ihren Höhepunkt oder Tiefpunkt erreicht hat. Der faire Wert einer Aktie ist in einem funktionierenden Markt ihr jeweils aktueller Wert. Wer darauf spekuliert, dieser Wert werde kurzfristig steigen (oder fallen), setzt auf die Vermutung, er könne besser als andere Marktteilnehmer die künftige Entwicklung des Wertes beurteilen.

Börsencrashs in der Geschichte

Am 7. Februar 1637 kam es zum ersten überlieferten Zusammenbruch einer Börse: Nachdem viele holländische Anleger anlässlich der großen Tulpenmanie in Erwartung weiterer Preissteigerungen zu extrem hohen Preisen Tulpenzwiebeln (bzw. entsprechende Optionsscheine) gekauft hatten, blieben bei der jährlichen Versteigerung in Alkmaar schließlich die Käufer aus und die Preise fielen um 95 Prozent.
Die Darién-Gesellschaft konnte im Jahr 1700 ihre Anteile nicht mehr einlösen nach dem Scheitern ihres Kolonialisierungs-Projekts in Panama.
Mit der Südseeblase, 1720, Englands und der Mississippi-Blase Frankreichs (1719–1729) begannen besonders in Frankreich tiefe Krisen, die bis zum Ausbruch der Amerikanischen und Französischen Revolution nicht überwunden wurden.
Am 9. Mai 1873 stürzten die Aktienkurse an der Wiener Börse ins Bodenlose

(Gründerkrach). Auch in Deutschland und den Vereinigten Staaten stürzten die Aktienkurse ab.
Eine Wirtschaftskrise im Jahr 1893, in den Vereinigten Staaten, löste am 5. Mai erhebliche Kursverluste an der New York Stock Exchange aus, die besonders Eisenbahnaktien trafen.
Der Schwarze Donnerstag am 24. Oktober 1929 war Hauptursache für die Weltwirtschaftskrise.
Am 19. Oktober 1987 stürzte der Dow Jones am sogenannten Schwarzen Montag um über 20 Prozent ab. Die Kurse erholten sich jedoch innerhalb eines Jahres wieder, nach 15 Monaten hatte der Dow Jones wieder den Stand vor dem Crash.
Im Januar 1990 brach der japanische Leitindex Nikkei um fast die Hälfte ein.
Am 19. August 1991, nach dem Putsch gegen den sowjetischen Präsidenten Michail Gorbatschow, verliert der DAX über neun Prozent an einem Tag.
Die Russlandkrise 1998 zog die Aktienmärkte Russlands und Osteuropas in die Tiefe.
2000 platze die Dotcom-Blase. Viele Internet-Aktien waren maßlos überzeichnet. Nach dem Internet-Boom kam der Krach und viele junge Unternehmen gingen pleite. Auch andere Aktien verloren erheblich an Wert.
Die Terroranschläge am 11. September führten zu einer viertägigen Handelsunterbrechung. Der DAX verlor an diesem Tag rund 8,5 Prozent. Unmittelbar nach der Wiedereröffnung fiel der Dow-Jones-Index um gut sieben Prozent.
Im Rahmen der Finanzkrise 2007/2008 verloren die Aktien weltweit stark an Wert. In der zweiten Oktoberwoche des Jahres 2008 verzeichneten die Börsen in New York, London und Frankfurt Verluste von jeweils über 20 Prozent. In Folge eines staatlichen Rettungspakets verzeichnete der DAX am 13. Oktober mit einem Tagesgewinn von 11,4 Prozent den größten Tageszuwachs seiner Geschichte.[1] Danach fielen die Kurse wieder. Am 16. Oktober fiel der Nikkei-Index um 11,4 Prozent und erlebte den zweitgrößten Tagesverlust in der gesamten Geschichte des Index.

Brasilienkrise

Bei der **Brasilienkrise** handelt es sich um eine schwere ökonomische Finanzkrise in Brasilien, dem größten Land Lateinamerikas im Jahr 1999.

Vorgeschichte

Seit Mitte der 80er Jahre lagen die Inflationsraten Brasiliens in Schwindel erregender Höhe. 1990 wurde mit einer monatlichen Inflationsrate von über 80 % ein Höhepunkt erreicht. Nach einer vorübergehenden Stabilisierung stieg sie bis 1994 wieder auf über 40 % an.

Eine Lösung sollte der Plano Real bringen: Neben einer Kürzung der Staatsausgaben und Erhöhung der Steuern wurde vor allem im April 1994 der inflationsgeschützte „Unidade Real de Valor“ (URV) als stabile Recheneinheit und daraus im Juli 1994 die neue Währung des Real geschaffen und der bisherige Cruzeiro abgelöst. Um die Stabilität dieser Währung zu sichern, wurde sie über ein Currency Board an den US-Dollar gebunden (*siehe:* Fester Wechselkurs). Die Inflationsraten in Brasilien wurden durch diese Maßnahme massiv gesenkt, die Wirtschaft erlebte eine Wachstumsphase.

Die Krise

Da die Inflationsraten in Brasilien trotz der massiven Senkung weiterhin über den Inflationsraten der USA lagen, wertete auch der Real in den Folgejahren systematisch auf. Dies führte zu einem starken Außenhandelsdefizit Brasiliens. Da gleichzeitig auf Konsolidierungsmaßnahmen des Staatshaushaltes in Brasilien verzichtet wurde, kam es zum Zwillingsdefizit, das heißt auch der Staatshaushalt wurde defizitär.

Als Folge dieses Zwillingsdefizites kam es 1998 vermehrt zu spekulativen Positionen auf den Finanzmärkten gegen den Real. Insbesondere als Itamar Franco, ein ehemaliger Präsident Brasiliens und Gouverneur des Bundesstaats Minas Gerais ankündigte, den Schuldendienst der Schulden seines Bundesstaates einzustellen, kam es zu massiven Verkäufen des Real. Die Zentralbank intervenierte und kaufte Real, um den Kurs zu stabilisieren.

Am 12. Januar 1999 musste der Versuch, den Kurs des Real künstlich hoch zu halten, aufgegeben werden. Der Chef der Zentralbank trat zurück, der Kurs der Real brach in der Spitze um über die Hälfte ein.

Die Folge war ein spürbarer Anstieg der Inflation und ein Wirtschaftseinbruch, der das Land in eine große Finanzmisere stürzte. Erst nach großen Umstrukturierungen konnte diese Krise mit der Zeit abgemildert werden.

Des Weiteren gilt die Brasilienkrise gemeinhin als der letztliche Auslöser der Finanzkrise Argentiniens, da die beiden Nachbarländer starke wirtschaftliche Verflechtungen aufweisen und somit das volkswirtschaftlich bereits angeschlagene Argentinien von der Situation in Brasilien nicht unbetroffen blieb und das Scheitern des in Argentinien 1991 installierten Currency Boards auslöste.

Bubble Economy

Unter einer **Bubble Economy** (zu Deutsch: Blasen-Wirtschaft) versteht man eine Volkswirtschaft, die (zunächst) durch eine Spekulationsblase profitiert (und nach dem Platzen der Blase darunter leidet).

Die Überwertung von Geldanlagen (insbesondere Aktien und Immobilien) führt zu erhöhtem Konsum und gleichzeitig zu erhöhten Investitionen.

Grund für die Konsumerhöhung ist, dass die Wertsteigerungen zu Vermögenserhöhungen der Bürger führen, von denen ein Teil in den Konsum fließt. Grund für die Erhöhung der Investitionen ist, dass die Aktiengesellschaften Kapital zu einer niedrigen Verzinsung erhalten. Hierdurch erscheinen Investitionen, die nur eine geringe Rentabilität haben, attraktiv.

Bedingt durch diese positiven Wirkungen kommt es zu zusätzlichem Wirtschaftswachstum und damit zu einer positiven Rückkopplung. Sobald die Blase jedoch platzt, sind die volkswirtschaftlichen Wirkungen genau umgekehrt: Konsum und Investitionen müssen spürbar reduziert werden. Dies führt zu einer Wirtschaftskrise.

Aktien- und Immobilienmarkt in Japan

Das bekannteste Beispiel für eine Bubble Economy ist der japanische Aktien- und Immobilenmarkt der zweiten Hälfte der 1980er Jahre.

Im Plaza-Abkommen 1985 vereinbarten die G5 (USA, Japan, Deutschland, Großbritannien, Frankreich) eine Abwertung des US-Dollar gegenüber den Währungen der anderen vier Länder. Insbesondere der Yen machte gegenüber dem Dollar innerhalb von zwei Jahren eine kontrollierte Wertsteigerung um 100%, der durch Spekulationen weiter angeheizt wurde. Internationale Investoren und die Japaner selbst kauften alles, was seinen Wert in Yen hatte, zum einen Yen selbst, aber auch japanische Aktien und Immobilien, um von der Wertsteigerung des Yen zu profitieren. Durch die Nachfrage wurden Börse und Immobilienmarkt weiter angeheizt, und eine Spirale nach oben begann.

Im Louvre-Abkommen sollte nun gegengesteuert und der Dollar wieder aufgewertet werden, aber die Spirale in Japan drehte sich weiter. Auf dem Höhepunkt der Blase war der Park des Kaiserpalastes im Zentrum von Tokio nach Schätzungen genauso viel wert wie alles Land in Kalifornien zusammen, und fast 2/3 des gesamten Weltimmobilienwertes war in der Tokyoter City konzentriert.

Strenge japanische Auflagen, die gegenseitige Unterstützung in der Wirtschaft und der schiere Preis der Unternehmen verhinderten dabei, dass ein japanisches Unternehmen übernommen wurde. Die japanischen Unternehmen selbst profitierten von dem (im Vergleich zur USA) gestiegenen Wert ihrer Aktien und Grundstücke und gingen in den USA auf Einkaufs- und Übernahmetour. Dass der gestiegene Wert des Yen auch die

Arbeitskosten in Japan relativ zum Rest der Welt erhöhte, glichen die japanischen Unternehmen dadurch aus, dass sie Produktion weiter ins Ausland verlagerten, insbesondere nach Südostasien.

Die Situation wurde riskant, als japanische Banken begannen, durch die überbewerteten Immobilien gegenfinanzierte Kredite auszugeben. Im Jahr 1990 platzte die Blase. Der Wert der Immobilien sank innerhalb kurzer Zeit auf ein Viertel zurück und der Aktienmarkt implodierte. Die Banken blieben auf ihren Krediten sitzen. Mehrere große japanische Banken und Lebensversicherer mussten Konkurs anmelden, andere konnten von der Regierung gerettet werden. Da viele der Verantwortlichen in den betreffenden Unternehmen Selbstmord begingen, wurden die Insolvenzverfahren zusätzlich verkompliziert.

Mehrere Jahre konnte sich die japanische Wirtschaft nicht davon erholen, diese Zeit wird in Japan auch als das "Verlorene Jahrzehnt" bezeichnet. Diese Zeit war geprägt von Deflation und Nullwachstum (siehe auch Kakaku Hakai). Nur langsam konnte der Bankensektor saniert werden, und die Staatsverschuldung stieg durch immer wieder verpuffende Konjunkturprogramme auf über 150% des BIP. Das lange erfolgreiche japanische Prinzip, viele Bereiche der Sozialversicherung durch die lebenslange Unternehmenszugehörigkeit zu ersetzen, wurde durch die zahlreichen Insolvenzen und Krisen in seinen Grundfesten erschüttert. Andererseits herrschte während des "Verlorenen Jahrzehnts" ein durchschnittliches Wirtschaftswachstum von mehr als einem Prozent, weshalb der Begriff unter Umständen irreführend ist.

Auf die wirtschaftliche Krise folgte auch die politische Krise. In der heißen Phase der Bubble Economy ließen sich viele Politiker wohlwollend am Geldüberfluß der Wirtschaft beteiligen, die Korruption grassierte. Im Jahr 1993 war die gesamte LDP-Führung in Skandale verwickelt. Sie verlor die Unterhauswahlen und stellte zum ersten Mal seit den 1950er Jahren nicht die Mehrheit im Kabinett.

Contagion-Effekt

Der Begriff **Contagion-Effekt**, auf Deutsch „Ansteckung“, “Seuche“ oder „schädlicher Einfluss“, beschreibt die Ansteckung, bzw. die Übertragung einer Finanz- und / oder Währungskrise auf, auf den ersten Blick unbetroffen scheinende, geographisch voneinander getrennte Länder.

Definition

Die Wissenschaft hat mit der Forschung zum Thema Contagion erst vor kurzem begonnen, darum ist keine einheitliche Definition von Contagion in der Literatur zu finden.

Im Zusammenhang mit empirischen Studien, die die internationalen Auswirkungen von Währungskrisen behandeln, wird als Contagion der signifikante Anstieg der Wahrscheinlichkeit einer Krise in einem Land unter der Bedingung, dass sich eine Krise in einem anderen Land ereignet, bezeichnet.

In einem anderen Ansatz wird Contagion als das Phänomen bezeichnet, welches auftritt, wenn sich die Volatilität eines Krisenlandes auf den Finanzmarkt eines anderen Landes überträgt dem sogenannten volatility spillover. Diese Definition per se, bezieht sich auf die Tatsache, dass die Volatilität von Assetpreisen eine sehr gute Approximation von Marktunsicherheit darstellt. Wobei in dem Ansatz des volatility spillover davon ausgegangen wird, dass bei Finanzmärkten in unterschiedlich voneinander unabhängigen Ländern mit jeweils überdurchschnittlich hohen Volatilitäten, ein Indikator für das Übergreifen einer Krise sein kann. In der Asienkrise, führte z.B. der Boom in der Baubranche zu häufig überbewerteten Anlagevermögen bei den auf dem Finanzmarkt so florierenden Unternehmen, welches nach diesem volatility spillover Ansatzes schon ein Warnzeichen für das Übergreifen der Krise hätte sein können.

Ein ähnlicher Ansatz, der aber eher gesamtvolkswirtschaftlich orientiert ist, sieht Contagion als in unterschiedlichen Ländern parallel auftretende außergewöhnliche Schwankungen bezüglich Preisen und Mengen von Konsum- und Investitionsgütern. Das Problem, das sich hierbei stellt, ist inwiefern eine Unterscheidung von exzessiven und normalen Gleichbewegungen in Preisen und Mengen durch einfache Abhängigkeiten möglich ist.

Der Ansatz der Shift- Contagion unterscheidet sich hierbei von dem o.g. gesamtvolkswirtschaftlichen Ansatz darin, dass im Vorkrisenzeitraum diese Gleichbewegung bezüglich Preisen und Mengen in unterschiedlichen Ländern nicht Bedingung sein muss. Durch das Auftreten einer Krise in einem Markt können in einem anderen Markt außergewöhnlichen Schwankungen bezüglich Preisen und Mengen von Konsum- und Investitionsgütern ausgelöst werden, und so indirekt zu einer Krisenübertragung führen.

Ursachen

Auch über die Ursache von Contagion ist sich die Wissenschaft noch nicht einig geworden. Für das gleichzeitige Auftreten von Finanzkrisen in unterschiedlichen Ländern oder Regionen werden zumeist folgende Gründe angegeben.

- Politische Entscheidungen in Industrieländern könnten unerwartet ähnliche Effekte auf die Entwicklungsländer haben.
- Eine Krise könnte in einem Entwicklungsland auf die makroökonomischen Fundamentalfaktoren in einem anderen Entwicklungsland einwirken. Beispiele wären, wenn eine Abwertung der Währung die Wettbewerbsfähigkeit anderer Länder reduziert oder wenn in einem Markt wegen Liquiditätsprobleme die Finanzvermittler gezwungen werden, ihre Anlagen in anderen Entwicklungsländern zu liquidieren.
- Eine Krise in einem Land könnte eine Krise irgendwo anders auslösen, was nicht durch eine Veränderung der makroökonomischer Fundamentalfaktoren erklärt werden kann, wie beispielsweise eine Verschiebung der

Einschätzungen und der Erwartungen der Marktteilnehmer aufgrund der vorhandenen Informationen. Eine Krise könnte dann dazu führen, dass die Investoren die Fundamentaldaten anderer Länder neu einschätzen, selbst wenn sich diese gar nicht verändert haben, und sich ihre Risikotoleranz verändert.

Dead-Cat-Bounce

Der **Dead-Cat-Bounce** (dt. Hüpfer der toten Katzen) ist eine Metapher des Kapital- und Börsenmarktes. Er beschreibt das Phänomen, dass in einem Börsenkrach der Aktienkurs nochmal einen Ausschlag nach oben nimmt, bevor er total abstürzt. Der Begriff kommt von dem englischen zynischen Sprichwort: *"Even a dead cat will bounce if it is dropped from high enough!"* (deutsch: *„Selbst eine tote Katze wird hüpfen, wenn sie nur hoch genug abgeworfen wird!"*).

Abgrenzung zur Bullenfalle

An sich ist der Umstand einer solchen Entwicklung eine extreme Art der Bullenfalle. Der *Dead-Cat-Bounce* hat jedoch wegen des anschließenden Börsenkrachs in der Regel weitreichendere Folgen für den Anleger und ist charakteristischer ausgebildet. Aufgrund des Börsenkrachs sind auch eine Vielzahl von Wertpapieren, ganze Wirtschaftszweige und Finanzmärkte davon betroffen. Eine Bullen- oder auch Bärenfalle hingegen kann zu jeder Marktsituation auftreten, kommt oft bei Einzelwerten vor und ist nichts Ungewöhnliches.

Abgrenzung zum Salami-Crash

Eine Abgrenzung zum Salami-Crash ist schwierig, da beide ineinander greifen und es an Vergleichen mangelt. Am Beispiel des Börsenkrachs der Dotcom-Blase kann man erkennen, dass hier zuerst ein *Dead-Cat-Bounce* entstanden ist und sich dieser danach zum Salami-Crash entwickelt hat.

Deflation

Unter **Deflation** versteht man den volkswirtschaftlichen Zustand eines allgemeinen und anhaltenden Rückgangs des Preisniveaus für Waren und Dienstleistungen. Erfahrungsgemäß geht eine Deflation mit einer Verringerung der umlaufenden Geldmenge und/oder der Umlaufgeschwindigkeit des Geldes einher. Der Begriff Deflation wird jedoch auch auf andere spezielle volkswirtschaftliche Aggregate verwendet, zum Beispiel bei einem allgemeinen Sinken der Löhne wird auch von **Lohndeflation** gesprochen. Ein weiterer Spezialfall, der besondere Aufmerksamkeit erlangt hat, ist der Fall einer **Vermögensdeflation**. Wenn ein allgemeiner Fall der Preise für Vermögenswerte (Sachvermögen z. B. Immobilien oder Geldvermögenswerte z. B. Aktien) eintritt, spricht man von einer Vermögensdeflation. (Teil-)Deflation kann gleichzeitig mit (Teil-)Inflation auftreten, z. B. Sinken von Grundstückspreisen bei gleichzeitigem Steigen von Energiepreisen, Grundsteuern etc., wobei hier eine Wechselwirkung bestehen kann.

Auswirkungen von Deflation

Direkte Auswirkungen

Zunächst gehen von einer Deflation die entgegengesetzten direkten Effekte aus wie von einer Inflation; Schuldner werden benachteiligt, da ihre über Kredite finanzierten Sachgüter an Wert verlieren, aber sie nach wie vor den gleichen anfangs festgesetzten monetären Wert begleichen müssen. Hingegen profitieren Gläubiger von einer Deflation, da ihr Kapital nun – zinsbereinigt – einen höheren Wert hat als am Anfang der Periode. Die Kaufkraft der Konsumenten steigt, was somit allen zugute kommt. Problematisch ist die Deflation nur, weil nicht alle Preise frei und damit anpassungsfähig sind. Bei einer konstanten Geldmenge würde sich die Produktivitätssteigerung direkt auf die Preise auswirken.

Indirekte Auswirkungen

„Klassische Deflationen" in Form von massivem Preisverfall über breite Güter- und Dienstleistungsangebote hinweg hatten früher, z. B. zur Zeit der Weltwirtschaftskrise um 1930, einmal eine starke Tendenz zu einer gewissen Dauerhaftigkeit. Litt ein Land einmal unter einer deflationären Phase, so war die Gefahr einer selbsterhaltenden bzw. sogar selbstverstärkenden Tendenz sehr groß: Sinkende Preise führten zu einer merklichen Kaufzurückhaltung der Konsumenten, da diese mit weiter sinkenden Preisen rechnen konnten. Die sinkende Nachfrage wiederum bewirkte eine niedrigere Auslastung der Produktionskapazitäten und damit weiter sinkende Preise. Diesen Kreislauf bezeichnet man im Allgemeinen als Deflationsspirale.

Dass jedoch eine allgemeine Deflation (Klassischer Art von 1930) heute noch einmal entstehen könnte – ist unwahrscheinlich, da durch geldpolitische Maßnahmen, etwa Fiat-Money-„Produktion" durch die Zentralbanken, gegengesteuert werden kann.

Ursachen von Deflation

Konsum- und Investitionszurückhaltung

Wenn sich eine Volkswirtschaft im Abschwung eines Konjunkturzyklus befindet, reagieren die Menschen vorsichtig. Sie erwarten, dass sich ihre Einkommenslage verschlechtern wird, sie fürchten um ihren Arbeitsplatz, und geben deshalb in der Erwartung eines zukünftig geringeren Einkommens und der daraus resultierenden Haltung der Existenzsicherung weniger Geld aus (Konsumstreik). Eine vermehrte Zunahme der persönlichen finanziellen Rücklagen setzt allenfalls dann ein, wenn der Zustrom an Geld für die Person nicht so stark sinkt wie der Abfluss an Geld.

Auch die Unternehmen halten sich zurück. Es wird nur das Nötigste gekauft und wenig investiert (sogenannte Investitionszurückhaltung). Dieser Nachfragerückgang führt dazu, dass Unternehmen geringere Umsätze bzw. auch Gewinne, verbuchen und im Anfangsstadium rationalisieren (häufig Entlassungen) oder schließlich, in letzter Instanz, zahlungsunfähig werden. Insgesamt sinkt nun die Gesamtgüternachfrage bei ungefähr gleich bleibendem Güterangebot (Nachfragelücke). Niedrigere Gewinne haben noch den weiteren Nachteil, dass sie die Investitionslust der Unternehmen dämpfen und damit den Teufelskreis weiter anheizen. Auch der Aktienmarkt leidet unter der Deflation, da auch die Kapitalanleger negative Erwartungen haben. Hinzu kommt, dass durch die geringeren Gewinne das Fallen der Kurse verstärkt wird.

Grundsätzlich sind geringere Bedürfnisse die Ursache von Konsumzurückhaltung. Ob diese geringeren Bedürfnisse aus Selbstbeherrschung oder mangelndem Geld resultieren ist eine andere Sache. Eine größere Sparneigung kann ebenfalls ein Grund sein, hervorgerufen durch eine verschlechterte Zukunftserwartung. Dieses Phänomen ist zur Zeit in Japan zu beobachten.

Vermögensdeflation, Kreditdeflation

Besonders durch das Platzen von Spekulationsblasen wie z.B. Immobilienblasen kommt es zu einer Vermögensdeflation, vor allem, wenn die Vermögensgegenstände durch Kredite finanziert worden sind. Die sinkenden Vermögenspreise führen dann zur Überschuldung von Haushalten. Durch Kreditausfälle geraten auch Banken in Bedrängnis. Da nun weniger neue Kredite vergeben werden als auslaufen und ausfallen, sinkt die Geldmenge. Die Konsumenten können ebenfalls ihre Konsumausgaben kaum noch mit Krediten finanzieren, so dass in der Volkswirtschaft die Nachfrage zurückgeht. So kann die Vermögensdeflation eine allgemeine Deflation auslösen.[1][2]

Lohndeflation

Wegen der positiven Rückkopplung der Entwicklung von Löhnen und Preisen (Lohn-Preis-Spirale) führt eine Deflation bzw. Lohndeflation zu einem sich kumulativ selbstverstärkenden Prozess in einer Volkswirtschaft, bei dem Güter- und Faktorpreise gleichzeitig fallen. Bilden sich langfristige **Deflationserwartungen** heraus, dann fällt es der Zentralbank äußerst schwer, diese durch eine expansive Geldpolitik zu brechen. Dieses Phänomen wird als Liquiditätsfalle bezeichnet: Aufgrund verfestigter Deflationserwartungen in der Wirtschaft bieten selbst nominale Zinsen von Null

Prozent keine Anreize für die Kreditvergabe durch Geschäftsbanken an Investoren oder Konsumenten.

Die Kreditrisiken der Gläubiger gegenüber den potenziellen Schuldnern werden von den Gläubigern aufgrund der allgemeinen Unsicherheit über die zukünftige Wirtschaftsentwicklung infolge der Deflation höher als die durch die Kreditvergabe für die Gläubiger erzielbaren Zinserlöse angesehen. Kreditrationierung durch die Geschäftsbanken verhindert dann, dass die potenziell vorhandene Liquidität durch die Nullzinspolitik der Zentralbank in effektive Nachfrage bei Investoren und Konsumenten umgesetzt werden kann, was über steigende Kreditvergabe durch Geschäftsbanken durchaus möglich wäre. Erst wenn wieder Vertrauen in der Wirtschaft an ein nahes Ende der Deflation entsteht, löst sich die Liquiditätsfalle, in der die Geldpolitik steckt, auf, und der normale Wirkungszusammenhang stellt sich wieder her.

Reduktion der Staatsausgaben

Eine weitere mögliche Quelle für Deflation ist der Staatssektor. Wenn eine Regierung die Staatsausgaben drastisch kürzt, etwa um das Budgetdefizit zu verringern oder einen Budgetüberschuss zu erzielen, fällt die staatliche Nachfrage auf den Märkten kleiner aus, und man gelangt wieder bei gleich bleibendem Angebot zu einer Nachfragelücke.

Außenwirtschaftliche Ursachen

Auch das Ausland kann Auslöser eines deflationsbringenden Angebotsüberschusses sein.

Erstens, wenn die Nachfrage aus dem Ausland wegbricht, weil dort die Konjunktur lahmt (beispielsweise wegen einer Weltwirtschaftskrise), so trifft dies auch die eigene Volkswirtschaft, vor allem wenn der Exportanteil groß ist.

Zweitens kann eine Aufwertung der eigenen Währung Auslöser der Deflation sein. Sie macht zum einen die Ausfuhren für die ausländischen Kunden teurer. Wenn etwa der

Euro gegenüber dem US-Dollar steigt, erhöhen sich die Dollarpreise für deutsche Autos in den USA und die Nachfrage nach deutschen Autos sinkt. Gleichzeitig macht die Aufwertung der Inlandswährung Importprodukte günstiger. Dies schlägt sich direkt im inländischen Preisniveau nieder.

Drittens kann ein Angebotsüberschuss im Inland auch entstehen, wenn ausländische Märkte sich abschotten, etwa durch Zölle oder andere protektionistische Maßnahmen.

Monetäre Ursachen

Nach monetaristischer Vorstellung sind Inflation und Deflation *immer und überall ein monetäres Phänomen* (Milton Friedman). Die dahinterstehende Idee ist, dass eine restriktive Geldpolitik (Erhöhung der Mindestreserve, Steigerung des Zinssatzes) über die Quantitätsgleichung zu niedrigeren Preisen führen.

Doch auch nach nicht-monetaristischer Sicht führt eine restriktive Geldpolitik zu Deflation, da sie (beispielsweise durch die höheren Zentralbankzinsen) die gesamtwirtschaftliche Nachfrage dämpft.

Die freiwirtschaftliche Theorie – die von der überwiegenden Mehrheit der Wirtschaftswissenschaftler abgelehnt wird – betrachtet die nach ihrer Überzeugung sinkende Geldumlaufgeschwindigkeit als Hauptursache der Deflation. Diese „Geldhortung“ entsteht laut Freiwirtschaftslehre dadurch, dass eine Investition, deren Rendite geringer als die Liquiditätsprämie ist, nicht mehr lukrativ sei und das Geldangebot auf dem Kapitalmarkt deshalb zurückgehe.

Produktivitätssteigerungen

Wie die Quantitätstheorie des Geldes nahelegt, kann eine Deflation nicht nur durch eine Verknappung des Geldangebots, sondern auch durch eine Ausweitung des Güterangebots entstehen. Ist dies der Fall, kann eine Deflation sich durchaus positiv auf den Wohlstand der Bevölkerung auswirken, weil diese bei gleichen Nominallöhnen mehr Kaufkraft hat. Während der Zweiten Industriellen Revolution von 1873-96 erweiterte sich durch neue Technologien und die weltweite Ausweitung von

Eisenbahnnetzen das Güterangebot, während der Beitritt einiger europäischer Staaten (Deutschland, Belgien, die Niederlande, Skandinavien und später Frankreich) in den Goldstandard die Geldmenge verknappte. Diese Zeit erlebte eine durchschnittliche Deflation von 2% im Jahr bei einem jährlichen Wachstum von 3%. In den "goldenen" 1920er Jahren wuchs das Güterangebot ebenfalls, vor allem durch die Verbreitung von Automobilen, Kühlschränken und Radios in US-Amerikanischen Haushalten. Die Deflation betrug in dieser Zeit 1-2% im Jahr. [3]

Ein ähnliches Phänomen, das digitale Deflation genannt wird, ist derzeit im IT-Sektor zu beobachten: Durch stetige technologische Verbesserungen fällt der Preis von Produkten aus dieser Sparte beständig - eine Abwandlung des Mooreschen Gesetzes prognostiziert eine Halbierung des Preises für ein IT-Produkt etwa alle 18 Monate. So kostete das erste iPhone zu seinem Einführungstermin 2007 noch 599 US$, das deutlich verbesserte Nachfolgegerät 2008 nur noch 199 US$. [4] Da hier die Preissenkungen nur eine gewisse Branche und nicht die Gesamtwirtschaft betrifft, ist die Bezeichnung als Deflation eigentlich falsch.

Gegenmaßnahmen

Bis in die 1930er Jahre glaubten die meisten Volkswirte, dass eine Deflation sich durch das freie Spiel der Marktkräfte selbst überwindet. Das sinkende Preisniveau werde auch ohne staatliche Eingriffe wieder zu einer steigenden Nachfrage führen. Die Weltwirtschaftskrise widerlegte diese Theorie. In der Folge konnten Franklin D. Roosevelt mit dem New Deal und die deutsche Regierung unter Hitler und Hjalmar Schacht als Reichsbankdirektor mit den Mefo-Wechseln die Deflation erfolgreich innerhalb weniger Jahre bekämpfen. Dazu erhöhten sie die Geldmenge und die Staatsausgaben in Form von Investitionsprogrammen. In den USA wurden auch die bankrotten Banken verstaatlicht und so wieder aufgebaut.

Aus diesen Erfahrungen ergeben sich die möglichen Gegenmaßnahmen gegen eine Deflation.

Geldpolitik

Als Geldpolitik werden alle wirtschaftspolitischen Maßnahmen der Zentralbank bezeichnet. Da sie eine wichtige Rolle bei der Bekämpfung der Inflation übernehmen, sind sie auch bei der Bekämpfung von Deflation wichtig. So ist z. B. die EZB darauf verpflichtet, Preisniveaustabilität (und somit weder De- noch Inflation) anzustreben. Ihr selbst gestecktes Preisziel sieht sie bei einem Wachstum des HVPI (harmonisierter Verbraucherpreisindex) von *knapp unter zwei Prozent*.

Zur Bekämpfung einer Deflation greifen Zentralbanken im Allgemeinen zu Zinssenkungen. Oft führt dies aber zum keynesianisch als Liquiditätsfalle bezeichneten Zustand nicht mehr weiter steigender Geldnachfrage bzw. zu Zinsen nahe am Nullpunkt. Somit kann eine expansive Geldpolitik über die Zinsen nicht mehr erreicht werden. Als geldpolitische Gegenmaßnahme verbleibt somit hauptsächlich die Offenmarktpolitik – die Zentralbank eines Landes kann am Markt befindliche Anlageformen (beispielsweise Kreditforderungen von Geschäftsbanken) aufkaufen, um somit die Geldmenge trotz Null-Zinsen weiter ausdehnen zu können.

Nachfrageorientierte Wirtschaftspolitik

Aus einer deflationären Situation gelangt eine Volkswirtschaft auch durch eine nachfrageorientierte Wirtschaftspolitik. Roosevelt und Hitlers Wirtschaftsminister bekämpften die Weltwirtschaftskrise 1929 unter anderem durch massive Investitionsprogramme des Staates. John Maynard Keynes schuf für diese Politik 1936 eine theoretische Grundlage. Der Staat erhöht seine Nachfrage, etwa durch Beschäftigungs- und Bauprogramme – auch auf Pump (*Deficit spending*) – und senkt die Steuern, um eine Initialzündung für die Volkswirtschaft zu leisten. Seit der Weltwirtschaftskrise hat es bis auf die Deflation in Japan seit den frühen 90er-Jahren keine Deflationen mehr gegeben.

Allerdings führen diese Maßnahmen in der Regel zu stark ansteigender Staatsverschuldung (höhere Ausgaben bei tendenziell sinkenden Steuereinnahmen) und, besonders wenn man diese Politik in einer nicht-deflationären Situation anwendet, im Extremfall einer Herabsetzung der Kreditwürdigkeit des Staates, zu Kapitalexporten, gar zu einer Kapitalflucht oder zu einer Erhöhung des Realzinses für langfristige Kredite.

Sonstige Gegenmaßnahmen

Neben einer expansiven Geldpolitik der Zentralbank und einer auf Nachfrageförderung ausgerichteten Wirtschaftspolitik werden auch andere, jedoch von Politik und Wissenschaft kaum beachtete Lösungsvorschläge gemacht. So fordert die Freiwirtschaftslehre die Einführung einer *Geldumlaufgebühr* als drittes geldpolitisches Instrument der Zentralbank (neben Geldmenge und Zinssatz). Weiterhin könne eine Deflation auch durch private Initiativen wie Tauschringe und/oder durch Ausgabe einer privaten Komplementärwährung bekämpft werden.

Deflationen in der Geschichte

Globale Deflation 1930

Die letzte große weltweit wirksame Deflation gab es in der Weltwirtschaftskrise der frühen 1930er Jahre. Verantwortlich dafür waren die Überproduktion nach dem Ersten Weltkrieg, der Schwarze Donnerstag an den US-Börsen und die verfehlte Politik der US-Notenbank, die die Geldmenge um 30 % senkte. Besonders dramatisch waren die Auswirkungen in Deutschland, da das umlaufende Geld zu 40 % durch Gold und Devisen gedeckt sein musste (siehe Deflationspolitik). Die eigenen Probleme veranlassten die USA, ihre hohen Kredite an Deutschland zurückzufordern. Da diese Schulden hauptsächlich in Gold beglichen wurden, sank die angepasste Geldmenge drastisch. Der Geldumlauf verringerte sich folglich ebenso schnell. Die Gehälter sanken, die Preise brachen ein und die Arbeitslosigkeit stieg auf mehr als sechs Millionen, was einem Anteil von 20 % der Erwerbsbevölkerung entsprach. Die damalige Regierung und die Arbeitgeber fachten die Krise noch weiter an, da sie durch Sparmaßnahmen und Lohnkürzungen die Deflation verschärften.

Rezession in Japan 1990er Jahre

Etwa ab 1993 litt Japan unter fallenden Preisen verbunden mit einer starken Rezession und einem Anstieg der Arbeitslosigkeit. Als Auslöser für die japanische Krise werden im Allgemeinen die Finanzmärkte gesehen. So stieg der japanische Aktienindex Nikkei 225 zwischen 1985 und 1989 von 13.000 auf über 35.000 Punkte – der Preis einer durchschnittlichen japanischen Aktie verdreifachte sich fast innerhalb von nur vier Jahren. Ähnlich wie die Aktienkurse entwickelten sich auch andere Vermögenspreise – z. B. für Immobilien und Grundstücke. Die meisten Ökonomen deuteten dies als eine spekulative Blase, die sich zuerst ausdehnte und dann platzte.

In der Folge fiel der Nikkei-Index von 1990 bis 1992 auf 16.000 Punkte. Offensichtlich führte der enorme Vermögensanstieg in den 1980ern zu einem Boom bei der Nachfrage nach japanischen Waren und Dienstleistungen, dem jedoch nach dem Platzen der Blase eine nicht minder starke Rezession folgte; die starken Verluste der Vermögenspreise (wie Aktien oder Immobilien) veranlassten die japanischen Konsumenten zu einem wesentlich stärkeren Sparverhalten. Die daraus folgende Konsumzurückhaltung führte zu einer Unterauslastung der Produktionskapazitäten und der oben beschriebenen Deflationsspirale.

Der japanische Staat reagierte zeitverzögert mit einer expansiven Geld- und Fiskalpolitik. Allerdings gelang ihm dadurch keine nennenswerte Besserung der Lage, so dass die Möglichkeiten beider Wirtschaftspolitiken relativ rasch erschöpft waren; die Zentralbankzinsen lagen in Japan über Jahre nahe oder bei null und Japan ist heute aufgrund seines Deficit spendings das mit Abstand am stärksten (öffentlich) verschuldete Industrieland der Welt.

Eine teilweise Beendigung der Krise gelang erst 2003 und 2004 durch eine konsequente Restrukturierungspolitik verbunden mit dem Aufkauf *fauler Kredite* durch die Zentralbank.

Verschuldungskrise in Argentinien 2001

In den 90er Jahren litt Argentinien unter Hyperinflation. Um diese zu stoppen, wurde ein Currency Board, über das sich das Land an den US-Dollar band, eingerichtet. Die Inflation konnte so zunächst deutlich zurückgefahren werden, allerdings schaffte es der Staat nicht, seine Verschuldung in den Griff zu bekommen, vor allem konnten nicht genügend Steuern eingetrieben werden. Infolge der Asienkrise ab 1998 bewerteten die Anleger auch Argentinien und dem argentinischen Peso als Anlagemöglichkeit neu und verloren wegen der Überschuldung des Landes das Vertrauen. Das in der Folge abgezogene ausländische Kapital verschärfte die Krise und zwang das argentinische Currency Board zu einer kontinuierlichen Erhöhung der inländischen Zinsen, um die Geldmenge an die schwindenden Devisenreserven anzupassen. Die Hochzinspolitik brachte aber Konsum und Investitionen zum Einbruch und führte zu einem starken Rückgang der Preise. Anfang 2002 gab Argentinien seine Wechselkursbindung auf.

Deflationsspirale

Unter **Deflationsspirale** versteht man einen Teufelskreis bestehend aus den folgenden Punkten:

- sinkenden Güterpreisen (Deflation)
- zunehmende Kaufzurückhaltung seitens der Konsumenten (in Erwartung weiter sinkender Preise).
- Kaufkraftverlust durch finanzielles "Schröpfen" der Bevölkerung im großen Maßstab.
- sinkende Auslastung der Produktionskapazitäten der Unternehmen.
- Weiterer Preisrückgang (Deflation) infolge der Niedrigauslastung.

Somit führt eine Deflationsspirale v. a. zu Preisrückgängen, Einkommensrückgängen und Arbeitslosigkeit. Typisches Beispiel für die Folgen einer Deflationsspirale ist Japan Ende der 1990er, Anfang der 2000er Jahre.

Deutsche Bankenkrise

Im Jahr 1931 kam es in Deutschland in Folge der Weltwirtschaftskrise zu einer schweren **Bankenkrise**, die durch den Zusammenbruch der Danat-Bank ausgelöst wurde.

Finanzpolitische und strukturelle Rahmenbedingungen

Mehrere Strukturelemente hatten das deutsche Bankensystem schon vor 1931 labil gemacht: Während der Hyperinflation von 1923 verloren die Kreditinstitute im Durchschnitt mehr als zwei Drittel ihres Eigen- und Fremdkapitals. Auch wurde das Vertrauen in das Bankensystem durch die Inflation beschädigt: Die Bereitschaft der inländischen Anleger, den Banken trotz hoher Zinsen Geld in ausreichender Menge zur Verfügung zu stellen, war sehr niedrig. Dies galt vor allem für Geldanlagen mit langer Laufzeit. Wegen der erhöhten Kapitalnachfrage der Wirtschaft in der Phase der wirtschaftlichen und politischen Stabilisierung nach Überwindung der Inflation ergab sich insbesondere für die mit der Industrie verkehrenden Berliner Großbanken nur die Möglichkeit der Refinanzierung über oft kurzfristige Auslandskredite. Von besonderer Brisanz war dabei die Tatsache, dass der überwiegende Teil dieser Darlehen nur in Fremdwährung gewährt wurde.

Die Folge war, dass viele Banken Ende der 1920er Jahre erhöhte Fristentransformationsrisiken und Wechselkursrisiken übernommen hatten.

Die Kreditinstitute refinanzierten sich bei Liquiditätsengpässen über die Reichsbank. Deshalb schmälerten Kündigungen von ausländischen (Fremdwährungs-) Krediten auch die zur gesetzlich vorgeschriebenen Währungsdeckung vorgesehene Devisenreserven der Reichsbank. Verlor die Reichsbank Devisen, durfte sie also weniger Kredite an die Banken geben - eine Welle von Kreditabzügen würde also die Zahlungseinstellung der betreffenden Institute erzwingen und damit eine Vernichtung des deutschen Kredites im Ausland herbeiführen.

Sowohl die ausländischen als auch die inländischen Geldgeber waren nach den Erfahrungen der Inflation oft nur zur Vergabe von kurzfristigen Krediten bereit, denen auf der anderen Seite insbesondere das Bedürfnis nach langfristigen Investitionskrediten gegenüberstand. So hatten in der Realität viele kurzfristige Kredite zur Finanzierung von sich langfristig amortisierenden Maschinen und Anlagen beigetragen, die im Falle einer Kreditkündigung nur mit großen Schwierigkeiten veräußert werden konnten. Da diese Kredite jedoch in der Phase der wirtschaftlichen und politischen Stabilität wegen des hohen Zinsniveaus periodisch verlängert wurden, meinten die beteiligten Bankiers und Industriellen die in dieser Abweichung zwischen Fälligkeit des eingesetzten Kapitals und Liquidierbarkeit der damit finanzierten Vermögenswerte liegende Gefahr angesichts fehlender alternativer Kreditquellen als vertretbares Risiko hinnehmen zu müssen. So betrug der Anteil der kurzfristig zur Verfügung stehenden Mittel am Fremdkapital bei den Berliner Großbanken 1929 im Durchschnitt 97,1 %, wobei sich 38 % des gesamten Fremdkapitals aus ausländischen Krediten zusammensetzte. Zugleich wiesen diese Kreditinstitute nur eine geringe Liquidität auf: 1929 betrug ihre Barliquidität im Durchschnitt nur 3,8 %, die Liquidität 1. Grades gerade einmal 37,3 % bei einer schon oben erwähnten fast dreimal so hohen kurzfristigen Verschuldung.

Gleichwohl gab es zwischen den Großbanken erhebliche Unterschiede bezüglich der Fälligkeitsstruktur und Herkunft der ihnen zur Verfügung gestellten Mittel: So hatte die DANAT-Bank auch aufgrund ihrer expansiven Geschäftspolitik überdurchschnittlich viele kurzfristige Auslandskredite aufgenommen, während die Berliner Handelsgesellschaft keine ausländischen Gelder mit einer Laufzeit unter sechs Monaten hereinnahm. Anders hingegen stellte sich die Situation der Sparkassen und öffentlichen Kreditinstitute dar, die außer den Landesbanken und Girozentralen keine nennenswerte ausländische Verschuldung aufwiesen: Da sich diese Banken ohne eigenes Vermögen in der unmittelbaren Trägerschaft der Kommunen befanden, sahen sich die bei ihnen deponierten Spar- und Giroeinlagen häufig den Begehrlichkeiten der in den Vorständen dominierenden Gemeindevertreter ausgesetzt, die diese Mittel über Kommunalkredite zur Finanzierung von sich nur langfristig rentierenden

Investitionsvorhaben oder von Sozialleistungen heranzogen. Faktisch war somit im Durchschnitt ein erheblicher Teil der jederzeit abrufbaren Spareinlagen langfristig ausgeliehen. Insgesamt wies der deutsche Finanzsektor in der zweiten Hälfte der zwanziger Jahre eine hohe Labilität auf, die durch das hohe deutsche Zinsniveau und die zu dieser Zeit relative politische Stabilität der Weimarer Republik ausgeglichen wurde.

Exkurs: Die Goldene Bankregel

Während Kreditnehmer eine lange Zinsbindung wünschen, bevorzugen Anleger kurzfristige Anlagen. Wenn Banken langfristige Kredite mit kurzfristigen Einlagen refinanzieren gehen sie jedoch ein Risiko ein: Wenn künftig kurzfristige Gelder nicht oder nur zu hohen Zinsen zur Verfügung stehen, wird die Bank illiquide und kann fällige Zahlungen nicht leisten. Die "Goldene Bankenregel" empfiehlt daher, langfristige Darlehen nur mit langfristigen Einlagen zu refinanzieren.

Vorgeschichte und Verlauf der Bankenkrise

Seit Beginn des New Yorker Börsenbooms, der dem Krach vom Schwarzen Donnerstag 1929 vorausging, mehrten sich die Anzeichen für eine nachlassende Bereitschaft ausländischer Gläubiger, Kapital nach Deutschland zu geben. Eine erste Welle von Kreditkündigungen gab es nach der Reichstagswahl 1930, in der die NSDAP über 18 Prozent der Stimmen errungen hatte und damit zweitstärkste Partei geworden war. Die Unsicherheit, ob der erst seit wenige Monaten amtierende Reichskanzler Heinrich Brüning sich mit seinem Minderheitskabinett würde halten können, trug zur Verunsicherung der Gläubiger bei. Die Berliner Großbanken verloren in den ersten sechs Wochen nach der Wahl über 700 Mio. RM an ausländischen Krediten, die auch nach der Stabilisierung der Verhältnisse nicht zurück nach Deutschland gegeben wurden. Wegen der sich daraus ergebenen Verminderung der Fremdmittel hätten die Kreditinstitute nun im gleichen Umfang die der Industrie gewährten Kredite abbauen müssen, doch waren diese langfristig ausgegeben worden und nicht kündbar, wenn sie nicht ohnehin gerade fällig waren. Insgesamt erhöhten die Abzüge vom Herbst 1930 den Deflationsdruck auf die ohnehin schwache Konjunktur.

Durch den seit Januar 1931 auf niedrigem Niveau wieder einsetzenden ausländischen Kapitalabzug wurde diese Entwicklung noch verschärft. Neben der sich immer weiter verringernden Liquidität hatten die Kreditinstitute zusätzlich mit anderen Schwierigkeiten zu kämpfen: Zur Sicherung von Darlehen und aus spekulativen Gründen besaßen sie umfangreiche Aktienpakete zahlreicher Unternehmen, die wegen des mit der Wirtschaftskrise einhergehenden Kursverfalles an den Börsen zunehmend entwertet wurden. Einhergehend mit den zur Kurspflege gekauften eigenen Aktien waren diese Effekten aufgrund der eingeschränkten Aufnahmefähigkeit der Kapitalmärkte nicht zu verkaufen, ohne einen Kurssturz zu provozieren. Faktisch besaßen daher diese Papiere den Charakter einer langfristigen Kapitalanlage, die wegen des fortschreitenden Wertverfalles über die Abschreibungen die Ertragssituation der Banken belasteten und nicht als Liquiditätsreserve genutzt werden konnten. Obwohl die deutschen Großbanken 1930 im Durchschnitt noch einen Reingewinn erzielten, war ihre Ertragslage bedingt durch die Wirtschaftskrise allgemein stark rückläufig.

Aufgrund vergleichbarer Schwierigkeiten vermeldete die Österreichische Creditanstalt (die sog. „CA") am 11. Mai 1931 im Rahmen ihrer Bilanzveröffentlichung einen Jahresverlust von 140 Mio. Schilling, der fast das gesamte Grundkapital der Bank aufzehrte. Als Reaktion auf diese Nachricht setzte in den nächsten Tagen ein Ansturm der in- und ausländischen Gläubiger auf die Creditanstalt und auf andere österreichische Banken ein, der nur durch die Nachricht von einem internationalen Kredit über 150 Mio. Schilling für die österreichische Zentralbank gestoppt werden konnte. Aus den Bilanzen war es für die ausländischen Kreditoren ersichtlich, dass die anderen Großbanken auch in Deutschland mit ähnlichen Problemen zu kämpfen hatten. Bei einem Zusammenbruch der größten österreichischen Geschäftsbank erschien vielen daher eine weitere Geldanlage bei deutschen Banken mit zu hohen

Risiken verbunden zu sein. Die Bekanntgabe eines großen Verlustes beim Karstadtkonzern am 11. Mai und die wenig später, am 30. Mai, gemeldete Schieflage des Versicherungsunternehmens Nordstern verstärkten die Unsicherheit. Anleger vor allem aus dem Ausland zogen im Mai 1931 umgerechnet über 288 Mio. RM in Devisen von deutschen Banken ab.

In dieser kritischen Situation wollte die Regierung Brüning ihre zweite „Notverordnung zur Sicherung von Wirtschaft und Finanzen“ innenpolitisch abfedern, die weitere harte Sparmaßnahmen enthielt. Zu diesem Zweck veröffentlichte sie am 9. Juni 1931 eine Erklärung, in der eine weitere Belastung Deutschlands durch Reparationsleistungen als wirtschaftlich untragbar bezeichnet wurden. Diese Erklärung ging als „Tributaufruf“ in die Geschichte ein, weil die Regierung, dem Sprachgebrauch der Rechtsradikalen folgend, die Reparationen delegitimierend als Tribute bezeichnete. Die Wirkung dieser für die öffentliche Meinung in Deutschland bestimmten Erklärung war im Ausland verheerend: Da Deutschland nach dem Young-Plan nur im Fall von ,,abnormen wirtschaftlichen Schwierigkeiten" einen Teil seiner Reparationsverpflichtungen gestundet bekommen konnte, befürchteten viele Gläubiger einen Staatsbankrott und versuchten zuvor noch ihre Mittel aus Deutschland abzuziehen. Die Reichsbank verlor daher in den ersten vier Tagen nach dem Tributaufruf über 400 Mio. Reichsmark an Devisen. Zur weiteren Verunsicherung trug am 10./11. Juni die Forderung mehrerer Fraktionen im Ältestenrat des Reichstages nach einer Einberufung des Parlaments bei. Dabei drohte die Notverordnung aufgehoben zu werden, die mit ihren drastischen Mitteln die Zahlungsfähigkeit des Reichs sicherte, und die Regierung Brüning gestürzt zu werden. Erst als die Einberufungsanträge mit den Stimmen der SPD am 16. Juni abgelehnt worden waren, verminderten sich die Kapitalabzüge wieder. Insgesamt hatte die Reichsbank in der Zeit vom 1. bis zum 17. Juni ca. 1,4 Milliarden RM verloren, das waren mehr als die Hälfte ihres Gold- und Devisenbestandes. Dadurch geriet sie in gefährliche Nähe zu der durch den Young-Plan vorgeschriebenen Deckungsgrenze von 40 %.

In der Literatur ist der Reichsbankleitung vorgeworfen worden, den Refinanzierungswünschen der Geschäftsbanken insbesondere bezüglich von Devisen allzu leichtfertig nachgekommen zu sein, während die Großbanken mit ihren eigenen Reserven die Kapitalflucht mitfinanziert hätten. Ohne Zweifel sind von den Kreditinstituten die eigenen Devisenbestände nicht nur zur Rückzahlung von ausländischen Krediten herangezogen worden. Wegen der schon oben erwähnten Abschaffung einer auch nur unvollkommenen Bankenaufsicht war es der Reichsbank jedoch nicht ersichtlich, in welchem Umfang sich die Banken im Ausland verschuldet hatten. Aus der Sicht der Reichsbank bestand bei einer Ablehnung der an sie herangetragenen Refinanzierungsanforderungen in Devisen die Gefahr einer Zahlungseinstellung der betreffenden Kreditinstitute gegenüber den ausländischen Gläubigern, die das Vertrauen des Auslandes endgültig untergraben und damit die internationale Kreditfähigkeit Deutschlands beendet hätte. Somit erschien es ihr unvermeidlich, bis zur Erschöpfung der Reserven zumindest allen Devisenanforderungen der Geschäftsbanken nachzukommen. Bei der nach der Bankenkrise erfolgten Verzeichnung der deutschen Auslandsverschuldung im Verhältnis zu den in Deutschland vorhandenen Devisenbeständen trat deutlich hervor, dass die Fremdwährungsreserven der Geschäftsbanken (sowie letztendlich alle noch vorhandenen Rücklagen) nicht im entferntesten die ausländischen Schulden hätten begleichen können. Somit kann auch aus heutiger Sicht die Politik der Reichsbank als richtig beurteilt werden, da bei einer durch eine Devisenrestriktion der Reichsbank provozierten Zahlungseinstellung ein Moratorium für kommerzielle Auslandsschulden nicht oder nur zu schlechteren Bedingungen zustande gekommen wäre.

Die nach dem 16. Juni einsetzende Beruhigung hielt jedoch nur kurz an: Einen Tag darauf gab der größte europäische Wollkonzern, die Norddeutsche Wollkämmerei (abgekürzt „Nordwolle"), bei seiner Bilanzvorstellung einen hohen Verlust bekannt. Im Rahmen einer Betriebsprüfung traten jedoch weitere, aus spekulativen Geschäften stammende Einbußen hervor, die zuvor durch den Vorstandsvorsitzenden Carl Lahusen mittels betrügerischer Machenschaften innerhalb der Konzernstruktur verschoben und damit verschleiert werden konnten. Mit dem sich bald darauf abzeichnenden Zusammenbruch der Norddeutschen Wollkämmerei begann die eigentliche akute Phase der Bankenkrise. Schon frühzeitig (am 11. Mai) erfuhr der Vorstandsvorsitzende der DANAT-Bank Jacob Goldschmidt, die sich zusammen mit der Dresdner Bank durch umfangreiche Kredite bei der Nordwolle engagiert hatte, daß die Bilanzen des Konzernes gefälscht waren und der eigentliche Verlust das Unternehmen existentiell gefährdete. Anstatt der Reichsbank und der Dresdner Bank den Konkursbetrug Lahusens zu eröffnen, versuchte Goldschmidt jedoch zunächst weitere Mittel zur Stützung der Nordwolle aufzutreiben. Nach späteren Angaben Goldschmidts geschah das vor allem in der Absicht, die Verhandlungen über ein Moratorium für Reparationszahlungen nicht durch eine Veröffentlichung des wahren Ausmaßes der Schwierigkeiten der Nordwolle gefährden zu wollen. In Wirklichkeit dürfte jedoch eher die Besorgnis um die Zahlungsfähigkeit des von ihm geleiteten Kreditinstitutes im Vordergrund gestanden haben. Bei einer rechtzeitigen Unterrichtung zumindest der Reichsbank hätten vor einer allgemeinen Veröffentlichung Maßnahmen getroffen bzw. in Ruhe diskutiert werden können, um einen Zusammenbruch der Nordwolle bzw. der involvierten Banken zu verhindern. Die Reichsbank erfuhr erst durch die Bank of England am 12. Juni von den Schwierigkeiten des Konzernes, ohne jedoch den ganzen Umfang der Verschuldung zu kennen. Die von Luther zumindest zu diesem Zeitpunkt geübte Passivität angesichts dieser Nachricht ist in der Literatur bisweilen kritisiert worden. Da eine existentielle Bedrohung der Nordwolle und damit einhergehend der DANAT-Bank für die Reichsbankleitung nicht erkennbar war, konnte die Nachricht von den Schwierigkeiten eines Unternehmens angesichts der Wirtschaftskrise keine besondere Dramatik besitzen. Nur wenige Firmen befanden sich damals nicht in Schwierigkeiten. Eine Zurückhaltung Luthers wird daher auch einhergehend mit der durch die Devisenabzüge eingetretenen Belastung als verständlich erscheinen.

Am gleichen Tag, als die Reichsbank von den Problemen der Nordwolle erfuhr, versuchte Goldschmidt Henry Nathan, ein Vorstandsmitglied der Dresdner Bank, für ein Vorhaben zu gewinnen: Da weder die DANAT- noch die Dresdner Bank über ausreichend liquide Mittel verfügten, um einem im Rahmen der Schwierigkeiten der Nordwolle vorhersehbaren Run standzuhalten, sollte Reichsbankpräsident Luther durch die Drohung des Schalterschlusses zur Annahme von nicht-diskontfähigen Wechseln gezwungen werden. Nathan wollte diesem Vorgehen jedoch nur mit Einverständnis und im Verbund mit der Deutschen Bank und Disconto-Gesellschaft zustimmen, was aber Goldschmidt aufgrund der zwischen ihm und dem Vorstand der Deutschen Bank und Disconto-Gesellschaft bestehenden Animositäten strikt ablehnte. Eine Unterredung mit Luther kam somit auch von Seiten der Dresdner Bank nicht zustande, da Nathan bis Ende Juni das wahre Ausmaß der Verschuldung nicht kannte. Wegen der schon in verschiedenen Zeitungen publizierten Gerüchte über ein anstehendes Konkursverfahren der Nordwolle und den daraus resultierenden Schwierigkeiten der DANAT-Bank setzten die aufgrund der abgesagten Reichstagseinberufung verminderten Kreditkündigungen wieder in voller Höhe ein, sodass am 19. Juni der Gold- und Devisenbestand der Reichsbank nur noch umgerechnet 100 Mio. RM über der gesetzlich vorgeschriebenen Deckung von 40 % lag. Nachdem sich Luther am 20. Juni vergeblich um einen Rediskontkredit bei der Bank of England bemüht hatte, wurde daher auf Beschluss des Reichsbankdirektoriums eine Kontingentierung der von den Geschäftsbanken einzureichenden Wechsel zum 22. Juni eingeführt. Durch ein angesichts der allgemeinen wirtschaftlichen Schwierigkeiten und der sich zuspitzenden Kreditkrise in Deutschland vom amerikanischen Präsidenten Hoover am 20./21. Juni verkündetes, zunächst auf ein Jahr befristetes Moratorium für politische Auslandsschulden schien sich jedoch die Lage zu beruhigen, da die ausländischen Gläubiger in der Hoffnung einer finanziellen Konsolidierung des Reichshaushaltes und der gesamten Wirtschaft ihre Kapitalabzüge stark verminderten.

Die seit der Veröffentlichung des Hoover-Moratoriums eingetretene Entlastung hielt jedoch nur kurz an: Frankreich widersetzte sich zunächst als größter Reparationsgläubiger einer vorübergehenden Zahlungseinstellung Deutschlands, sodass das Moratorium erst am 7. Juli in Kraft trat. Des weiteren scheiterte die Reichsbank in ihren wiederholten Versuchen, durch einen umfangreichen Rediskontkredit von den ausländischen Notenbanken ihren Devisenbestand zu erhöhen. Nach Verhandlungen mit der Bank of England, der Federal Reserve Bank und der Bank für internationalen Zahlungsausgleich in Basel wurden ihr am 24. Juni lediglich 100 Mio. Dollar zugesagt, so daß das Devisenportefeuille der Reichsbank weiterhin nur geringfügig über der gesetzlich vorgeschriebenen Deckungspflicht verharrte. Einer scheinbar bevorstehenden Zahlungseinstellung versuchten daher die ausländischen Gläubiger mit einer Kündigung ihrer noch in Deutschland verbliebenen Kredite zu begegnen, was nun den Devisenabzug ab dem 27. Juni wiederum stark ansteigen ließ. Selbst die am 7. Juli erfolgte Verständigung mit Frankreich bezüglich des Hoover-Moratoriums konnte die Kreditkündigungen nicht mehr eindämmen bzw. beenden, da das Vertrauen der ausländischen Gläubiger in die Bonität der deutschen Wirtschaft vor allem auch wegen des abzusehenden Konkurses der Nordwolle erschüttert war. Am 1. Juli erfuhren die Reichsbank und die Reichsregierung von dem wahren Ausmaß der Verluste des Nordwollekonzerns. Schon aus Rücksicht auf die britischen Gläubiger schien eine Sanierung des Unternehmens dringend geboten, obwohl weder das Reich noch die Reichsbank die erforderlichen Mittel dafür aufbringen konnten. In den Ministerbesprechungen der folgenden Tage einigten sich die Reichsbank mit den Geschäftsbanken auf eine Kapitalrekonstruktion, bei der das Reich 50 Mio. RM zur Ausgabe neuer Aktien zur Verfügung stellen sollte im Ausgleich zu einem umfangreichen Forderungsverzicht der Gläubigerbanken. Finanzminister Dietrich und Brüning stimmten diesem Plan unter der Bedingung zu, daß das Hoover-Moratorium zuvor in Kraft träte und damit das Reich die erforderlichen Mittel zur Verfügung hätte. Zur Beruhigung der Finanzmärkte versuchte Brüning darüber hinaus die Wirtschaft zur Bildung eines Garantiesyndikates zu bewegen, bei dem alle Unternehmen mit einem Betriebsvermögen über 5 Mio. RM gemeinschaftlich eine Ausfallbürgschaft von 500 Mio. RM zu Gunsten der Tochtergesellschaft der Reichsbank, der Golddiskontobank, übernehmen sollten. Insbesondere auch die großen Firmen hielten sich jedoch mit Zusagen merklich bedeckt, sodass die schließlich per Notverordnung am 8. Juli durchgesetzte Wirtschaftgarantie ihre Wirkung auf das Ausland verfehlte.

Am gleichen Tag suchte Jacob Goldschmidt den Vorstandsvorsitzenden der Deutschen Bank und Disconto-Gesellschaft auf, Oskar Wassermann, um ihn angesichts der

Liquiditätsprobleme der DANAT-Bank zu einer Fusion beider Kreditinstitute zu bewegen, was jedoch bei Wassermann auf Ablehnung stieß. Im Rahmen einer Besprechung mit Brüning erklärte Goldschmidt daraufhin am nächsten Tag, dass die DANAT-Bank ohne Unterstützung keine Zahlungen mehr werde leisten können. Ein Angebot der Geschäftsbanken, bei einer Reichsgarantie der DANAT-Bank durch einen Wechselkredit 250 Mio. RM zur Verfügung zu stellen, verhinderte deren Schalterschluss schon zum 10. Juli. Am selben Tag führte Reichsbankpräsident Luther mit seinem französischem Kollegen Moret Verhandlungen über einen umfangreichen Rediskontkredit zur Überwindung der Bankenkrise, den zuvor die Bank of England versagt hatte. Sowohl Moret als auch der französische Finanzminister Flandin versicherten ihre Bereitschaft, der Reichsbank Mittel zur Verfügung zu stellen, jedoch nur unter bestimmten politischen Rahmenbedingungen. So sollte Deutschland u. a. seine Revisionswünsche bezüglich des Young-Planes und des polnischen Korridors aufgeben und die Pläne zu einer Zollunion mit Österreich fallen lassen. Da Luther auf diese Forderungen nicht eingehen konnte und in der Folge einen französischen Kredit nicht erhielt, beschloss am 11. Juli das Reichsbankdirektorium eine Verschärfung ihrer Kreditrestriktionen, die in ihrer Konsequenz eine weitere Refinanzierung der DANAT-Bank über die Reichsbank ausschloss. Als Reaktion darauf teilte Goldschmidt Reichskanzler Brüning noch am selben Tag mit, dass die DANAT-Bank ihre Schalter am 13. Juli nicht mehr öffnen werde. Ein vom Wirtschaftsausschuss des Reichskabinettes initiierter Plan zur Bildung einer Garantiegemeinschaft aller Großbanken in Verbindung mit einer Reichsgarantie für die DANAT-Bank und anderer von der Illiquidität bedrohter Institute scheiterte letztendlich am 12. Juli an dem Widerspruch der Geschäftsbanken, die ein solches Risiko nicht übernehmen wollten. In der Literatur ist den Großbanken und insbesondere der Deutschen Bank und Disconto-Gesellschaft zu Recht vorgeworfen worden, der DANAT-Bank aus Konkurrenzdenken jegliche Unterstützung verweigert und damit eine spätere staatliche Intervention geradezu provoziert zu haben. Zweifellos bestand vor allem bei den Vorstandsmitgliedern der Deutschen Bank und der Disconto-Gesellschaft Wassermann und Solmssen nur eine geringe Bereitschaft, der von ihnen ungeliebten DANAT-Bank und insbesondere Jacob Goldschmidt beizustehen. Dennoch darf nicht übersehen werden, dass von der anschließenden, von staatlicher Seite maßgeblich getragenen Sanierung fast alle Großbanken betroffen waren. Insofern scheint die ablehnende Haltung der Kreditinstitute bezüglich eines Engagements bei der DANAT-Bank auch von ihrer eigenen finanziellen Schwäche her erklärlich.

Anlässlich des von Jacob Goldschmidt für den 13. Juli angekündigten Schalterschlusses der DANAT-Bank fanden am 11. und 12. Juli umfangreiche Verhandlungen und Besprechungen zwischen der Reichsregierung, der Reichsbank und Vertretern der Geschäftsbanken statt, in denen die weitere Vorgehensweise bezüglich der Illiquidität der DANAT-Bank und die allgemeine Geschäftslage aller Banken sondiert wurden. Die privaten Bankiers erwiesen sich jedoch angesichts der unter Zeitknappheit leidenden Planung der zu treffenden Maßnahmen als wenig hilfreich: Weder konnten sie bezüglich der Einführung von Bankfeiertagen noch zur Verkündung eines Moratoriums für Auslandsschulden eine Einigung erzielen, geschweige denn die Reichsregierung kompetent beraten. Nachdem sich die Bankenvertreter im Laufe der Beratungen abwechselnd sowohl für allgemein als auch nur für die DANAT-Bank geltende Bankfeiertage ausgesprochen hatten, übernahm die Reichsregierung schließlich per Notverordnung vom 12. Juli die volle Garantieleistung für alle Einlagen der DANAT-Bank und ordnete zugleich ihre Liquidierung an. Während somit am Montag, dem 13. Juli, nur die Schalter der DANAT-Bank geschlossen blieben, sahen sich die anderen Kreditinstitute in ihren Hoffnungen getrogen, mit der Begrenzung der Notverordnung auf die DANAT-Bank eine Beruhigung der Bankkundschaft erzielen zu können. Nach der Nachricht von dem Schalterschluss der DANAT-Bank kam es zumindest zu erhöhten Abhebungen vornehmlich der inländischen Gläubiger, sodass auf Initiative der Großbanken die Reichsregierung allgemeine Bankfeiertage für den 14. und 15. Juli verkündete. Die wegen ihres offensichtlichen Versagens innerhalb der akuten Krise bei Brüning wenig angesehenen privaten Bankiers sollten jedoch vor allem aufgrund des Verhaltens der Dresdner Bank vollständig in Misskredit geraten: Eine von Wassermann am 12. Juli an Brüning gerichtete Nachricht, nach der die Dresdner Bank ebenfalls zahlungsunfähig sei, wurde von dem darauf angesprochenen Herbert Gutmann vom Vorstand der Dresdner Bank in einem Telefonat dementiert. Schon am 14. Juli, nach dem auf die Bekanntgabe der Schließung der DANAT-Bank erfolgten allgemeinen Ansturm der Bankkunden, musste die Dresdner Bank jedoch der Reichsregierung ihre Illiquidität eingestehen. Insgesamt ist es daher verständlich, dass Brüning innerhalb der von staatlicher Seite initiierten Umstrukturierung und Sanierung auf einen personellen Wechsel in den Vorständen der einbezogenen Banken drängte.

Aufgrund der weiter anhaltenden bzw. noch durch die Bankfeiertage verstärkten Vertrauenskrise und der unveränderten strukturellen Daten schränkte die Reichsregierung durch mehrere Notverordnungen den Zahlungsverkehr auch nach den Bankfeiertagen stark ein, um eine Wiederholung der Vorgänge vom 13. Juli zu vermeiden. Zunächst durften Auszahlungen und Überweisungen nur zur Begleichung von Unterstützungszahlungen, öffentlichen Abgaben sowie Löhnen und Gehältern geleistet werden. Seit dem 20. Juli konnte dann in steigender Höhe auch wieder über Guthaben ohne diese Zweckbestimmung verfügt werden, bis schließlich am 5. August der Zahlungsverkehr vollständig freigegeben wurde. Diese dreiwöchige zwangsweise Beruhigung der Finanzmärkte benutzte die Reichsregierung zur Planung und Einführung umfangreicher Veränderungen im staatlichen Verhältnis zum Bankensektor sowie zur Sanierung der angeschlagenen Kreditinstitute. Schon am 15. Juli wurde der Handel mit Devisen auf die Reichsbank beschränkt. Mit der Einführung der Devisenbewirtschaftung kam die Reichsregierung im Wesentlichen auch einer Forderung der amerikanischen Federal Reserve und der Bank of England nach, die vor allem die Kapitalflucht für die Abnahme des Gold- und Devisenbestandes der Reichsbank verantwortlich machten. Am 18. Juli waren schließlich durch Notverordnung Devisenbestände der Reichsbank anzuzeigen und auf Verlangen an sie zu verkaufen. Zur besseren Kontrolle und Informationsbeschaffung schuf die Reichsregierung mit der Verordnung über die Bankenaufsicht vom 19. September das sog. „Kuratorium für das Bankgewerbe", dem als ausführendes Organ ein Reichskommissar vorstehen sollte. Dieser hatte das Recht, Auskünfte über alle Geschäftsangelegenheiten anzufordern, Geschäftsbücher und Schriftstücke aller Art einzusehen und an den Sitzungen von Bankorganen teilzunehmen. Zur besseren Koordination zwischen der Reichsbank und der Reichsregierung saßen in dem

Kuratorium sowohl Vertreter des Reichswirtschaftsministeriums als auch der Reichsbank.

Da die Großbanken wegen der Wirtschaftskrise allgemein und der sich in der akuten Bankenkrise dramatisch zuspitzenden Kapitalabzüge hohe Verluste zu bewältigen hatten, sah die Reichsregierung sich genötigt, wie oben erwähnt mittels staatlicher Gelder die Eigenkapitalbasis der Kreditinstitute zu stärken und damit faktisch fast alle großen Geschäftsbanken zu verstaatlichen. So waren das Reich und die an der Kapitalrekonstruktion beteiligte Golddiskontobank 1932 zu 91 % an der mit der DANAT-Bank fusionierten Dresdner Bank, zu 70 % an der mit dem Barmer Bankverein zusammengeschlossenen Commerz- und Privatbank und schließlich zu 30 % an der Deutschen Bank und Disconto-Gesellschaft beteiligt. Trotz dieser beherrschenden Stellung der öffentlichen Hand in der Eigentümerstruktur sahen sich die Kreditinstitute außer bei der teilweisen Ablösung bisher agierender Vorstands- und Aufsichtsratsmitglieder keinem großen Einfluss der Reichsregierung ausgesetzt. Nach 1933 wurden die Großbanken schrittweise reprivatisiert.

Auch die Sparkassen hatten im Rahmen der akuten Bankenkrise wegen ihrer angespannten Liquidität, die aus dem unmittelbaren Zugriff der Kommunen auf die Einlagen resultierte, Auszahlungen einschränken bzw. einstellen müssen. Daher wurden durch Notverordnung vom 6. November die Sparkassen zu Anstalten des öffentlichen Rechts mit eigenem Vermögen umgewandelt, die höchstens 25 % der Gesamteinlagen als Kommunalkredite verleihen durften und gewisse Liquiditätsreserven bei den Girozentralen zu halten hatten. Darüber hinausgehend blieb es den Gemeinden vor der Machtübernahme Hitlers überhaupt untersagt, Kommunalkredite aufzunehmen. Neben der Umstrukturierung des Bankensystemes bestand als weitere vordringliche Aufgabe der Reichsregierung, den ausländischen Kapitalabzug aus Deutschland zu stoppen. Eine auf Initiative Hoovers einberufene Konferenz in London vom 20.-23. Juli, an der neben Deutschland die wichtigsten Gläubigerländer teilnahmen, führte zunächst noch zu keinen Ergebnissen. Aufgrund der auf dieser Konferenz ausgesprochenen Empfehlungen wurden jedoch

Stillhalteverhandlungen in Basel zwischen deutschen und Vertretern ausländischer Gläubigerbanken aufgenommen, welche am 18./19. August das Basler Stillhalteabkommen zur Folge hatten. Dieser zunächst nur sechs Monate gültige Vertrag wurde in der Folgezeit bis 1939 immer wieder verlängert, bezog sich jedoch nur auf private Schuldner. Eine ähnliche Abmachung für die Länder und Gemeinden kam erst am 15. April 1932 mit dem „Kreditabkommen für deutsche öffentliche Schuldner" zustande. Aufgrund dieser Stillhalteabkommen und der am 9. Juli 1932 im Vertrag von Lausanne erreichten Ablösung der Reparationen konnte die sich aus der Kreditkrise ergebene existentielle Bedrohung der Finanzmärkte und des Bankensystems in Deutschland überwunden werden. Dennoch hinterließ die Bankenkrise auch weiterhin sichtbare Spuren sowohl in der Wirtschaft als auch im Bankensektor selbst.

Auswirkungen der Bankenkrise auf Wirtschaft und Politik

Im Bankensektor verschärfte die Bankenkrise den schon zuvor eingesetzten Konzentrations- und Rationalisierungsprozeß. Aufgrund ihrer hohen Verluste waren v. a. die Großbanken gezwungen, in nicht unerheblichem Umfang Personal abzubauen und Filialen zu schließen. Des weiteren verminderten sich durch Fusionen und Konkurse die Zahl der bestehenden bzw. unabhängigen Kreditinstitute. Für die Wirtschaft und die weitere politische Entwicklung entscheidender erwies sich jedoch die sich aus dem Rückgang der Einlagen resultierende Einschränkung der Kreditvergabe. So betrug der Umfang der von den Großbanken ausgegebenen Kurzkrediten Ende 1930 noch 9,8 Mill. RM, hingegen Ende 1932 nur noch 4,5 Mill. RM. Auch wegen dieser unzureichenden Kapitalversorgung der Wirtschaft häuften sich die Konkursverfahren und Produktionsstillegungen, so daß sich die Wirtschaftskrise und die Arbeitslosigkeit noch weiter verschlimmerte. Daher kann der Bankenkrise ein nicht zu unterschätzender Anteil an der wirtschaftlichen und politischen Destabilisierung der Weimarer Republik zugestanden werden. Bei der abschließenden Bewertung der Verantwortung für die zur Bankenkrise führenden Vorgänge sind die politischen und finanziellen Rahmenbedingungen der Weimarer Republik besonders hervorzuheben, da sie den Kreditinstituten und der Wirtschaft nur wenig Alternativen bei der Finanzierung von Investitionsvorhaben beließen. Dennoch hat das Verhalten einzelner Bankiers vor und während der akuten Phase der Krise maßgeblich deren Ausmaß mitbestimmt.

Rezeption

In vielen Darstellungen über die Geschichte der Weimarer Republik erfährt die Bankenkrise häufig nur eine marginale Erwähnung. Bei näherer Betrachtung v. a. auch der Auswirkungen dieser Ereignisse im Juli 1931 auf die wirtschaftliche Gesamtlage und der damit verbundenen Entwicklung der Arbeitslosigkeit kann dieser Schwächung des deutschen Bankensektors jedoch eine erhebliche Bedeutung für die weitere Destabilisierung der Weimarer Republik konzediert werden.

Schon die zeitgenössische Publizistik entfachte eine Kontroverse bezüglich der Verantwortung für diese Vorgänge, die noch durch die Selbstdarstellungen der beteiligten Personen und Kreditinstitute sowie durch die historischen Forschung verschärft wurde. Allgemein lassen sich drei Argumentationsstränge erkennen, die jedoch nicht ohne Überschneidungen im wissenschaftlichen Schriftgut Verbreitung fanden: Zunächst erschienen die nach dem Ersten Weltkrieg und v. a. auch durch die Inflation verursachten strukturellen Schwächen des deutschen Bankensektors für deren krisenhafte Zuspitzung im Juli 1931 selbst verantwortlich zu sein, d. h. durch die weltgeschichtlichen Ereignisse nach dem 1. Weltkrieg seien die allgemeinen wirtschaftlichen und besonders die Auswirkungen im Finanzsektor im wesentlichen determiniert gewesen. Obwohl ein erheblicher Einfluss der allgemeinpolitischen Faktoren auf die Geschäftspolitik der deutschen Banken nicht zu bestreiten ist, besaß dieser Erklärungsansatz in seiner Ausschließlichkeit einen besonderen Charme für die involvierten Kreditinstitute, die sich dieser Argumentation deshalb besonders gerne bedienten. Von anderer Seite hingegen wurden insbesondere die Geschäftsbanken für die krisenhafte Zuspitzung vorhandener struktureller Schwächen verantwortlich gemacht. Dabei zielte die Kritik v. a. auf die mangelnde Bereitschaft bestimmter Großbanken, durch eine gemeinschaftliche Stützung illiquider Konkurrenten die schwierige Situation im Juli 1931 zu entschärfen. Daneben wurden den Banken bzw. einzelnen Bankiers als weitere Kritikpunkte eine falsche Geschäftspolitik und Beihilfe zur Kapitalflucht vorgehalten, die zur Schwächung des Finanzsektors allgemein beigetragen hätten.

Innerhalb der zeitgenössisch-publizistischen als auch der wissenschaftlichen Literatur stand insbesondere Hans Luther als Reichsbankpräsident im Zentrum der Kritik. Sein Vorgehen im Rahmen der Bankenkrise ließ aus der Sicht einiger Autoren und der beteiligten Banken zu wünschen übrig: Während einerseits seine scheinbar allzu große Nachgiebigkeit gegenüber den Kreditinstituten bemängelt wird, warfen ihm andere Stimmen vor, auf dem Höhepunkt der Krise die Banken im Stich gelassen zu haben.

Deutsche Inflation 1914 bis 1923

Die **Hyperinflation** des Jahres **1923** in der **Weimarer Republik** beschreibt eine der stärksten Geldentwertungen, die eine der großen Industrienationen in der Neuzeit je erlebt hat. Ihre Vorgeschichte findet sich in der Finanzierung des Ersten Weltkrieges. Mit dem Ende des Krieges 1918 hatte die Mark bereits offiziell mehr als die Hälfte ihres Wertes (genauer: ihrer Kaufkraft im Innen- und Außenverhältnis) verloren, wobei auf dem Schwarzmarkt der Inflationsindex noch wesentlich höher lag. Eigentliche Ursache der ab 1919 schon beginnenden Hyperinflation war der bedenkenlose Umgang mit der Geldpresse in den Anfangsjahren der Weimarer Republik.

Vorgeschichte

Die Regierung hob mit dem Beginn des Ersten Weltkrieges am 4. August 1914 die gesetzliche Noteneinlösungspflicht der Reichsbank in Metallgeld bzw. Gold (siehe Goldmark) auf. Niemand konnte mehr von den Banken verlangen, dass ihm der Gegenwert seiner Banknoten in Metallgeld ausgezahlt werden muss. Außerdem wurden die staatlichen Möglichkeiten zur Schuldenaufnahme und der Vermehrung der Geldmenge bei den Scheidemünzen und Banknoten durch die Aufhebung des Goldankers (= gesetzliche Dritteldeckung der Reichsbanknoten durch Gold) ausgeweitet. Der Plan war eigentlich schon vor Kriegsbeginn insgeheim entstanden und wurde von der sog. „nationalen Begeisterung“ getragen, diese Geldvermehrung durch Kriegsanleihen gegenzufinanzieren, da der Aufmarsch und die Versorgung riesiger Armeen sehr großer Geldmengen bedurfte.

Gleichzeitig sollte die Kaufkraft der Bevölkerung für den Militärbedarf abgeschöpft bzw. stillgelegt werden, um bei der vorauszusehenden kriegsbedingten Güterverknappung im Inland der Schwarzmarktbildung durch Geldverknappung bei den Bürgern entgegenwirken zu können. Um an zusätzliches Geld und Gold zu kommen, wurden mehrere Kriegsanleihen und die *Aktion Gold gab ich für Eisen* aufgelegt. Anders als in Großbritannien und Frankreich, wo der Krieg durch Vermögenssteuern finanziert wurde, sollten diese Kriegsanleihen nach dem „Siegfrieden“ mit der „Kriegsbeute“ in Form von Reparationen dann wieder abgelöst werden.

Unumwunden und öffentlich bekannte sich der konservative Finanzpolitiker Karl Helfferich im August 1915 in einer Sitzung des Reichstages zur Ausplünderung der Kriegsgegner:

„Meine Herren, wie die Dinge liegen, bleibt also vorläufig nur der Weg, die endgültige Regelung der Kriegskosten durch das Mittel des Kredits auf die Zukunft zu verschieben, auf den Friedensschluss und auf die Friedenszeit. Und dabei möchte ich auch heute wieder betonen: Wenn Gott uns den Sieg verleiht und damit die Möglichkeit, den Frieden nach unseren Bedürfnissen und nach unseren Lebensnotwendigkeiten zu gestalten, dann wollen und dürfen wir neben allem anderen auch die Kostenfrage nicht vergessen;“ (lebhafte Zustimmung) *„das sind wir der Zukunft unseres Volkes schuldig.“* („Sehr wahr!“-Rufe) *„Die ganze künftige Lebenshaltung unseres Volkes muss, soweit es irgend möglich ist, von der ungeheuren Bürde befreit bleiben und entlastet werden, die der Krieg anwachsen lässt.“* (weitere „Sehr wahr!“-Rufe) *„Das Bleigewicht der Milliarden haben die Anstifter dieses Krieges verdient;“* („Sehr richtig!“-Rufe) „*sie mögen es durch die Jahrzehnte schleppen, nicht wir.“* („Sehr gut!“-Rufe)[1]

Das misslang um so gründlicher, je länger der Krieg dauerte. Das Deutsche Reich verlor den Krieg, musste also selbst Reparationen zahlen, was die Inflation noch verstärkte. Denn auch die Reparationen wurden über das Drucken zusätzlichen Papiergeldes bezahlt. Zwar waren die Reparationen in Fremdwährungen oder in Goldmark zu zahlen, die dafür nötigen Mittel besorgte sich der Staat aber über die (unkontrollierte) Vermehrung des eigenen Papiergeldes. Mit dem so provozierten Ruin der eigenen Währung wollte das Deutsche Reich auch demonstrieren, dass die Reparationszahlungspflichten nach dem Versailler Vertrag insgesamt überzogen seien.

Die Geldvermehrung über die Druckerpresse geschah während des Krieges finanzierungstechnisch gesehen in der Form von sogenannten *Schatzanweisungen*, die durch die Zeichnung von Kriegsanleihen durch die Bevölkerung im nachhinein finanziert werden mussten, sollten sie nicht reine Vermehrung von Geldzeichen sein.

Gleichzeitig nahm die Menge an Lebensmitteln (Nahrung, Bekleidung, Heizstoffe usw.) für den Verbrauch im Inland für den Bürger mit der Dauer des Krieges ab. Es kam zu vielfältigen Güterengpässen, die zu Ersatz- und Austauschstoffen zwangen, z.B. Kaffee-Ersatz oder Brennnesselfasern anstelle von Baumwolle etc. Außerdem wurden erhebliche höherwertige Warenmengen für den Unterhalt der Armee gebraucht. Die für den Konsum verfügbaren Geldmittel nahmen in bestimmten Bevölkerungskreisen aber trotz Zeichnung der Kriegsanleihen nicht im gleichen Maße ab. Die Preise stiegen. Während des Krieges kam es dann parallel zur schon genannten Aufforderung, die X. Kriegsanleihe zu zeichnen, die angeblich die absolut sicherste Geldanlage sei und zu den verschiedensten lokalen Aufforderungen an die Bürger, z. B. Kupfergegenstände, Zinnteller etc. an den Sammelstellen abzugeben. Parallel zu freiwilligen Rohstoffabgabeappellen an die Bevölkerung kam es besonders ab 1916 auf dem Land und bei Kleinbetrieben durch staatliche Zoll- und Steuerbeamte zu rigorosen Nahrungsmittel- und Rohstoffbeschlagnahmungen, die teilweise gerichtlich verfolgt wurden, da Lagerbestände korrekt angezeigt werden mussten.

Um Unruhen zu vermeiden, wurden die Löhne der kleinen Arbeiter und Angestellten der Preisentwicklung angepasst, wenn auch mit deutlicher Verspätung. Und um die

Vermögenden nicht aufzubringen, wurden die Steuern nicht angemessen angehoben. Trotzdem entging nur ein kleiner Kreis von besonders Reichen der durch Güterknappheit und Teuerung bedingten allgemeinen Verarmung. (*Siehe auch:* Sozial- und Wirtschaftsgeschichte im Ersten Weltkrieg)

Damit war der Keim der Inflation gelegt. Im November 1918 überstiegen die Schulden des Reiches mit etwa 150 Milliarden Mark das Volkseinkommen des Jahres 1919 von geschätzten 142 Milliarden Mark. Weil der Krieg verloren wurde, konnte das Deutsche Reich die Kriegslasten nicht auf andere Staaten abwälzen.

Die deutsche Revolution 1918 und die Entwicklung bis 1920

In der Novemberrevolution und in deren weiteren Verlauf standen sich die parlamentarische Demokratie und das sozialistische Rätesystem als Alternativen gegenüber. Die Mehrheit der politischen Parteien (SPD, Zentrum, DDP) bildete die Weimarer Koalition, die ein parlamentarisches System etablierte.

In den Verpflichtungen des Versailler Vertrages, Entschädigungen (Reparationen) an die Siegermächte (insbesondere Frankreich) zu zahlen, sahen die politisch Verantwortlichen ein bequemes Alibi für weitere Geldentwertungen. Im Januar 1920 hatte die Mark gegenüber dem US-Dollar nur noch ein Zehntel ihres Umtauschwerts des August 1914.

Die Jahre 1921/22

Auch die anderen kriegsbeteiligten Staaten hatten unter den Folgen des Weltkrieges zu leiden. In den Jahren 1921 und 1922 kam es zu einem weltweiten Konjunktureinbruch. Die deutsche Volkswirtschaft konnte sich in dieser Zeit erholen. Die entwerteten Löhne und Einkommen wirkten wie Lohndumping. Das deutsche Wirtschaftswachstum war stärker als in den Volkswirtschaften der Sieger.

Gleichzeitig wurde weiterhin erbittert um die Höhe der Reparationen und die Modalitäten ihrer Zahlung gestritten. Die Reichsregierung behauptete, sie könne nicht zu einer stabilen Währung zurückkehren, weil dann das Wachstum gehemmt würde. Die Folgen wären höhere Arbeitslosigkeit und sinkende Löhne mit dem Ergebnis, dass es wiederum zu sozialen Unruhen mit der Möglichkeit des Systemwechsels kommen könnte.

Aus Angst vor erheblichen Verlusten für ihre eigenen Geldanlagen im Deutschen Reich und aus Angst vor dem Bolschewismus machten die Siegermächte dieses Spiel mit. Dann aber brachen mit der Ermordung Walther Rathenaus im Juni 1922 alle Dämme. Die Stationen gemessen am US-Dollar machen das deutlich: Am 3. Juli 1922 hatte die Mark noch ein Hundertstel des Wertes vom August 1914, am 3. Oktober 1922 nur mehr ein Tausendstel.

Die eigentliche Hyperinflation der Jahre 1922 und 1923

Weil die Reichsregierung nicht in der Lage war, die Reparationen in angemessener Höhe zu bezahlen oder Ersatzleistungen in Form von beispielsweise Kohle zu bringen, kam es zur Ruhrbesetzung. Die deutsche Regierung unter Reichskanzler Wilhelm Cuno rief den „Ruhrkampf" aus. Um die Streikenden bei Laune zu halten, wurden ihnen entsprechende finanzielle Hilfen ausgezahlt – in einer Mark, die sich durch die von der Regierung betriebene Geldvermehrung immer rascher entwertete. Damit begannen die Monate der Hyperinflation, die noch Generationen von Deutschen als Beispiel für die Schrecken einer Inflation verfolgten. Immer schneller verzehnfachte sich die Abwertung gegenüber dem US-Dollar, bis schließlich im November 1923 der Kurs für 1 US-Dollar 4,2 Billionen Mark entsprach.

Die Hyperinflation sorgte für einen Zusammenbruch der deutschen Wirtschaft. Die Arbeitslosigkeit stieg, die Löhne fielen ins Bodenlose und die KPD erhielt immer mehr Zulauf. Die staatstragenden Gewerkschaften waren inzwischen so ausgeblutet, dass sie von der Regierung finanziert werden mussten. Als Gustav Stresemann Reichskanzler wurde, brach er am 26. September den Ruhrkampf ab. Entscheidend war dabei die Furcht vor einem Umsturz. Die Behauptung des ehemaligen Reichskanzlers Cuno, das

Deutsche Reich könne die Reparationen nicht erbringen, wurde stillschweigend kassiert.

Jetzt aber waren die Bedingungen gegeben, eine Stabilisierung der Währung durchzuführen. Diese Stabilisierung forderten auch die Siegermächte als Voraussetzung von Verhandlungen über die Reparationszahlungen, die zum Dawes-Plan führten. Mit der Währungsreform des November 1923 (Einführung der Rentenmark, Unterbindung von Spekulationen) wurde die Inflation beendet. Die wirtschaftlichen Verhältnisse konnten sich im Verlauf des Jahres 1924 stabilisieren – in ihrer Folge auch die politischen Verhältnisse.

Mit der Hinnahme der inflationären Geldentwertung konnten die ökonomischen und sozialen Lasten des verlorenen Krieges auf die Masse der abhängig Beschäftigten und die reinen Geldvermögensbesitzer abgeschoben werden. Erst 1928 erreichten die Reallöhne im Durchschnitt wieder das Niveau des Jahres 1913 (nach den Zahlen der amtlichen Statistik). Ein wesentlicher Teil der Mittelschichten – gewohnt ihr Leben ohne Hilfe des Staates zu gestalten, ja Feinde des Sozialstaates – fand sich in Armut wieder. Ihre finanziellen Rücklagen schmolzen in der Inflation bis auf kümmerliche Reste dahin.

Währungstechnisch wurde die Inflation im November 1923 durch die Ablösung der Papiermark mit Einführung der Rentenmark und der späteren Reichsmark gestoppt.

Auswirkungen

Die Inflation als wichtiger Teil eines gesamtgesellschaftlichen Prozesses der frühen Jahre der Weimarer Republik hat die erste deutsche Demokratie in den Augen vieler diskreditiert. Teile der gesellschaftlichen Mitte, das kleine und mittlere Bürgertum, fühlten sich von der Republik betrogen. Wachsende Teile der Arbeiterschaft vermochten in diesem Staat (anders als 1920, als sie auf den Kapp-Putsch mit einem Generalstreik reagierten) nichts Verteidigenswertes mehr zu erblicken, insbesondere als mit der Weltwirtschaftskrise ab 1929 ihre soziale Lage wieder wie 1923 katastrophal wurde.

Die Machtübergabe an Adolf Hitler ist das Ergebnis einer ganzen Reihe von desaströsen Umständen und Entwicklungen des Kaiserreichs und der Weimarer Republik, zu denen die Inflation der ersten Jahre gehört. Sebastian Haffner hat die Zusammenhänge Ende der dreißiger Jahre so beschrieben:

„Das Jahr 1923 machte Deutschland fertig – nicht speziell zum Nazismus, aber zu jedem phantastischen Abenteuer. Die psychologischen und machtpolitischen Wurzeln des Nazismus liegen tiefer zurück, ... Aber damals entstand das, was ihm heute seinen Wahnsinnszug gibt: die kalte Tollheit, die hochfahrend hemmungslose, blinde Entschlossenheit zum Unmöglichen, um am Ende, nur durch die reine Willenskraft und Brillanz über Allem zu stehen; das ‚Recht ist, was uns nutzt' und ‚das Wort unmöglich gibt es nicht'. Offenbar liegen Erlebnisse dieser Art jenseits der Grenze dessen, was Völker ohne seelischen Schaden durchmachen können."[4]

Umgekehrt gab es auch Inflationsgewinner. So wurden die Immobilienbesitzer in der Inflation faktisch vollständigt entschuldet, während die Immobilien den Wert beibehielten. Der Gesetzgeber versuchte, diese Inflationsgewinne über die Hauszinssteuer abzuschöpfen.

Dotcom-Blase

Der Begriff **Dotcom-Blase** ist ein durch die Medien geprägter Kunstbegriff für eine im März 2000 geplatzte Spekulationsblase, die insbesondere die so genannten Dotcom-Unternehmen betraf und vor allem in Industrieländern zu Vermögensverlusten für Kleinanleger führte.

Die Dotcom-Blase war ein weltweites Phänomen. Der größte Markt für Technologieunternehmen war die amerikanische NASDAQ. In Deutschland richtete die Deutsche Börse den Neuen Markt als eigenes Marktsegment ein, an dem angeblich zukunftsweisende und stark wachsende Unternehmen, als die die Technologieunternehmen galten, notiert sein sollten.

Die Boom-Phase

Auslöser des Booms waren die hohen Gewinnerwartungen, die durch neue technologische Entwicklungen entfacht wurden. So fand das Internet seine Verbreitung in weiten Kreisen der Bevölkerung der Industriestaaten, das Mobiltelefon zog in den Alltag ein, Handheld-Computer wurden entwickelt usw. Daher kam es ab 1995 zu einer Vielzahl von Neugründungen von Unternehmen und durch das große Anlegerinteresse vermehrt zu Börsengängen. Viele Anleger schöpften die Hoffnung, dass die in diesen Märkten operierenden Unternehmen „Zukunftsunternehmen“ seien, und wollten über einen Aktienkauf an vermeintlichen zukünftigen Gewinnen teilhaben. Zudem führte insbesondere in Deutschland der von umfangreichen Werbemaßnahmen begleitete Börsengang der Deutschen Telekom zu einer stark gestiegenen Popularität des Investmentobjekts Aktie. Ab Mitte 1999 vervielfachte sich innerhalb weniger Monate die Börsenbewertung zahlreicher Unternehmen durch eine deutlich erhöhte Nachfrage der vormals am Aktienmarkt nicht aktiven Neuanleger.

Weiter verstärkt wurde dieser Effekt durch den starken Expansionsdrang vieler Unternehmen; die durch die Börsengänge erzielte Liquidität wurde in den Aufkauf weiterer börsennotierter Unternehmen investiert.

Andere Anleger wurden von den häufig prozentual zweistelligen Kurssteigerungen selbst angezogen, die sie zwar für teilweise übertrieben hielten, von denen sie aber - oft als Daytrader - dennoch profitieren wollten.

Auch Investmentfonds verstärkten die Spekulationsblase, indem sie ihren Kunden immer höhere Gewinne in Aussicht stellten. Es wurde eine Vielzahl von „Neue-Markt“-, Internet-, Telekommunikations- und Technologiefonds gegründet, die reißenden Absatz fanden.

Der Höhepunkt

Die deutschen Aktienindizes erreichten ihren Höhepunkt am 13. März 2000, dem Tag des Infineon-Börsengangs. Auch die in dieser Zeit zu einer Art Volkssport ausgeartete Spekulation mit Neuemissionen erreichte ein noch nie dagewesenes Ausmaß: Am 13. März wurden so viele Infineon-Aktien gehandelt, dass die Handelssysteme der Frankfurter Wertpapierbörse und damit zugleich die Orderverarbeitungen einiger Bankhäuser zusammenbrachen.

Der Absturz

Gegen Ende des Booms zeichnete sich ab, dass die hochbewerteten Unternehmen die Gewinnerwartungen nicht in absehbarer Zeit erfüllen können. Ihr Börsenwert war zumeist nicht durch materielle Gegenwerte gedeckt, da das Kapital eines IT-Unternehmens weniger in materiellen Gütern als vielmehr in den geistigen Leistungen seiner Mitarbeiter zu finden ist. Oftmals bestand der Buchwert der Unternehmen aus nicht viel mehr als einigen Gebäuden und der IT-Infrastruktur, die im Expansionsdrang zugekauften Unternehmen waren zudem meist nicht profitabel.

Die Zweifel wurden lauter, als die ersten der vermeintlichen Hoffnungsträger Insolvenz anmelden mussten. Überdies stellte sich heraus, dass in einigen Fällen die ausgewiesenen Umsätze nur fingiert waren. Als im März 2000 die Kurse zu sinken begannen und vermehrt Verkäufe getätigt wurden, brach der Markt vollends in sich zusammen. Als die ersten Anzeichen eines Kursverfalls erkennbar wurden, zogen erfahrene Börsianer ihr Kapital aus dem Markt ab. Durch den anhaltenden Kursabfall gerieten die häufig neuen, unerfahrenen Kleinanleger in Panik und verkauften „um jeden Preis", um ihre Verluste in Grenzen zu halten. Der Kursverfall verwandelte sich in einen Kurssturz.

Fazit

Als Anlegerfehler sind vor allem überhöhte Gewinnerwartungen, das Ignorieren der fundamentalen Unternehmensbewertung und die Missachtung der Jahresabschlüsse zu nennen. Gier und Unerfahrenheit trugen zusätzlich zur Krise bei.

Gleichwohl darf die Alleinschuld nicht nur den Anlegern zugeschrieben werden. Besonders in Deutschland, wo die Aktie mit dem Marktgang der Deutschen Telekom einige Jahre zuvor erst „volksfähig“ gemacht wurde, kannte die Euphorie der Medien, vornehmlich gegenüber den Emissionen des Neuen Marktes, keine Grenzen. Damit wurde dem noch unerfahrenen Anleger der irrige Eindruck vermittelt, die Börse sei eine Einbahnstraße - mit fatalen Folgen für die Vermögen vieler Kleinanleger.

Die unmittelbaren Folgen

Die noch Jahre zuvor teuer zugekauften Tochterunternehmen waren meist Sanierungsfälle und daher in der Krise unverkäuflich, so dass nur der Gang in die Insolvenz übrig blieb. Einige Unternehmen hatten nach dem Börsengang durch unüberlegte Aufkäufe ihre gesamte Liquidität verloren und wurden nun teilweise selbst zu Insolvenzkandidaten. Bei einigen Unternehmen fiel der Kurs tiefer als der Buchwert und bewirkte eine massive Unterbewertung der entsprechenden Aktien. Die Folge war, dass einige Unternehmen mit dem Ziel der Liquidierung aufgekauft wurden, um wenigstens die Buchwerte (z. B. Bürogebäude und Patente) noch gewinnbringend verkaufen zu können. Der IT-Arbeitsmarkt, der aufgrund von Fachkräftemangel im Jahr 1999 sogar noch IT-Fachkräfte aus Indien angeworben hatte, musste sich binnen eines Jahres mit der Arbeitslosigkeit vertraut machen.

Die Spätfolgen

Das Vertrauen der Anleger in die Werte der IT-Branche blieb auf Jahre hinaus gestört. Bis in die Jahre 2004/2005 hinein waren viele Unternehmen unterbewertet. Der Stellenabbau setzte sich fort, auch als in der IT-Branche wieder Anzeichen einer Erholung erkennbar wurden. Überlebt haben den Börsenkrach insbesondere große

Unternehmen – die vormals feine Granularität und die daraus resultierende Vielfalt des Marktes ist jedoch nahezu verschwunden. Die entlassenen Mitarbeiter hatten es oft schwer eine neue Anstellung zu finden, da es sich bei Ihnen aufgrund des Arbeitskräftemangels in der Boom-Phase häufig um Quereinsteiger aus anderen Branchen gehandelt hatte.

Darüber hinaus erschütterte das Platzen der Spekulationsblase nachhaltig das Vertrauen der Investoren (Kleinanleger wie institutioneller Anleger) in den Aktienmarkt. Noch im Jahr 2007 spiegelten manche Marktkommentare und Aussagen aus der Wirtschaft noch die Angst wider, ein vergleichbarer Zusammenbruch könne erneut bevorstehen.

Emergency Economic Stabilization Act

Der amerikanische **Emergency Economic Stabilization Act** (*EESA*), auch unter dem Namen **Paulson-Plan** nach dem US-Finanzminister Henry Paulson bekannt, ist ein am 19. September 2008 vorgestelltes Rettungspaket der Regierung Bush zur Unterstützung des US-amerikanischen Finanzmarkts im Rahmen der Finanzkrise 2007/2008 und umfasst Maßnahmen im Wert von rund 700 Milliarden US-Dollar.

Elemente des Paulson-Plans

Das am 3. Oktober 2008 in Kraft getretene Gesetz sieht vor, dass dem US-Finanzministerium ("Treasury") der Ankauf sogenannter "toxic assets" ("schädliche Vermögenswerte") gestattet wird, sofern der Verkäufer ein Finanzinstitut ist und bestimmte Anforderungen erfüllt. Dem US-Finanzministerium stehen mit Inkrafttreten des Gesetzes 250 Milliarden US-Dollar für den Ankauf von *toxic assets* zur Verfügung; allerdings dürfte es mehrere Wochen, wenn nicht Monate dauern, bis verbindliche Ankaufs- und Bewertungsregeln definiert wurden und die ersten Transaktionen auf Basis des Gesetzes durchgeführt werden. Auf Anforderung durch das Weiße Haus können weitere 100 Milliarden US-Dollar für Ankäufe zur Verfügung gestellt werden.

Weitere 350 Milliarden US-Dollar könnten verwendet werden, sofern das Repräsentantenhaus dies in einer neuerlichen Abstimmung genehmigt.

Zur Durchführung der Ziele des Gesetzes wurde eine neue Behörde geschaffen, das "Office of Financial Stability". Hier sollen zunächst 24 Beamte beschäftigt werden, die die Arbeit externer Finanzdienstleister koordinieren. Es ist der Wunsch Paulsons, dass für die Durchführung der Ankäufe in größtmöglichem Umfang auf externe Expertise zurückgegriffen wird.

Der Plan enthält darüber hinaus Garantien für Sparkonten. Des Weiteren wurden auch Steuersenkungen für die Mittelschicht und Entlastungen bei den Energiekosten für Unternehmen beschlossen. Das Hilfspaket sieht eine parlamentarische Aufsicht vor und begrenzt die Abfindung von Managern der betroffenen Banken. Auch ist vorgesehen, dass der Staat nach der Rettung einer Bank an möglichen späteren Gewinnen beteiligt wird.

Bedeutung und Kritik

Der Paulson-Plan soll die Liquidität des Bankensektors sichern und zur Stabilisierung des US-Finanzmarktes dienen, der infolge der 2007 begonnenen Finanzkrise besonders bei kurzfristigen Geldmarkt-Geschäften in seiner Funktion stark beeinträchtigt ist.

Ökonomen und Politiker sehen den Rettungsplan mehrheitlich als notwendig an. Gegner des Plans kritisieren dessen starken Eingriff in den Markt und dass er eine Bereinigung des durch gegenseitige Beteiligungen zunehmend undurchsichtigen Bankensektors verhindere, vor allem aber, dass er mit dem Risiko der von den Banken zu übernehmenden und hochgradig gefährdeten Kredite die Steuerzahler belaste. Bisher private Risiken würden zu Risiken des Staates und damit zu denen der Steuerzahler.

Geschichte

Der Plan wurde Ende September in mehreren Gipfelgesprächen zwischen Politikern beider Großparteien und Wirtschaftsvertretern gutgeheißen, erhielt aber am 29. September im Repräsentantenhaus nicht die erforderliche Mehrheit. Die überarbeitete Fassung des Rettungsplans wurde schließlich am 1. Oktober 2008 zunächst vom Senat mit 74:25 Stimmen angenommen. Dem modifizierten Paket stimmten am 3. Oktober 2008 auch 263 Abgeordnete des Repräsentantenhauses zu; 171 Mandatsträger lehnten es ab. Nötig war eine Mehrheit von 218. [1][2][3] Am 6. Oktober wurde Neel Kashkari zum Interims-Verwalter des Rettungsfonds ernannt.

Enronitis

Als **Enronitis** wurde im Jahr 2002 der Vertrauensverlust in die Bilanzen und die Bilanzierungspraxis (insbesondere amerikanischer) Aktiengesellschaften bezeichnet. Der Name leitet sich von dem zusammengebrochenen Unternehmen Enron ab und wurde um das an Krankheiten errinernden Suffix "itis" ergänzt, da ausgehend vom Enron-Skandal immer mehr Unternehmen Bilanzierungsfehler eingestehen mussten und sich die **Enronitis** wie eine Krankheit auszubreiten schien. (Anmerkung: In der Medizin bedeutet die Endung -itis eigentlich, dass es sich um eine Entzündung handelt und *nicht* dass die Krankheit ansteckend ist.)

Nach Enron selbst wurden vor allem die Firmen Worldcom und Qwest aber auch europäische Firmen wie Ahold oder die Bankgesellschaft Berlin in den Medien als "mit dem Enronitis-Virus befallen" bezeichnet.

Die Vorgänge hatten eine drastische Verschärfung der amerikanischen gesetzlichen Vorschriften zur Unternehmensberichterstattung zur Folge, den sogenannten Sarbanes-Oxley Act.

Börsenunwort des Jahres 2002

Die Düsseldorfer Börse benannte „Enronitis“ als Börsenunwort des Jahres [1] da dieser Begriff Verfehlungen einiger weniger an der Börse notierter Unternehmen mit einem seuchenartigen Krankheitsverlauf wie einer Epidemie gleichsetzt.

Finanzkrise 2007/2008

Die **Finanzkrise 2007/2008** ist eine Banken- und Finanzkrise, die im Frühsommer 2007 mit der **US-Immobilienkrise** (auch *Subprimekrise*) begann. Diese Krise äußerte sich weltweit in einer Reihe von erlittenen Verlusten und Insolvenzen bei Unternehmen der Finanzbranche (sogenannten Finanzintermediären); dies wurde dadurch ausgelöst, dass die zuvor steigenden Immobilienpreise in den USA, die sich inzwischen zu einer Immobilienblase entwickelt hatten, stagnierten und gebietsweise fielen; gleichzeitig konnten immer mehr Kreditnehmer ihre Kreditraten nicht mehr bedienen, teils wegen steigender Zinsen, teils wegen fehlender Einkommen.

Zunächst waren von den Problemen im US-Immobilienbereich in erster Linie Subprime-Kredite betroffen, also Kredite, die überwiegend an Kreditnehmer mit geringer Bonität vergeben wurden. Die US-amerikanische Federal Reserve stellte hierzu im November 2007 weitere rund 40 Milliarden US-Dollar zur Verfügung – die größte Geldmarktintervention seit September 2001.[1]

Die Subprimekrise gilt als Auslöser der bis November 2008 anhaltenden weltweiten Finanzkrise. Im Februar 2008 wurde in den USA das US-Konjunkturprogramm 2008 („Economic Stimulus Act of 2008“) als Gesetz verabschiedet, um einem drohenden Abschwung konjunkturpolitisch entgegenzuwirken. Im September 2008 spricht der Internationale Währungsfonds von Verlusten für das Finanzsystem von insgesamt schätzungsweise 1,3 Billionen (1300 Milliarden) US-Dollar, wovon ein Teil inzwischen durch Abschreibungen und Kapitalerhöhungen abgewickelt sei.[2]

Entstehung

Niedrige Zinssätze

Eine Ausgangsbedingung für die Finanzkrise war der niedrige US-Leitzins. Im Juni 2003 wurde die Federal Funds Rate auf 1 % abgesenkt, um die amerikanische Konjunktur zu stimulieren.[3] Dazu kommt, dass das Außenhandelsdefizit der USA durch Kapital finanziert wurde, das auf dem US-Kapitalmarkt angelegt wurde, was die Zinssätze in den USA niedrig hielt.[4] So legte China seine Erlöse aus seinem Exportüberschuss in den USA in Staatspapieren an, was die Effektivverzinsung von Staatspapieren drückte. Ein Anlagenotstand in Form von „relativ spärlicher werdenden Realinvestitionen“[5] trieb ebenfalls die Kurse nach oben und die Effektivverzinsung nach unten.

Die Bank für Internationalen Zahlungsausgleich (BIZ) stellt in ihrem Jahresbericht vom Juni 2008 fest, dass die Zentralbanken in den fortgeschrittenen Ländern angesichts ungewöhnlich niedriger Inflationsraten sehr lange die Leitzinsen niedrig hielten. Diese Politik niedriger Zinsen wurde in den USA auch damit begründet, dass eine Deflation die inzwischen hoch verschuldeten Haushalte und Unternehmen stark belasten würde.[6] Vor dem Hintergrund der aktuellen Finanzkrise schreibt dazu die BIZ: „Es ist nicht ausgeschlossen, dass der Abbau der Kreditblase nach einer vorübergehend höheren Inflation in eine Deflation mündet, die – insbesondere angesichts des hohen nominalen Ausgangsniveaus an Schulden – schwer zu bewältigen sein könnte. Aufgrund derartiger Überlegungen machen sich nicht zuletzt in den USA manche für einen besonders energischen Einsatz der geldpolitischen Lockerung als ‚Versicherung‘ gegen eine solche wenig wahrscheinliche, aber sehr kostspielige Entwicklung stark.“[7]

Die niedrigen Zinsen hätten nicht, wie theoretisch zu erwarten, zu einer Abwertung der Währungen dieser fortgeschrittenen Länder geführt, weil die „aufstrebenden Volkswirtschaften“ gegen eine Aufwertung ihrer Währungen intervenierten. Japan kauft in den Jahren 2003 und 2004 rund 300 Mrd. US-Dollar, China kaufte 2007 460 Mrd. Dollar. Die Währungsreserven Japans und Chinas stiegen somit auf jeweils mindestens 1 Bio. US-Dollar.[8] Um seinen Export zu fördern, hält Japan den Leitzins seit Jahren sehr niedrig, was den Kurs der japanische Währung niedrig hält. Investoren nutzen dies, um in Japan billige Kredite aufzunehmen und damit anderswo Vermögenswerte aufzukaufen.[8] Insgesamt hat dies zusammen mit Finanzmarktinnovationen zu den hohen Vermögenspreisen geführt.[9] Hohen Vermögenspreisen entspricht eine niedrige Effektivverzinsung, die langfristigen Zinssätze blieben niedrig. Als Mitte 2004 die US-Konjunktur so gefestigt war, dass die US-Zentralbank daran ging, den Leitzins anzuheben, führte dies aus diesen Gründen nicht, wie beabsichtigt, auch zu einem Anstieg der langfristigen Zinssätze, so dass sich die Immobilienhausse fortsetzte.[8]

Ausweitung der Kreditvergabe

Wegen des niedrigen Zinsniveaus konnten sich nun auch untere Einkommensschichten ein Eigenheim leisten. Ermutigt durch die Politik vergaben US-Banken Kredite mit variablem Zinssatz an Schuldner mit mäßiger Bonität. Wegen des niedrigen Zinsniveaus waren die Raten zunächst niedrig. Das Risiko einer Zinserhöhung lag bei den Schuldnern, denen dies häufig nicht bewusst war.[10]

Wegen der steigenden Nachfrage nach Immobilien stiegen die Immobilienpreise und somit auch der Wert von Immobilien als Kreditsicherheiten. Die Banken nutzten diese Entwicklung, um den Schuldnern Zusatzkredite zu gewähren. Darüber hinaus wurden Kredite an Kunden mit schlechter Bonität vergeben. Bei stetig steigenden Immobilienpreisen kann im Falle einer Zahlungsunfähigkeit die Immobilie zu einem höheren Marktwert verkauft werden. Somit waren die Banken bei steigenden Preisen abgesichert und Schuldner glaubten daran, im Notfall ihr Haus mit Gewinn weiterverkaufen zu können. Einige Banken spezialisierten sich auf zweitklassige Hypothekenkredite (Subprime Loans).

Die Immobilienhausse führte so zu einer Belebung der Bauindustrie und der Konsumnachfrage. Es wurden Arbeitsplätze geschaffen. Laut Benedikt Fehr wirkte dies den mit der Globalisierung verbundenen Arbeitsplatzverlusten in den USA entgegen. Politisch gewollt hätten die Aufsichtsbehörden bei der immer waghalsigeren Kreditvergabe nicht eingegriffen.[8]

Um das notwendige Kapital für immer neue Kredite zu beschaffen, wurden Kreditforderungen in großem Stil verbrieft, von einer Ratingagentur bewertet und an andere Banken und Investoren zu einem dem Rating entsprechenden Preis weiterverkauft.[11] Für die Bank hat der Weiterverkauf eines verbrieften Kredits den Vorteil, dass sie für diesen Kredit keine Mindestreserve mehr halten muss. Freilich muss die Bank, welche den verbrieften Kredit kauft, die international übliche

Mindestreserve von 8 % vorhalten. Da jetzt aber solche Kredite in die ganze Welt verkauft wurden, standen die Reserven der Welt für Kredite an den US-Immobilienmarkt zur Verfügung.[12] Dies ermöglichte eine gewaltige Ausweitung des Kreditvolumens an den US-Immobilienmarkt. Dazu kommt, dass Nicht-Banken wie Hedgefonds oder Zweckgesellschaften (SIVs) gar keiner Mindestreservepflicht unterliegen, wenn sie diese Papiere kaufen.

Die wirtschaftliche Abschwächung in den USA etwa ab 2005 und der spätere Anstieg des US-Leitzinses auf bis zu 5,25 % im Juni 2006 löste eine Kettenreaktion aus. Einkommensschwache Schuldner konnten die gestiegenen Raten für ihre variabel verzinslichen Kredite nicht mehr bezahlen und mussten ihr Haus verkaufen. Wegen der zunehmenden Immobilienverkäufe brachen die Häuserpreise – Höhepunkt war Juli 2006[13] – ein, und durch den fallenden Wert der Immobilien hatten die Banken und Investoren zunehmend ungesicherte Kreditforderungen. Die Zahlungsunfähigkeit von Schuldnern bescherte den Banken und den Investoren (Hedgefonds, SIVs) nun Verluste.

Zahlungsausfälle

Im Frühjahr 2007 erreichten in den Vereinigten Staaten die Zahlungsausfälle auf Subprime-Kredite den höchsten Stand der letzten Jahre, verursacht durch kontinuierliche Zinserhöhungen bei gleichzeitig stetigem Verfall der dortigen Immobilienpreise. Einige Immobilienfonds, die in strukturierten Finanzprodukten investiert hatten, setzten die Annahme von Fondsanteilen aus, weil sie sonst in finanzielle Schwierigkeiten geraten wären.[14] Im Juni 2007 teilte Bear Stearns den Kunden zweier seiner Hedgefonds mit, dass die Einlagen, die Ende 2006 noch mit 1,5 Mrd. US-Dollar bewertet worden waren, jetzt fast nichts mehr Wert waren.[15] Dutzende Baufinanzierer, die sich gerade auf diese Kredite spezialisiert hatten, mussten Gläubigerschutz beantragen. Weiterreichende Auswirkungen ergaben sich dadurch, dass die Subprime-Kredite über strukturierte Anlageformen im Kapitalmarkt refinanziert wurden. Die Hauskredite, d. h. die Rückzahlungs- und Zinszahlungsansprüche gegen die Schuldner, wurden als Wertpapier verbrieft und als forderungsbesichertes Wertpapier verkauft. Aufkäufer waren vielfach Fonds, Versicherungen und andere Banken oder Zweckgesellschaften. Letztere unterliegen nicht den Pflichten zur Reservehaltung der Banken, wie sie etwa in den Abkommen Basel I und Basel II international festgelegt sind. Diese Zweckgesellschaften kauften die vergleichsweise hoch verzinslichen strukturierten Wertpapiere, indem sie vergleichsweise niedrig verzinsliche kurz laufende Kredite (Commercial Papers) aufnahmen. Eine längerfristige Geldanlage wurde also durch laufend neu aufzunehmende kurzfristige Kredite refinanziert, es fand eine Fristentransformation statt. Die Kreditgeber waren allerdings nur dann bereit, diesen Zweckgesellschaften kurzfristige Kredite zu geben, wenn die Zweckgesellschaften von Ratingagenturen eine gute Kreditwürdigkeit bescheinigt bekamen. Diese Kreditwürdigkeit musste von den Banken, die hinter den Zweckgesellschaften standen, garantiert werden.[16]

Die außerbilanziellen Geschäfte wurden von der Bankenaufsicht genehmigt. Grundsätzlich müssen Banken für alle ihre Geschäfte Eigenkapital vorhalten. Nach Ausbruch der Krise erklärten die Bafin und die Deutsche Bundesbank, dass es für kurzfristige Kredite Ausnahmeregelungen gegeben habe.[17]

Unter den Fonds waren nicht nur risikobereite Hedgefonds, sondern auch eher konservative Investmentfonds vertreten. Da aber insbesondere Hedgefonds stark in die stärker risikobehafteten Wertpapiertranchen investierten, kam es bei diesen zu erheblichen Verlusten, die teilweise zur Schließung und Abwicklung der Hedgefonds führten.[18] Aber auch Investmentbanken selbst waren betroffen.

Vertrauenskrise des Interbankenmarktes

Die Schließung von Hedgefonds und die Verluste bei den Investmentbanken führten zu einer Abnahme der Risikobereitschaft privater und institutioneller Anleger. Diese zogen nun in kurzer Zeit erhebliche Beträge aus dem Kapitalmarkt ab oder hielten sich mit neuen Investitionen in risikoreiche Anlagen zurück. Die abnehmende Risikobereitschaft der Investoren brachte die Refinanzierung der von Banken gesponserten Conduits und Structured Investment Vehicles durch Asset-backed

Commercial Papers (ABCP) zum Stillstand. Investoren waren aus Unsicherheit über die den Investmentvehikeln zugrunde liegenden Vermögensgegenstände nicht mehr bereit, ABCP jedweder Art zu kaufen. Dies führte dazu, dass Banken, welche meist zu 100 % diese Investmentvehikel sponserten, diese auslaufenden kurzfristigen Kredite nicht mehr durch neue ersetzen konnten und daher ersatzweise eigene Liquidität bereitstellen mussten. Daraufhin waren Banken auch untereinander nicht mehr bereit, die vorher im großen Maße ausgereichten Liquiditätslinien an andere Banken zu verlängern oder neu auszureichen. Der so durch die Krise ausgelöste hohe Liquiditätsbedarf spiegelte sich am Geldmarkt durch einen Anstieg der Geldmarktzinsen wider.[19] Am 9. August 2007 – dieser Tag gilt inzwischen als der Beginn der eigentlichen Finanzkrise[20] – stiegen die Aufschläge für Interbankkredite im Vergleich zum Zentralbankleitzins weltweit, vor allem in den USA, sprunghaft an.[21]

Maßnahmen zur Krise

Durch die Finanzmarktturbulenzen sahen sich die Zentralbanken wichtiger Wirtschaftsnationen wiederholt veranlasst, dem Geldmarkt kurzfristig Liquidität in hohen dreistelligen Milliardenbeträgen zur Verfügung zu stellen, um zu verhindern, dass die Subprime-Krise eine allgemeine Kreditklemme oder Finanzkrise auslöst. Allein die Europäische Zentralbank (EZB) hatte im August 2007 in wenigen Tagen über 200 Milliarden Euro durch sogenannte Schnelltender zur Verfügung gestellt.

Seit Dezember 2007 stellt die Europäische Zentralbank (EZB) in Absprache mit der US-amerikanischen Federal Reserve den Banken US-Dollar zur Verfügung und nimmt dafür auf Euro lautende Wertpapiere als Sicherheit an, um die Lage auf dem Geldmarkt zu entspannen.[22] Die EZB übernimmt insoweit Wechselkursrisiken der privaten Banken.

Am 18. September 2008 haben die Zentralbanken weltweit konzertiert mehr als 180 Milliarden US-Dollar angeboten, um Spannungen auf dem Geldmarkt zu lindern. Bei der Europäischen Zentralbank konnten die Banken am Donnerstag, 18. September 2008, bis zu 40 Milliarden US-Dollar für einen Tag aufnehmen, hinzu kommt ein Euro-

Schnelltender mit einem offen gelassenen Volumen. Die Bank of Japan bietet erstmals US-Dollar an.[23]

Am 8. Oktober 2008 senken in einer konzertierten Aktion sieben der führenden Notenbanken, darunter die Federal Reserve, die EZB, die Bank of England und die SNB[24], weltweit die Leitzinsen. Die japanische Nationalbank senkte die Zinsen nicht, sprach der Aktion aber ihre Unterstützung aus. [25]

Die Europäische Zentralbank senkt am 6. November 2008 mit Wirkung 12. November 2008 den Leitzins um 0,5 %-Punkte auf 3,25 %.[26] Die Bank of England senkte am gleichen Tag ihren Leitzins um 1,5 Prozentpunkte auf 3,0 Prozent – das niedrigste Niveau seit 1954. Die Schweizerische Nationalbank reduzierte ihre Schlüsselzinsen für die eigene Finanzwirtschaft um 0,5 Prozent auf 2,0 Prozent. Dänemarks Nationalbank reduzierte ihre Zinsen um 0,5 auf 5,0 Prozent.

Einzelne Länder

Benelux

Am 28. September 2008 wurde bekannt, dass die Regierungen der Benelux-Staaten – Belgien, Luxemburg und die Niederlande – den Finanzdienstleister Fortis mit 11,2 Milliarden Euro stützen.[27] Zwei Tage später griff die belgische Regierung zusammen mit Luxemburg und Frankreich erneut ein, um die drohende Schieflage von Dexia mit einer Kapitalerhöhung von 6,4 Milliarden Euro zu verhindern.[28] Am 3. Oktober übernahm die niederländische Regierung für weitere 16,8 Mrd. Euro die restlichen 100 Prozent der niederländischen Bank- und Versicherungsaktivitäten von Fortis einschließlich des Anteils an ABN AMRO, nachdem zahlreiche Großkunden ihr Geld trotz der ersten Rettungsmaßnahme abgezogen hatten.[29] Die französische BNP Paribas übernahm am 6. Oktober 2008 75 Prozent des belgisch-luxemburgischen Teils der Fortis-Gruppe für 14,5 Mrd. Euro.[30]

Der niederländische Ministerpräsident Jan Peter Balkenende gab am 13. Oktober 2008 bekannt, „eine beachtliche Summe” zu investieren, „mit der das Vertrauen in das

Finanzsystem gestärkt und der Geldfluss wieder belebt werden soll". So will die niederländische Regierung eine Bürgschaft bis zu 200 Milliarden Euro übernehmen, die für Kredite der Banken untereinander vorgesehen sind.

China

Am 9. November 2008 gab die chinesische Regierung ein Konjunkturprogramm in Höhe von umgerechnet 460 Mrd. Euro bekannt, das mit der Finanzkrise begründet wird.[31]

Deutschland

Die Subprime-Krise in den Vereinigten Staaten und die plötzliche Illiquidität des bisher stark wachsenden Marktes mit forderungsbesicherten Wertpapieren brachten im Jahre 2007 die beiden Bankhäuser IKB Deutsche Industriebank und Sachsen LB in existenzbedrohende Krisen, da sie ihre angekauften Forderungen nicht mehr im Geldmarkt refinanzieren konnten.[32][33]

Auch die im öffentlichen Besitz befindlichen BayernLB[34] und WestLB[35] mussten wegen fehlender Marktwerte Milliardenbelastungen verbuchen.

Auch private deutsche Banken wie die Deutsche Bank[36] mussten Abschreibungen in erheblicher Höhe vornehmen. In Folge dessen stieg der Euribor (Geldhandel unter Banken) auf ein Zinsniveau, welches zeitweilig deutlich über den Refinanzierungssätzen der EZB lag. Die EZB steuerte dem mit einer erhöhten Liquiditätsbereitstellung auf dem Geldmarkt entgegen, indem sie den Banken über kurzfristige Refinanzierungstender bis zu 258 Mrd. € zur Verfügung stellte.

Am 12. August 2008 verabschiedete der Deutsche Bundestag das Gesetz zur Begrenzung der mit Finanzinvestitionen verbundenen Risiken, das die Gestaltung von Kredit- und Sicherungsverträgen sowie die Abtretung von Kreditforderungen regelt.

Ende September 2008 drohte der Hypo Real Estate die Insolvenz. Laut Angaben des Vorstands gab es schon über längere Zeit Gespräche mit Banken und

Regierungsvertretern wegen Refinanzierungsschwierigkeiten der irischen Tochter Depfa am Interbankenmarkt.[37][38] Zunächst hieß es, für Ausfälle bis 14 Milliarden Euro werde der deutsche Staat zu 40 Prozent und der Bankenverband zu 60 Prozent bürgen. Für weitere 21 Milliarden Euro bürge allein der Staat. Später wurde bekannt, dass die Hypo Real Estate einen größeren Finanzierungsbedarf habe, als zunächst angenommen.[39] Ein erneuter Krisengipfel am 5. Oktober 2008 zwischen Bundesregierung und Finanzindustrie führte zu einer Aufstockung des Paketes um weitere 15 Milliarden Euro.[40].

Am 8. Oktober 2008 gab die deutsche Bundesregierung eine Garantieerklärung für die Spareinlagen in Deutschland ab. Die Garantie gilt für jedes Institut und für jeden Sparer eines Institutes, das Teil der deutschen Einlagensicherung ist.[41]

Am 9. Oktober 2008 erklärte Bundesfinanzminister Steinbrück, dass wegen der Unsicherheiten auf den Finanzmärkten der Börsengang der Deutschen Bahn verschoben werde.[42]

Am 17. Oktober 2008 wurde mit der Verabschiedung des Finanzmarktstabilisierungsgesetzes (FMStG) ein Fonds des Bundes unter der Bezeichnung „Finanzmarktstabilisierungsfonds“ (FMS) angelegt. Der Fonds wurde berechtigt, für Schuldtitel und Verbindlichkeiten begünstigter Unternehmen Bürgschaften bis zu einer Gesamthöhe von 400 Milliarden Euro auszusprechen. Von diesen 400 Mrd. Euro wurden vorsorglich 20 Mrd. Euro in den Bundeshaushalt eingestellt. Weiterhin darf der Fonds Kredite bis zu einer Höhe von 80 Milliarden Euro aufnehmen, um Beteiligungen an begünstigten Unternehmen zu erwerben sowie „problematische Vermögenswerte” zu übernehmen. Der Haushalt ist also unmittelbar mit 100 Mrd. Euro belastet.[43] Die Haushaltsbelastung würde sich erhöhen, wenn von der Garantie in Höhe von 400 Mrd. Euro mehr als 20 Mrd. Euro tatsächlich abgerufen würde. Begünstigte Unternehmen im Sinne des Gesetzes sind Kreditinstitute, Finanzdienstleistungsinstitute, Versicherungsunternehmen, Pensionsfonds, Kapitalanlagegesellschaften sowie Betreiber von Wertpapier- und

Terminbörsen.[44][45][46][47] Das Bankenrettungspaket wurde am 28. Oktober 2008 von der EU-Kommission genehmigt.[48]

Das Bundeskabinett hat am 5. November 2008 ein Maßnahmenpaket „Beschäftigungssicherung durch Wachstumsstärkung“ beschlossen.[49]

Europäische Union

Die Europäische Union (Meldungen vom 16. Oktober 2008) fordert die Finanzaufsicht auf europäischer Ebene, die sie mit den Vertretern der Europäischen Zentralbank, Euro-Gruppe, EU-Kommission und EU-Präsidentschaft koordinieren will[50] und beabsichtigt beim Treffen der 27 Staats- und Regierungschefs in Brüssel eine gemeinsame Sicherung zu installieren, um der Finanzkrise Herr zu werden.[51]

Frankreich

Die französische Regierung hatte auf Weisung des Staatspräsidenten Nicolas Sarkozy ein Hilfspaket von 360 Milliarden Euro verabschiedet, darin sind 320 Milliarden Euro Absicherungsgarantien bis Ende Dezember 2009 für Darlehen ab fünf Jahren Laufzeit zwischen den Banken sowie rund 40 Milliarden Euro Kapital direkt an gefährdete Banken enthalten. Auch eine zwischenzeitliche Verstaatlichung von Banken oder Anteilen an Banken ist möglich.

Als Präsident des Rats der Europäischen Union für das zweite Halbjahr 2008 hatte Sarkozy ferner angeregt, dass die europäischen Mitgliedstaaten ein *gemeinsames* Hilfspaket auflegen sollten. Seine Initiative wurde jedoch von den anderen europäischen Staaten abgelehnt, zugunsten individueller Hilfsaktionen der betroffenen Länder.

Irland

Am 20. September 2008 hatte der irische Finanzminister Brian Joseph Lenihan die Garantien für Einlagen bei irischen Banken von 20.000 auf 100.000 Euro erhöht. Wenige Tage später wurde beschlossen, alle Einlagen bei den sechs größten Banken des Landes (Allied Irish Bank, Bank of Ireland, Anglo Irish Bank, Irish Life and Permanent, Irish Nationwide Building Society und die Educational Building Society) bis September 2010 zu garantieren.[52]

Island

Die isländische Regierung beschloss Ende September 2008 Glitnir, die drittgrößte Bank des Landes, zu verstaatlichen. Ein Anteil von 75 Prozent wurde für umgerechnet 600 Millionen Euro übernommen. Am 6. Oktober 2008 kündigt der isländische Ministerpräsident Geir Haarde ein Notstandsgesetz zur Verstaatlichung der drei großen isländischen Banken an. Betroffen hiervon sind die Kaupthing Bank, Landsbanki und Glitnir.[53] Haarde will mit diesen Maßnahmen nach eigenen Angaben einen drohenden Staatsbankrott abwenden. Zuvor hatte die Isländische Krone Anfang Oktober 2008 innerhalb einer Woche rund ein Viertel ihres Wertes gegenüber dem Euro verloren, seit Oktober 2007 ist der Kurs um mehr als 70 % gesunken.[54] Am 16. Oktober 2008 gab die Regierung Islands an, eine fällige Anleihe der verstaatlichten Glitnir-Bank in Höhe von 750 Millionen US-Dollar nicht zurückzuzahlen, womit Island de facto zahlungsunfähig ist.[55] Am 30. Oktober hat die isländische Einlagensicherungsbehörde indes den Entschädigungsfall für die Kaupthing Bank festgestellt.[56][57]

Italien

Der italienische Finanzminister Giulio Tremonti erklärte am 13. Oktober 2008, dass die italienische Regierung die Absicht habe, „alles, was nötig ist" bereitzustellen, um die Banken und das nationale Finanzsystem zu stützen. Staatliche Garantien solle es für Spareinlagen bis zu einem Zeitraum von 36 Monaten geben. Die italienische Nationalbank will den Banken Refinanzierungsgeschäfte bis zu 40 Milliarden Euro gewähren.[58][59]

Japan

Die japanische Lebensversicherungsgesellschaft Yamato Seimei Hoken musste infolge der Finanzkrise am 10. Oktober 2008 Insolvenz anmelden.

Österreich

Bundeskanzler Alfred Gusenbauer und Finanzminister Wilhelm Molterer bestätigten am 13. Oktober 2008 erneut die staatlichen Garantien für Kredite zwischen Banken mit bis zu 85 Milliarden Euro. Weitere 15 Milliarden Euro Kapital sind für notleidende Banken direkt vorgesehen, der Staat übernimmt im Gegenzug als Teilverstaatlichung Anteile an den Instituten, wofür eine ÖIAG-Tochter errichtet wird. Nachdem der ATX an der Wiener Börse in der Woche vor dieser Zusage um 29 % gefallen ist, ist er an jenem Tag wieder um 12,8 % gestiegen. Dies stellt einen Rekordwert der Börse dar.[60] Nachdem in Deutschland bekannt gegeben wurde, dass der Staat Spareinlagen in unbegrenzter Höhe garantiert, wurde in Österreich einige Tage später mit einer Befristung bis Ende 2009 das Gleiche beschlossen.

Am 17. Oktober 2008 konnte die Insolvenz der Constantia Privatbank nur durch Übernahme durch fünf große Banken, der UniCredit Bank Austria, der Erste Group Bank, der Raiffeisen Zentralbank Österreich, der Österreichische Volksbanken und der BAWAG P.S.K., um „einen symbolischen Betrag" von einem Euro abgewendet werden. Der Staat Österreich haftet für 400 Millionen Euro Liquidität, die OeNB bürgt für weitere 50 Millionen Euro. Die Bank geriet durch Probleme mit Immobiliengesellschaften, der Immoeast sowie der Immofinanz, in Schwierigkeiten.[61] Die Rettung der Constantia Privatbank, zur Eröffnung eines Kontos war eine Mindesteinlage von 500.000,- Euro notwendig, auf Kosten des Steuerzahlers ist nicht unumstritten. [62]

Am 29. Oktober einigten sich die Bundesregierung mit dem *Finanzmarktstabilitätsgesetz*, (FinStaG) auf ein Bankenhilfsprogramm im Wert von 100 Milliarden Euro, wobei 15 Milliarden direkte Kapitalzuschüsse an die Banken gegeben werden können. 85 Milliarden dienen als Ausfallhaftungen. Das Kapital wird über ein

Tochterunternehmen der ÖIAG vergeben und verwaltet. Der Staat nimmt keinerlei Einfluss auf die Banken. Die Kapitalzuschüsse sind von den Banken mit 8 % zu verzinsen und spätestens nach fünf Jahren zurückzubezahlen.[63]

Am 30. Oktober nahm als erste Großbank die Erste Bank die kurz vorher durch die Bundesregierung ausgehandelte Möglichkeit wahr, ihr Kapital durch Partizipationsscheine im Wert von 2,7 Milliarden Euro aufzustocken.[64] Am 3. November 2008 wurde die Kommunalkredit Austria, achtgrößte Bank in Österreich, um einen symbolischen Kaufpreis von 2 Euro verstaatlicht und so vor dem Zusammenbruch bewahrt.[65]

Portugal

Die portugiesische Regierung garantierte Kredite zwischen Banken bis zu einer Gesamtsumme von 20 Milliarden Euro.

Russland

Präsident Dmitri Medwedew hatte den russischen Banken Kredite mit einer Laufzeit von mindestens 5 Jahren von bis zu 950 Milliarden Rubel (rund 27 Milliarden Euro) zugesagt, um deren Eigenkapitalbasis zu stärken. Mehrere Gesetze zur Stabilisierung des Finanzsektors wurden erlassen, deren Umfang auf rund 112 Milliarden Euro geschätzt wird.

Schweiz

Im Sommer 2007 musste die Schweizer Großbank UBS ihren hauseigenen Hedgefonds *Dillon Read Capital Management* schließen, der sich mit US-Hypothekenpapieren im Wert von 150 Mio. Franken verspekuliert hatte. Im Juli trennte sich UBS daraufhin von ihrem Vorstandsvorsitzenden Peter Wuffli.[66] Bis Dezember 2007 musste UBS total 15 Milliarden Schweizer Franken abschreiben. Zur Stärkung der Eigenkapitalbasis wurden von einem Staatsfonds aus Singapur sowie von einem bisher unbekannten Investor aus dem Nahen Osten insgesamt rund 13 Milliarden Schweizer Franken mittels einer Zwangswandelanleihe aufgebracht. Damit gehört die UBS zu 9 % dem Stadtstaat.[67]

Ende März 2008 mussten weitere 25 Milliarden Franken abgeschrieben werden und am 1. April 2008 gab die UBS bekannt, dass weitere 19 Milliarden Schweizer Franken abgeschrieben werden müssen. Mit beinahe 59 Milliarden Schweizer Franken Abschreibungen wurde die UBS weltweit am stärksten getroffen. Im Zuge der neuerlichen Abschreibungen gab UBS-Präsident Marcel Ospel bekannt, dass er an der nächsten Generalversammlung nicht für eine weitere Amtszeit kandidieren werde.

Daneben mussten weitere Finanzinstitute größere Abschreibungen bekanntgeben:

Die Credit Suisse musste am 20. Februar 2008 (eine Woche nach der Bekanntgabe von positiven Quartalszahlen) einräumen, ebenfalls mit rund 3 Milliarden US-Dollar im Subprime-Markt engagiert gewesen zu sein.[68]

Die Swiss Re musste aus Absicherungsgeschäften eine Abschreibung von 1,2 Milliarden Franken bekanntgeben.[69]

Am 16. Oktober 2008 wurde bekannt, dass der Schweizer Staat eine Pflichtwandelanleihe der UBS in Höhe von 6 Mrd. CHF gezeichnet hat und die Schweizerische Nationalbank eine Zweckgesellschaft errichtet hat, in die die UBS nicht handelbare Wertpapiere bis zum Wert von 60 Mrd. USD auslagern kann, um diese aus ihrer Bilanz zu entfernen und damit die drohende Überschuldung abzuwenden. Dies führte in der Schweiz zu einer intensiven, emotional geführten Debatte über die Ausschüttung von Bonuszahlungen. [70] [71]

Spanien

Die spanische Regierung garantierte Kredite zwischen Banken bis zu einer Gesamtsumme von 100 Milliarden Euro bis 31. Dezember 2008.

Vereinigtes Königreich

Die durch die Subprime-Krise ausgelöste Vertrauenskrise unter den Banken führte dazu, dass sich die viertgrößte britische Hypothekenbank Northern Rock nicht mehr bei anderen Banken refinanzieren konnte. Kunden der Bank verloren das Vertrauen in die Sicherheit ihrer Einlagen und zogen im September 2007 in wenigen Tagen 3 Milliarden Pfund (4,35 Milliarden Euro) aus dem Geldhaus ab.[72] Die von Großbritannien gewährte staatliche Garantie der Einlagen erzielte nicht die gewünschte Wirkung. Am 18. Februar 2008 gab die britische Regierung nach Absprache mit der Bank of England und der Finanzmarktaufsichtsbehörde Financial Services Authority die vorübergehende Verstaatlichung von Northern Rock bekannt.[73] Im September 2008 führte die Krise zudem zum Notverkauf der Großbank HBOS an den Konkurrenten Lloyds TSB, nachdem bei dieser weitere Verluste angefallenen waren und die schon im Sommer nur mit äußerster Schwierigkeit eine Kapitalerhöhung hatte durchführen können. Am 28. September 2008 wurde bekannt, dass die britische Regierung eine Verstaatlichung des Bankunternehmens Bradford & Bingley durchführt, um Verbindlichkeiten in Höhe von 63 Milliarden US-Dollar zu übernehmen und damit einen Zusammenbruch der Bank infolge risikoreicher Hypotheken zu verhindern. Nach der Verstaatlichung sollen das Filialnetz und die Sparkonten der Kunden von der spanischen Banco Santander übernommen werden.[74]

Die britische Regierung stellte Anfang Oktober 2008 einen Rettungsplan für den Finanzsektor vor, der sich auf rund 500 Milliarden Pfund (rund 663 Milliarden Euro) beläuft. Davon sollen 50 Milliarden Pfund als Kapital direkt den angeschlagenen Banken zur Verfügung stehen. Am 13. Oktober 2008 wurde bekannt, dass die drei britischen Banken Royal Bank of Scotland (RBS), die HBOS und die Lloyds TSB insgesamt 37 der 50 Milliarden Pfund in Anspruch nehmen werden.

Die Bank of England senkt wegen ungünstiger wirtschaftlicher Entwicklung am 6. November 2008 den Leitzins um 1,5 %-Punkte auf 3,0 %.[75]

Vereinigte Staaten

2007

Viele Hedgefonds mussten geschlossen und liquidiert werden. Mehrere speziell auf das Subprime-Segment ausgerichtete Hypothekenfinanzierer mussten Gläubigerschutz beantragen. Die großen amerikanischen Investmentbanken verzeichneten Verluste in Milliardenhöhe.

Allein die amerikanische Investmentbank Merrill Lynch musste 8,4 Milliarden Dollar an Abschreibungen verbuchen, überwiegend aufgrund von Neubewertungen von Investmentprodukten, die im Zusammenhang mit Subprimehypothekendarlehen stehen (wie z. B. Collateralized Debt Obligations und Asset Backed Securities).[92] Diese Verluste führten zum Rücktritt des Unternehmensvorsitzenden Stanley O'Neal.[93] Auch das Unternehmen Citigroup meldete Milliardenabschreibungen und den damit verbundenen Rücktritt des Unternehmensvorsitzenden Charles Prince.[94]

2008

Januar bis Juli

Am 22. Januar 2008 sah sich die Fed im Zuge einer sich abzeichnenden Rezession gezwungen, den Hauptzinssatz von 4,25 % auf 3,50 % zu senken. Bereits am 30. Januar erfolgte eine weitere Zinssenkung um 50 Basispunkte auf nunmehr 3,00 %. Am 18. März erfolgte eine erneute Senkung um 75 Basispunkte auf 2,25 %. Aufgrund der Immobilienkrise in den Vereinigten Staaten wurde Countrywide Financial an das US-amerikanische Unternehmen Bank of America verkauft.[95][96]

Am 16. März 2008 unterbreitete JPMorgan Chase & Co. mit Unterstützung der US-amerikanische Notenbank Federal Reserve ein Übernahmeangebot für die zu dieser Zeit fünftgrößte US-amerikanische Investmentbank Bear Stearns, welche aufgrund von Liquiditätsproblemen und Gerüchten über diese Probleme in Schieflage geraten war.[97][98][99] Das geschnürte Rettungspaket sieht vor, dass die US-Notenbank Verlustrisiken von Bear Stearns bis zu einem Gesamtbetrag von 29 Mrd. US-Dollar übernimmt, während JPMorgan Chase & Co. die erste Milliarde eventuell anfallender Verluste übernimmt.[100]

Einen weiteren Höhepunkt erreichte die Finanzkrise in den Vereinigten Staaten im Juli 2008, als die IndyMac Bank unter die Kontrolle der Federal Deposit Insurance

Corporation (FDIC) gestellt werden musste.[101] Die Unsicherheit um die Zahlungsfähigkeit löste einen Bank Run aus, bei dem Anleger innerhalb weniger Tage mehr als 1,3 Milliarden Dollar abgehoben haben. Der Zusammenbruch von IndyMac ist der zweitgrößte Bankencrash in der Geschichte der USA.

Rettung verschiedener Finanzinstitute

Inzwischen haben sich im Juli 2008 US-Senat und US-Repräsentantenhaus auf die Grundzüge einer umfassenden sogenannten Housing Bill geeinigt, in der unter anderem auch die Ermächtigung des US-Finanzministeriums untergebracht ist, die Hypothekenbanken Fannie Mae und Freddie Mac im Notfall mit Krediten oder Eigenkapital zu unterstützen.[102] Um dies gegebenenfalls zu finanzieren wird in dem Gesetz die höchstzulässige Staatsverschuldung der USA um 800 Mrd. US-Dollar auf 10,6 Bio. US-Dollar angehoben.[103] In dem Gesetz, das am 30. Juli von US-Präsident Bush unterzeichnet wurde, ist auch eine verschärfte staatliche Aufsicht der Immobilienmärkte vorgesehen.[104] Am 7. September 2008 übernahm die zuständige Aufsichtsbehörde der US-Bundesregierung *Federal Housing Finance Agency* (FHFA) die Kontrolle über Fannie Mae und Freddie Mac.[105] Fannie und Freddie haben zusammen Darlehen in Höhe von 5,3 Bio. US-$ vergeben, was fast die Hälfte aller Hypothekenkredite der USA ist.[106][107] Ein Hintergrund der Rettungsaktion ist, dass nach Daten von Juni 2007 China und Japan zusammen mehr als 2 Bio. US-Dollar an Anleihen der beiden Hypothekenbanken hielten, Investoren mit Sitz auf den Kaimaninseln, typischerweise Hedgefonds, hielten weitere 740 Mrd. US-Dollar.[108]

Am 15. September 2008 musste die viertgrößte[109] US-amerikanische Investmentbank Lehman Brothers Insolvenz anmelden – eine Rettung durch die US-Regierung war unterblieben –, was laut Sachverständigenrat einen völligen Vertrauensverlust auslöste und zu völligem Austrocknen des Interbankenmarktes führte. Es drohte ein systemischer Zusammenbruch.[110] Die offenen Verbindlichkeiten von Lehman Brothers werden auf mehr als 600 Milliarden Dollar geschätzt.[111]

Ebenfalls am 15. September einigte sich die Investmentbank Merrill Lynch mit der Bank of America. Letztgenannte kauft die Investmentbank. Am 16. September 2008 erhielt der ebenfalls in eine finanzielle Notlage geratene, größte amerikanische Versicherer AIG von der Fed einen Überbrückungskredit in Höhe von 85 Milliarden US-Dollar und wurde im Gegenzug verstaatlicht: Die US-Regierung übernimmt 79,9 Prozent der AIG-Anteile.[112]

Einschränkung von Leerverkäufen

Die Securities and Exchange Commission hat, ähnlich wie die britische Finanzaufsicht, am 19. September 2008 Leerverkäufe von Finanzpapieren „vorübergehend" „bis sich die Märkte wieder stabilisiert haben" untersagt.[113] Auch die BaFin untersagte Leerverkäufe von Aktien für elf Unternehmen der Finanzwirtschaft – vorläufig begrenzt bis zum 31. Dezember 2008.[114][115] Das Verbot der BaFin bezieht sich nur auf Leerverkäufe, die nicht durch eine Wertpapierleihe gedeckt sind. Am 22. September 2008 wurde bekannt, dass die Investmentbanken Morgan Stanley und Goldman Sachs sich in normale Geschäftsbanken umwandeln wollen.[116]

Emergency Economic Stabilization Act

US-Finanzminister Henry Paulson schlug in Übereinstimmung mit Fed-Chef Ben Bernanke einen politisch heftig umstrittenen Rettungsfonds mit einem Volumen von 700 Milliarden US-Dollar zur Bekämpfung der Krise vor (Paulson-Plan). Dies wurde am 29. September noch von 228 Parlamentariern abgelehnt, wodurch der bisher größte absolute Kursverlust an der Wallstreet ausgelöst wurde. Am 3. Oktober wurde die ursprünglich dreiseitige Vorlage als mehr als 400 Seiten starker Gesetzesentwurf („Emergency Economic Stabilization Act of 2008") neuerlich vorgelegt und mit 263 zu 171 Stimmen angenommen.

Oktober bis Dezember

Am 3. Oktober 2008 wurde bekannt, dass Wachovia für 15,1 Milliarden US-Dollar in Aktien von Wells Fargo übernommen wird.[117]

Am 8. Oktober erhält der US-Versicherungskonzern American International Group (AIG) von der Notenbank der USA eine weitere Kapitalspritze im Umfang von 37,8 Milliarden US-Dollar. Die Fed wird Investmentpapiere in einer Höhe bis zu der genannten Summe von AIG übernehmen und im Gegenzug das Bargeld bereitstellen.[118]

Am 21. Oktober 2008 stützt die Federal Reserve Geldmarktfonds mit 540 Mrd. US-Dollar.[119]

Die Nachrichtenagentur Bloomberg gab am 12. November 2008 bekannt gegen die mangelnde Transparenz der Fed bei der Kreditvergabe zu klagen. Zudem habe sich das ursprüngliche Volumen des Rettungspaketes von 700 Milliarden auf 1,172 Billionen US-Dollar erhöht.[120] Nach Angaben des Wall Street Journal plante American Express rund 3,5 Milliarden US-Dollar aus dem staatlichen Rettungspaket entgegenzunehmen und hatte sich hierzu in eine Bankholding umgewandelt.[121]

Auswirkungen auf die Vermögenswerte

Die Unsicherheiten über Sicherheit des Finanzsystems und die sich verschlechternden Konjunkturerwartungen lösten eine Phase hoher Volatilität an den Börsenplätzen aus. Allein in der zweiten Oktoberwoche 2008 verloren die Leitindizes aller großen Börsenplätze zwischen 20 und 25 Prozent ihres Werts.[122] Auch auf den Rohstoffmärkten kam es zu starken Preisrückgängen. Der US-Dollar gewann gegenüber anderen Währungen deutlich an Wert. Diese Effekte werden zum Teil auf bilanzverkürzende Maßnahmen seitens US-amerikanischer Finanzinstitute zurückgeführt.

Die Gewinner der Finanzkrise sind Investoren, die das Platzen der Immobilienblase frühzeitig vorhergesehen hatten. Topverdiener ist der Hedgefonds-Manager John Paulson. Im Juli 2006 gründete er einen Hedgefonds mit der alleinigen Strategie, auf den Zusammenbruch des Immobilienmarktes zu wetten. Obwohl er die damalige

Meinung der Ratingagenturen ignorierte, legte sein Fonds im Geschäftsjahr 2007 um 590 % zu. John Paulson verdiente in diesem Jahr 3,7 Milliarden Dollar.[123]

Auswirkungen auf die Realwirtschaft

In der zweiten Jahreshälfte 2008 hat sich die Finanzkrise zunehmend auf die Realwirtschaft ausgewirkt. Effekte waren zunächst in den USA, dann in Westeuropa sowie in Japan zu erkennen. Mehrere Wirtschaftsinstitute, und am 3. November auch die EU, haben ihre Prognosezahlen erheblich nach unten korrigiert.[124][125] Verstärkt wird die Entwicklung durch erhebliche Veränderungen der Wechselkurse. In Folge verzeichnen die Aktienkurse weltweit seit Oktober 2008 nach einem ersten Einbruch aufgrund der Finanzkrise einen zweiten starken Rückgang aus Angst vor zu befürchtenden Auswirkungen auf die Realwirtschaft. Die meisten Automobilhersteller in Europa haben bereits Produktionskürzungen umgesetzt, um auf Absatzeinbrüche in der Größenordnung von 25 % zu reagieren. Dauer und Intensität der Auswirkungen der Finanzkrise auf die weltweite Realwirtschaft lassen sich schwer einschätzen.

Eine erste Einschätzung wurde am Institut für Weltwirtschaft aufgrund vorliegender Erfahrungen vorgenommen.[126] Die EU-Kommission rechnete nach einer Prognose für 2009 bei den Ländern der Eurozone nur noch mit einem ganz geringen Wachstum von 0,1 %.[127] Ein gemeinsames Konjunkturprogramm der EU wurde Anfang November 2008 von dem einflussreichen luxemburgischen Finanzminister Jean-Claude Juncker vor einem Treffen mit seinen EU-Kollegen abgelehnt.

Der IWF erwartet in seiner Prognose von Anfang November 2008 für 2009 die erste weltweite Rezession seit dem Zweiten Weltkrieg; in Deutschland soll die Wirtschaftsleistung gemessen am Bruttoinlandsprodukt um preisbereinigt 0,8 Prozent zurückgehen [128] (im Oktober 2008 hatte der Währungsfonds noch für Deutschland eine Veränderungsrate von 0,0 Prozent erwartet [129]). Ähnliche Zahlen lieferte am 13. November auch die OECD. [130]

Vorschläge zur Reform der internationalen Finanzmarktarchitektur

Wirtschaftswissenschaftliche Institutionen, Parteien und Verbände legten verschiedene Vorschläge vor, wie in Zukunft Finanzmarktkrisen entgegengewirkt werden könnte.

Die Bank für Internationalen Zahlungsausgleich (BIZ) schlägt in ihrem Jahresbericht Juni 2008 vor[131]:

- Fokussierung auf Systemfragen – Wechselwirkungen mit beachten;
- wirtschaftspolitische Instrumente „symmetrischer" bzw. antizyklischer einsetzen;
- enge Zusammenarbeit zwischen Zentralbanken und Aufsichtsinstanzen;
- „Vorratsbanken" für den Notfall;
- Notfallpläne nicht nur von Banken, sondern auch von den öffentlichen Entscheidungsträgern.

Dennis Snower, Präsident des Instituts für Weltwirtschaft (IfW), schlägt vor, gesetzlich zu regeln, dass das Bundesministerium für Finanzen als „Käufer der letzten Instanz" systemrelevanten und von einer Krise bedrohten Finanzinstitutionen Forderungen abkauft und ihnen das fehlende Kapital anbietet, damit die Märkte nicht immer wieder aufs Neue durch ungeregelt überraschende staatliche Eingriffe beunruhigt werden. Im Gegenzug werden diese Institute stärker staatlich reguliert und beaufsichtigt. Diese Regelung sollte sich nicht nur auf Banken, sondern auch auf Hedgefonds, Private-Equity-Firmen und Finanzversicherer erstrecken. Dadurch soll eine regulatorische Arbitrage, das Ausweichen auf weniger regulierte Bereiche, verhindert werden. Diese Finanzinstitutionen bedürften dann ebenfalls einer staatlichen Aufsicht und Regulierung.[132]

Vom gewerkschaftsnahen Institut für Makroökonomie und Konjunkturforschung (IMK) wird vorgeschlagen:[133]

- Standardisierung von Finanztiteln um Informationsasymmetrien zwischen Anbieter und Käufer entgegenzuwirken
- Finanz-TÜV
- Bankenaufsicht auch auf Hedgefonds und Private Equity ausweiten. Gleiche Risiken sollen gleich reguliert werden.
- Bei Verbriefung soll der Originator 10 % der Papiere selbst halten müssen.
- Regulierung antizyklisch, nicht prozyklisch gestalten. Müssen Unternehmen Mindestreserven auf Finanzaktiva bei der Zentralbank hinterlegen und vermindert sich deren Wert in einer Krise, dann werden Mindestreserven frei, was die Kreditvergabefähigkeit in einer Krise erhöhen würde. Umgekehrt im Aufschwung steigt der Wert der Finanzaktiva, was die zu haltenden Mindestreserven erhöhen würde, wodurch die Kreditvergabefähigkeit gedämpft würde.
- Flankierend schlagen die Forscher eine expansive Geld-, Fiskal und Lohnpolitik vor.

Gemäß dem Deutschen Gewerkschaftsbund sollten Hedgefonds und Beteiligungsgesellschaften (Private Equity) höhere Eigenkapitalreserven vorhalten müssen. Unter anderem schlägt der Bundesvorstand des Deutschen Gewerkschaftsbundes eine „Schufa für Banken" und eine Finanztransaktionssteuer vor.[134]

Eine Tobinsteuer auf Finanzmarkttransaktionen soll nach Ansicht des globalisierungskritischen Netzwerks attac diese bremsen und zusätzliche staatliche Einnahmenquellen, zurzeit etwa für den Aufkauf von Banken, erschließen. Einige der neuen Finanzmarktinstrumente wie gebündelte Vermögensanlagen (CDOs) und das "short selling" (Leerverkäufe) sollen verboten werden.[135]

Der Sachverständigenrat zur Begutachtung der gesamtwirtschaftlichen Entwicklung (SVR) schlägt in seinem Jahresgutachten 2008/09 vom 12. November 2008 für eine stärker global auszurichtende internationale Finanzmarktaufsicht als Kernaufgabe ein

Frühwarnsystem vor. Die supranationale Organisation, am besten der Internationale Währungsfonds, sollte dabei auch über „mikroprudenzielle" Daten großer Finanzinstitute verfügen können.

Des Weiteren wären die Risikopuffer (Eigenkapitalreserven) des Finanzsystems kräftig zu erhöhen. An den bestehenden Regeln aus Basel II kritisiert der SVR ihre Prozyklizität. Zusätzlich zu Basel II fordert der SVR daher weitere Anforderungen an die Eigenkapitalhaltung, die antizyklisch von einer Aufsichtsbehörde eingesetzt werden könnten.

Zusätzlich zur Bilanzierung von Fair Value sollte eine zweite Bilanz Gewinne erst dann ausweisen, wenn sie auch realisiert sind.

Finanzmarktstabilisierungsgesetz

Das **Finanzmarktstabilisierungsgesetz** (FMStG) ist ein Artikelgesetz der Bundesrepublik Deutschland, das als Eilgesetz am 17. Oktober 2008 verabschiedet, vom Bundespräsidenten unterschrieben und noch am selben Tag im Bundesgesetzblatt verkündet worden ist.

Inhalt

Das Gesetz ermöglicht die Umsetzung eines Maßnahmenpakets zur Stabilisierung des durch die Finanzkrise im Herbst 2008 in Schwierigkeit geratenen Finanzmarktes. Es zielt auf die Sicherstellung der Zahlungsfähigkeit von Finanzinstituten mit Sitz in Deutschland und der Vermeidung einer allgemeinen Kreditklemme. Hauptbestandteil ist ein Rettungsfonds bei der neuen Finanzmarktstabilisierungsanstalt (FMSA), einer Anstalt des öffentlichen Rechts, die bei der Deutschen Bundesbank angesiedelt ist, jedoch getrennt von dieser organisiert ist.[1] Der Finanzmarktstabilisierungsfonds wird in der Form eines Sondervermögens des Bundes gebildet, seine Ausgaben sind somit nicht unmittelbar im Bundeshaushalt zu veranschlagen. Ein nach Auflösung des Fonds verbleibendes Defizit ist zu 65 Prozent vom Bund und zu 35 Prozent, maximal aber 7,7

Milliarden Euro, von den Bundesländern zu tragen. Defizite, die durch die Stützung einer Landesbank entstanden sind, tragen die Länder entsprechend ihrer Beteiligung an der jeweiligen Landesbank gesondert. Der Fonds ist bei Verkündung zum 31. Dezember 2009 befristet.

Der Fonds hat ein Volumen von 100 Milliarden Euro. Zunächst darf der Fonds Kredite von bis zu 70 Milliarden Euro zum Erwerb von Problemaktiva und zur Rekapitalisierung (Beteiligung) an Finanzinstitutionen aufnehmen. Über einen weiteren Kreditrahmen in Höhe von zehn Milliarden Euro kann mit Einwilligung des Haushaltsausschusses des Deutschen Bundestages zum selben Zweck verfügt werden. Darüberhinaus wird das Bundesministerium der Finanzen ermächtigt, weitere 20 Milliarden Euro aufzunehmen, um damit Forderungen, die aus Garantie resultieren, zu befriedigen: Der Fonds ist ermächtigt, für bis zum 31. Dezember 2009 begebene Schuldtitel und Verbindlichkeiten der begünstigten Unternehmen Garantien bis zu einer Gesamthöhe von 400 Milliarden Euro auszusprechen. Begünstigte Unternehmen sind:

- Institute im Sinne des § 1 Abs. 1b des KWG (Kreditinstitute und Finanzdienstleistungsinstitute),
- Versicherungsunternehmen und Pensionsfonds im Sinne des § 1 Abs. 1 Nr. 1 und 2 des VAG,
- Kapitalanlagegesellschaften im Sinne des InvG,
- Betreiber von Wertpapier- und Terminbörsen

sowie deren Mutterunternehmen. Die Hilfen gelten nur für Unternehmen mit Sitz im Inland.

Gestützt auf das Finanzmarktstabilisierungsfondsgesetz hat die Bundesregierung am 20. Oktober 2008 die Verordnung zur Durchführung des Finanzmarktstabilisierungsfondsgesetzes (Finanzmarktstabilisierungsfonds-Verordnung - (FMStFV) erlassen.

Ursprung

Im Rahmen der Finanzkrise 2007/2008 und der Krise um die Hypo Real Estate Ende September 2008 hat die Bundesregierung im Oktober 2008 ein Rettungspaket für die deutschen Banken im Volumen von maximal 480 Milliarden Euro beschlossen.

Höchstpreisedikt

Das **Höchstpreisedikt** (Latein: *Edictum De Pretiis Rerum Venalium*) wurde 301 vom römischen Kaiser Diokletian erlassen. Es setzte Höchstpreise für eine Vielzahl von Produkten und Leistungen fest, deren Überschreitung mit der Todesstrafe geahndet werden sollte.

Während der Reichskrise des 3. Jahrhunderts wurden von den zahlreichen Kaisern und Usurpatoren Münzen geprägt, dadurch wurde die Inflation stark angeheizt. Im Zuge der Reformationen des Diokletian wurden eine Steuerreform (Capitatio-Iugatio), eine Münzreform und als Teil der Münzreform das Höchstpreisedikt vorgenommen. In diesem werden die Höchstpreise für über tausend Produkte genannt, aber ebenso die maximalen Löhne für Dienstleistungen. Allerdings erzielte das Edikt nicht die gewünschte Wirkung, die Preise wurden vielfach überzogen, oder es wurde zu Tauschgeschäften übergegangen.

Hyperinflation

Hyperinflation ist eine Form der Inflation, in der sich das Preisniveau sehr schnell erhöht. Es gibt keine allgemein akzeptierte Definition, aber eine verbreitete Faustregel spricht von einer Hyperinflation ab einer monatlichen Inflationsrate von 50 %. Einfach gesagt ist eine Hyperinflation eine unkontrollierbare Inflation mit extrem hoher monatlicher Rate. Viele Hyperinflationen enden in einer Währungsreform.

Vor dem 20. Jahrhundert waren Hyperinflationen selten, da die Ökonomien bei Überschreitung eines gewissen Inflationsniveaus zu ungeprägten Edelmetallen als

Geldersatz oder zu Naturaltausch übergingen. Die immer weitere Verbreitung von ungedecktem Geld (Fiat Money) ermöglichte Hyperinflationen. Regierungen gelten mitunter als Verursacher von Hyperinflationen, da sie sich zur Deckung ihrer Ausgaben (Erfüllung von Leistungsversprechen) unverhältnismäßig rasch und hoch verschulden und damit das Vertrauen in die eigene Währung untergraben. Ab diesem Zeitpunkt erfolgt die "Flucht in Sachwerte". Dies ist ein sich selbst verstärkender Vorgang.

Während gewöhnliche Inflationen meist mit ökonomischen Ursachen begründet werden, sind Hyperinflationen darüber hinaus fast immer mit schwerwiegenden Erschütterungen der Volkswirtschaft infolge von Krieg, Bürgerkrieg oder gesellschaftlichen Umbruchsituationen verbunden. Eine Ausnahme bildete die sowjetische Hyperinflation im Jahre 1922, mit der das Ziel der Abschaffung des Geldes[1] als Zahlungsmittel verfolgt wurde.

Quantitätsgleichung

Eine Erklärung für das Ansteigen des Preisniveaus allgemein bietet die Quantitätsgleichung von Irving Fisher:

Transaktionszahl x Preisniveau = Geldmenge x Umlaufgeschwindigkeit

Das Preisniveau steigt also demnach u. a., wenn

- die Geldmenge ansteigt (wenn also die Zentralbank z. B. mehr Geld in Umlauf bringt), Umlaufgeschwindigkeit und Transaktionsanzahl jedoch unverändert bleiben.
- die Umlaufgeschwindigkeit ansteigt, Geldmenge und Transaktionsanzahl jedoch unverändert bleiben.
- die Transaktionsanzahl abnimmt (z. B. bei Störung des Wirtschaftskreislaufs durch Katastrophen, wenn also plötzlich die Lieferbarkeit wegbricht, aber die Nachfrage bleibt), Geldmenge und Umlaufgeschwindigkeit jedoch unverändert bleiben.

Chronologie

Es gibt verschiedene geschichtliche Episoden von Hyperinflationen mit monatlichen Inflationsraten von über 50 Prozent. Beispiele sind

Zeitraum	Land/Anmerkungen
frühe 1920er	Weimarer Republik (Deutschland), monatliche Inflationsrate von 32.400 % (Vervierfachung der Preise pro Woche) – siehe Deutsche Inflation 1914 bis 1923
1922	Sowjetunion/RSFSR (Russland), absichtlich herbeigeführt (Siehe auch [1])
1921–1923	Österreich
1921–1924	Ungarn
1921–1924	Polen
1943/44	Griechenland mit einer maximalen monatlichen Rate von 8,55 Milliarden Prozent
1945/46	Ungarn mit einer maximalen monatlichen Rate von 41,9 Billiarden Prozent (Verdreifachung der Preise pro Tag) – siehe auch Pengő
1949/1950	Volksrepublik China[2]
1985	Bolivien[3]

1988	Nicaragua[4]
1989	Polen[5]
1989/1990	Brasilien[6]
1989/1990	Argentinien[7]
1990	Peru[8]
frühe 1990er	Bosnien und Herzegowina und Jugoslawien[9]
1990–1994	Zaire[10]
1992	Russland[11]
1992–1994	Georgien (siehe Wirtschaft Georgiens)
1994, 1996/1997	Angola[12]
seit 2007	Simbabwe

Auch vor dem 20. Jahrhundert gab es schwere Inflationen:

Zeitraum	Land/Anmerkungen
276 bis 334	Weströmisches Reich
1166	Kaiserreich China[13]
1719–1720	Frankreich[14]
1789–1796	Frankreich
1861–1865	USA, vor allem Südstaaten[15]

Immobilienblase

Eine **Immobilienblase** ist eine Spezialform einer Spekulationsblase. Hierbei kommt es auf einem regional und nutzungsspezifisch abgegrenzten Teilsegment des Immobilienmarktes zu einer deutlichen Überbewertung von Immobilien, die sich durch einen dramatischen Preisverfall innerhalb kurzer Zeit normalisiert.

Geschichtliche Immobilienblasen

- 1343–1346 Norditalien[1]
- 1926 Landboom in Florida[2]
- 1990 Büroimmobilien in Japan
- 1999–2002 Büroimmobilien in den Neuen Bundesländern in der Bundesrepublik Deutschland (aufgrund steuerlicher Förderung)
- 2007 private Wohnimmobilien in den USA[3], Finanzkrise 2007/2008

Ursachen für Immobilienblasen

Kreditinduzierte Immobilienblasen

Kreditinduzierte Immobilienblasen resultieren aus einer deutlichen Ausweitung oder Verbilligung[4] des Angebots an Immobilienfinanzierungen. Die Ursachen hierfür sind vielfältig, häufig auf fehlende Markttransparenz oder fehlende Regulierung zurückzuführen.

Durch eine deutliche Ausweitung des Kreditangebots durch die systematische Ausweitung der Kreditgewährung auch an Darlehensnehmer mit immer geringerer Bonität ("Subprime-Kredite"), entsteht eine erhebliche zusätzliche Immobiliennachfrage, die auf ein, aufgrund der Begrenzung der Ressource Boden, beschränktes Angebot trifft. Z. B. geschah das in den USA bis 2007. Dies führt in der Folge der steigenden Nachfrage zu steigenden Immobilienpreisen. Der gleiche Mechanismus wirkt bei einer deutlichen Verbilligung der Kreditkosten z. B. durch ein Sinken des Zinsniveaus. Jeder Kreditnehmer kann sich in der Folge "mehr" Immobilie bei gleichbleibender laufender Belastung leisten. Auch hier führt die erhöhte Nachfrage zu steigenden Immobilienpreisen. Unterbleibt, wie in den USA geschehen, bei einem Zusammentreffen derartiger Faktoren eine Intervention durch die zuständigen Aufsichtsgremien, z. B. weil die positiven konjunkturellen Folgen der starken Immobilienpreissteigerung gewollt sind, und fehlt auch die Gegenreaktion des Marktes auf die steigende Kreditnachfrage (durch steigende Kreditkosten bzw. Zinsen) entwickelt sich eine Immobilienblase. Es kommt zu einer sich selbst beschleunigenden Entwicklung, da immer mehr Nachfrage, immer höhere Preise rechtfertigt.

Fiskalinduzierte Immobilienblasen

Durch staatliche Eingriffe in den Immobilienmarkt, z. B. durch spezielle steuerliche Anreize, kann es ebenfalls zu erheblichen Fehlentwicklungen am Immobilienmarkt kommen. Träge staatliche Steuerungspolitik und träge Marktentwicklung (der Bau einer Immobilie ist regelmäßig ein Vorhaben von erheblicher Laufzeit), führen zu einer zu spät erkennbaren Fehlentwicklung.

So wurde durch steuerliche Anreize für Investitionen in den neuen Bundesländern nach der deutschen Wiedervereinigung erhebliche Investitionen unter anderen in den Büroimmobilienmarkt induziert. Hierdurch wurde ein Bauboom erzeugt, der nach mehrjähriger Dauer bis zur Fertigstellung der Gebäude auf eine faktisch deutlich zu geringe Nachfrage traf. Der Wert derartiger Immobilien kollabierte in der Folge.

Kipper- und Wipperzeit

Als große **Kipper- und Wipperzeit** bezeichnet man eine weite Teile Mitteleuropas erfassende Finanzkrise im zweiten und dritten Jahrzehnt des 17. Jahrhunderts (siehe auch: Dreißigjähriger Krieg), die ihre regionalen Höhepunkte in der Zeit um 1621 bis 1623 hatte. Um 1680 gab es noch eine „kleine Kipper- und Wipperzeit" in Deutschland. Der Name leitet sich von der Praktik der betrügerischen Münzentwertung ab, nämlich dem *Wippen*, bei dem vollwertige Münzen mittels einer Schnellwaage aussortiert wurden, um sie dann entweder einzuschmelzen oder sie an den Rändern zu beschneiden, zu *kippen* (niederdeutsch für „beschneiden"), und mit dem so gewonnenen Metall unter Zugabe von Kupfer neue Münzen herzustellen.

Ursachen und Praxis der Geldentwertung

Den Anreiz für die systematische Münzentwertung gab die seit Mitte des 16. Jahrhunderts eingetretene Geldknappheit im Gebiet des Heiligen Römischen Reichs Deutscher Nation. Die Ursachen für diese Geldknappheit lagen einerseits im Rückgang der deutschen Silberproduktion, der Anhäufung von Schatzgeld zur Finanzierung von Söldnerheeren und dem gleichzeitigen Ansteigen des Luxusbedürfnisses an den deutschen Fürstenhöfen. Diese Geldknappheit konnten auch die über Spanien und Portugal aus der "Neuen Welt" ab etwa 1560 importierten Edelmetallmengen - trotz zeitweisem Edelmetallüberangebot - nicht dauerhaft kompensieren. Gleichwohl trat - neben der unten beschriebenen Münzverschlechterung durch geringeren Feingehalt - noch ein allgemeiner Preisverfall der Edelmetalle gegenüber den Nahrungsmittelgrundstoffen ein. Als Ursache kann in Deutschland eine allgemeine Bevölkerungszunahme in den Städten, die auch durch Landflucht in die Städte von

Leibeigenen nach den Bauernkriegen nach 1525 verursacht war ("Stadtluft macht frei"), bei gleichzeitiger Stagnation der landwirtschaftlichen Produktivität und Produktion angesehen werden. Im ausgehendem 16. Jahrhundert überlagerten sich somit eine Reihe preistreibender Faktoren, die in den Kriegswirren des Dreißigjährigen Krieges in der Kipper- und Wipperzeit ihren Höhepunkt um 1621 bis 1623 fanden.

In dieser Situation nutzten die Landesherren auch noch einen strukturellen Fehler der Reichsmünzordnung von 1559 aus, die ihnen als territorialen Münzherren die Ausgabe von Landesmünzen mit einem – gegenüber den Reichsmünzen – geringeren Silbergehalt ermöglichte. Betroffen von dieser Geldverschlechterung waren die kleineren Münzsorten wie Pfennig, Kreuzer, Groschen und Halbbatzen. Einige, relativ wenige Großsilbermünzen, Kippertaler genannt, waren jedoch auch von dieser Münzverschlechterung betroffen. Die genannten Kleinmünzen wurden als Nachahmungen gängiger Münzen mit einem unter dem Nennwert liegenden Silbergehalt hergestellt und dann in großen Mengen in anderen Gegenden des Reichs in Verkehr gebracht.

Beispielsweise wurden meist im Feingehalt noch weiter verschlechterte Nachahmungen des bisher wegen seines noch relativ hohen Silbergehaltes geschätzten Schreckenbergers im Ardennenfürstentum Château-Renault und anderen Münzstätten nachgeprägt. Eine andere Methode war die (zeitweise) Duldung und sogar Förderung des flächendeckenden Überziehens der Feudalterritorien durch die Landesherrn mit sogenannten vom Reich nicht autorisierten *Heckenmünzen*, wo große Mengen minderwertiger Münzen geprägt wurden, die dann durch ihren zusätzlichen Geldumlauf wesentlich zum Anstieg der Inflation beitrugen. Es begann ein durch das Greshamsche Gesetz erzwungener „Wettbewerb" bei der Verschlechterung der Kleinmünzen zwischen den Münzständen, der erst teilweise sein Ende mit der Einführung der offiziellen Scheidemünze bzw. Landmünze am Ende des 17. Jahrhunderts fand.

Folgen und Beendigung

Hauptbetroffene der Geldentwertung waren Festbesoldete, die ihre Einkommen in den von den Fürsten und Städten verschlechterten Münzsorten erhielten, während die Erzeuger landwirtschaftlicher und gewerblicher Produkte eine Bezahlung in harter Währung verlangen konnten. Die einsetzende Preissteigerung führte zu Not, Verarmung und Hunger, woraufhin besonders das städtische Volk in Form zahlreicher Flugblätter gegen die Münzverschlechterung protestierte. Als die Landesherren und Städte endlich erkannten, dass die erzielten Gewinne nur scheinbar waren, weil sie das schlechte Geld nun in Form von Steuern und Abgaben wieder zurückerhielten, begannen sie das Kippergeld wieder einzuziehen und neues nach "alten Schrot und Korn" auszuprägen. Ein weiterer, wichtiger Grund für eine Münzreform mag auch bei den Anwerbungen von Söldnern begründet gewesen sein, die nur für "gutes Geld" kämpfen wollten ... Die Kippermünzen wurden in der Zeit nach 1623, wenn überhaupt noch, dann teilweise weit unter ihrem innerem Metallwert in das neue Geld umgewechselt.

Im Zusammenhang mit weiteren Perioden der Währungsmanipulation spricht man auch von einer „Zweiten Kipper- und Wipperzeit“ (sechziger bis neunziger Jahre des 17. Jahrhunderts), sowie von einer „Dritten Kipper- und Wipperzeit“ (ab 1757, siehe Ephraimiten).

Kursverlauf

Folgende Tabelle gibt den Kursverlag zwischen vollwertigem Reichstaler und minderwertigem Kreuzer wieder

- 1566: 68
- 1590: 70
- 1600: 72
- 1610: 84
- 1616/17: 90

- Ende 1619: 124
- Ende 1620: 140
- Ende 1621: < 390
- 1622/23: 600 und mehr (regional bis über 1000)
- ab 1623: 90

Kreditklemme

Eine **Kreditklemme** (auch engl. *Credit Crunch* genannt) ist eine Geldmarktkrise. Sie tritt ein, wenn eine schlechte Finanzsituation Banken dazu zwingt, die Kreditvergabe zu drosseln oder ganz einzustellen, und ist wesentlich schwerwiegender als eine "normale" Liquiditätskrise.

Die Kreditvergabepolitik der Banken hat eine entscheidende Auswirkungen auf die Realwirtschaft: Bei steigenden Aktienkursen und Immobilienpreisen steigt auch die Nachfrage nach Krediten und Banken erleichtern zugleich den Zugang durch eine weniger sorgfältige Kreditvergabe, da die Kredite durch die steigenden Kurse gesichert scheinen. Platzt die Spekulationsblase, wird die Kreditvergabe aufgrund der zuvor aufgehäuften Menge schlecht gesicherter Kredite gedrosselt. Dies bedingt sinkende Investitionen und Insolvenzen, die die Bonität der Schuldner verschlechtern und die Anzahl notleidender Kredite bei den Banken erhöhen, wodurch deren Kreditgeschäft noch weiter gedrosselt und nachfolgend die Gesamtwirtschaftsleistung noch weiter abgeschwächt wird.

Die Kreditklemme tritt in die nächste Phase, wenn auch Banken die Refinanzierung am Geldmarkt schwer fällt. Normalerweise versorgen sich Banken über kurzfristige Kredite im Interbankenhandel mit Liquidität, da ihre eigenen Gelder in längerfristigen Anlagen gebunden sind. Fällt diese Option weg, da die Geldmärkte wegen einer Kreditklemme unterversorgt sind, geraten die Institute in Zahlungsschwierigkeiten. Dadurch wird wiederum eine Herabstufung ihres Kreditratings durch Ratingagenturen bewirkt, was die Beschaffung liquider Mittel noch schwieriger macht. Dieser Teufelskreis trifft

Banken, die keine Spareinlagen als Rückgriffsmöglichkeit haben, besonders hart, zum Beispiel Investmentbanken.

Dieser Prozess ist auch durch eine expansive Politik der Notenbanken, also Zinssenkungen oder Liquiditätsspritzen, nur schwer umzukehren.

Lateinamerikanische Schuldenkrise

Als **Lateinamerikanische Schuldenkrise** (auch **Lateinamerikakrise**) bezeichnet man die Schuldenkrise lateinamerikanischer Staaten, die im Wesentlichen in den 1980er Jahren stattfand, bei einigen Ländern jedoch bereits in den 1970er Jahren ihren Anfang nahm. Häufig wird die Phase als das „verlorene Jahrzehnt“ bezeichnet, weil die Länder Lateinamerikas in dieser Periode einen Punkt erreichten, an dem ihre Auslandsverschuldung weit höher war als die Wirtschaftskraft ihrer Volkswirtschaften und sie somit über ihre wirtschaftlichen Verhältnisse gelebt hatten. Die Folge war die Einstellung des Schuldendienstes gegenüber ausländischen Gläubigern. Nach dem Zusammenbruch der festen Weltwährungsordnung von Bretton Woods war die Lateinamerikakrise somit die erste große internationale Finanzkrise.

Ursprünge

In den 1960er und 1970er Jahren hatten sich viele lateinamerikanische Staaten, insbesondere Brasilien, Argentinien und Mexiko, große Summen an Kapital von internationalen Gläubigern geliehen, um ihre wirtschaftliche Industrialisierung (vor allen für Infrastrukturprogramme) voranzubringen. Zu diesem Zeitpunkt wiesen diese Volkswirtschaften hervorragende Wachstumsraten und gute Aussichten aus, so dass die Gläubiger bereitwillig immer neue Kredite zur Verfügung stellten. Zwischen 1975 und 1982 ist die Gesamtsumme der Forderungen kommerzieller Banken gegenüber Lateinamerika jährlich um 20,4 % gestiegen. Dieser Umstand führte zu einer Vervierfachung der lateinamerikanischen Auslandsschulden von 75 Milliarden US-Dollar (1975) auf mehr als 315 Milliarden US-Dollar im Jahr 1983, mithin 50 % des Bruttoinlandsprodukts der gesamten Region. Der jährliche Schuldendienst (d. h.

Tilgungs- und Zinszahlungen) stieg noch rasanter an und erreichte 1982 einen Betrag von 66 Mrd. US-Dollar (nach nur 12 Mrd. US-Dollar im Jahr 1975).

Beginn der Schuldenkrise und Auswirkungen

Als die Weltwirtschaft in den 1970er und 1980er Jahren in eine Rezession geriet und der Ölpreis in die Höhe zu schießen begann (siehe Ölkrise), bedeutete dies für viele Länder der lateinamerikanischen Region einen Wendepunkt. Viele Entwicklungsländer befanden sich plötzlich in einem extremen *Liquiditätsengpass*, weil man die steigenden Rohstoffpreise nicht mehr bezahlen konnte. Erdölexportierende Länder wurden hingegen mit Finanzmitteln aufgrund der gestiegenen Erdölpreise überschwemmt und investierten das Geld bei internationalen Banken, welche wiederum diese Gelder in Form von Krediten in Lateinamerika anlegten (sog. *Petrodollar-Recycling*). Während sich die Auslandsschulden dieser Staaten über die Jahre gefährlich akummulierten, begann die Schuldenkrise erst als die internationalen Kapitalmärkte gewahr wurden, dass Lateinamerika seine Schulden nicht mehr wird zurückzahlen können.

Dies geschah im August 1982 als Mexikos Finanzminister, Jesus Silva-Herzog, öffentlich bekannt gab, dass Mexiko seinen Schuldendienst einstellt. Im Nachgang zu Mexikos Zahlungsmoratorium reduzierten die meisten kommerziellen Banken stark ihr Lateinamerika-Exposure oder stoppten zumindest die Vergabe neuer Kredite. Weil aber viele der lateinamerikanischen Forderungen kurzfristige Kredite darstellten, wurde die Krise erst verschärft als deren Refinanzierung (Prolongation) von den Banken verweigert wurde und somit die Darlehen fällig gestellt wurden. Somit waren plötzlich viele Milliarden an Krediten, die sonst jeder Zeit verlängert wurden, sofort fällig und zahlbar (*Schneeballeffekt*).

In Folge der Krise verließen viele lateinamerikanische Nationen ihre Entwicklungsstrategie der Importsubstituierenden Industrialisierung (ISI) und wandten sich einer stärker export-orientierten Industrialisierungsstrategie zu (in der Regel die neoliberale Wirtschaftsstrategie des Internationaler Währungsfonds), obschon es

Ausnahmen wie Chile und Costa Rica gab, die eine reformistischen Strategie annahmen.

Der nun einsetzende massive Prozess der Kapitalabwanderung (Kapitalexport v. a. in die Vereinigten Staaten), führte dazu, dass die lateinamerikanischen Währungen stark abwerteten und somit die Realzinsen und die Inflation stark anstiegen. Die realen Wachstumsraten des BNP lag in der Zeit zwischen 1980 und 1985 bei nur 2,3 % pro Jahr, pro Kopf verzeichnete man sogar ein negatives Wachstum von -9 %.

Die Schuldenkrise in Lateinamerika ist eine der wesentlichen exogenen Elemente, die dazu beitrugen, den Autoritarismus und die Diktaturen in der Region zu Fall zu bringen, wie z. B. das Militär-Regime in Brasilien und das bürokratisch-autoritäre Regime in Argentinien.

Long-Term Capital Management

Long-Term Capital Management (LTCM) war ein 1994 von John Meriwether (früherer Vize-Chef und Leiter des Rentenhandels bei Salomon Brothers) gegründeter Hedge-Fonds. Unter den Direktoren waren auch Myron Samuel Scholes und Robert C. Merton, denen 1997 der Nobelpreis für Wirtschaftswissenschaften verliehen wurde.

Geschichte

LTCM wurde 1994 von John Meriwether (früherer Vize-Chef und Leiter des Rentenhandels bei Salomon Brothers) gegründet.

Erfolgsjahre (1994 - 1998)

Auf ihrem Höhepunkt Anfang 1998 verfügte LTCM über Eigenkapital von 7,3 Milliarden USD nachdem Ende 1997 2,7 Milliarden USD an die Anleger als Rendite zurückgezahlt wurden. Die minimale Anleger-Investition betrug zehn Millionen USD mit einer Mindestlaufzeit von drei Jahren, praktisch ohne eine Möglichkeit, Informationen über die Art der Geschäfte des Fonds zu bekommen. Aufgrund des hohen Anlagekapitals durch 80 Investoren wurden 1995 keine neuen Investoren mehr aufgenommen. LTCM finanzierte seine Investments fast ausschließlich über Fremdkapital und musste dafür geringe Sicherheiten hinterlegen. Strategisch wurde in Fixed-Income Arbitrage spekuliert. In Erwartung der sich nähernden Europäischen Währungsunion wurde etwa die Herausbildung eines einheitlichen Zinssatzes im Euroraum erwartet. Dies bedeutete, dass die Kurse von festverzinslichen Wertpapieren wie z. B. italienischen Staatsanleihen, die noch traditionell hohe Zinssätze hatten, eher steigen mussten, während die Kurse deutscher Bundesanleihen, mit traditionell eher niedrigen Zinssätzen, im Vergleich dazu eher sinken mussten. Also wurde in italienische Festverzinsliche investiert bei gleichzeitigem Leerverkauf von deutschen Festverzinslichen [1].

Der Fonds kaufte auch aufgrund ähnlicher Überlegungen 30-jährige US-Treasuries mit einer Restlaufzeit von zehn Jahren und betrieb parallel durch Leerverkauf den Aufbau einer *Short-Position* von neu emittierten zehnjährigen US-Staatsanleihen. Theoretisch enthalten bei gleicher Restlaufzeit die 30-jährigen Anleihen gegenüber den neu emittierten Anleihen einen Liquiditätsspread, da sie seltener am Markt gehandelt werden. In den ersten drei Jahren entstand nach Abzug aller Kosten eine Rendite von 30 % bis 40 %.

Die LTCM hatte Anfang 1998 rund 4 Mrd. USD Eigenkapital, während ein Portfolio für 125 Mrd. USD als Leerverkauf dem gegenüberstand. Die Wertpapiere waren Sicherheiten, um noch mehr Fremdkapital zu leihen, damit für Derivate, die auf dem Wert des britischen Pfunds basierten, Obligations- und Optionsgeschäfte eingegangen werden konnten. Die Wertpapiere umfassten russische und amerikanische Schatzbriefe sowie dänische Grundstückshypotheken. Die Derivate erreichten am Ende einen Wert von 1,25 Billionen USD (in heutiger Kaufkraft 1,59 Billionen USD).

Krise und Auflösung (1998)

Zur Krise kam es durch starke Turbulenzen auf den Finanzmärkten durch die offene Wirtschaft und die Währungskrise in Russland 1998. Große Fonds und Portfolios wurden aufgrund der Russlandkrise verstärkt in sichere US-Staatspapiere (US-Treasury Bonds) umgeschichtet, so dass der Spread zwischen Swap-Rate und den Treasury Bonds stark stieg. In Europa insbesondere wurde verstärkt wieder in sichere deutsche Festverzinsliche investiert und gleichzeitig wurden etwa italienische Festverzinsliche, denen jetzt stärker misstraut wurde, verkauft, genau umgekehrt, wie von der kommenden Einführung der EU-Währungsunion zu erwarten gewesen wäre.[1]

Da LTCM auf eine Verringerung dieser Spreads spekuliert hatte, kam es zu massiven Verlusten. Gleichzeitig wussten inzwischen viele Marktteilnehmer von LTCMs Positionen und Problemen. Da LTCM früher oder später seine Positionen glatt stellen musste, trieben viele Marktteilnehmer den Spread immer weiter auseinander. Im August 1998 verringerte sich das Eigenkapital auf 2,1 Mrd. USD und LTCM veräußerten in der Folge einen Großteil der Anlagen zu Schleuderpreisen. Über Kreditmechanismen wirkte die Hebelwirkung (Leverage) so stark in die Verlustrechnung, dass eine Kettenreaktion auf die internationalen Finanzmärkte befürchtet wurde, da aufgrund des Rückganges des Kapitals im August auf 2,1 Mrd. USD ein Nennwert von 1,25 Billionen USD gegenüber stand. Da nicht genug Eigenkapital zum Ausgleich vorhanden war und LTCM eine Zahlungsunfähigkeit bevorstand, musste eine Rettungsoperation eingeleitet werden. In dieser Situation war ein Zusammenbrechen des amerikanischen und internationalen Finanzsystems zu befürchten.

1. US-Notenbankchef Alan Greenspan musste die Leitzinsen senken.
2. Es wurde entschieden, dass LTCM frisches Kapital von jeweils etwa 300 Millionen Dollar (insgesamt 3,75 Milliarden USD) von den neuen Investoren bekommen und das diese LTCM zu 90% mit einer neuen Geschäftsleitung übernehmen sollten.

Unter den Akteuren bei dem Treffen zur Rettung LTCM in der New Yorker Zentralbank am 23. September 1998 waren unter anderem

- William J. McDonough, Präsident der New Yorker Federal Reserve System (Fed)

- Sanford I. Weill, der Vorsitzende der Travelers Group
- Jon Corzine, der Hauptteilhaber von Goldman Sachs
- David Komansky, der Vorsitzende von Merrill Lynch
- der Vorsitzende der Chase Manhattan Bank
- der Vorsitzende der Bankers Trust Co.
- der Vorsitzende von Smith Barney
- der Vorsitzende von Bear Stearns
- der Vorsitzende von Lehman Brothers
- der Vorsitzende von Morgan Stanley
- der Vorsitzende der Douglas A. Warner, der Vorsitzende von JPMorgan und auch
- die Vorsitzenden der Deutsche Bank sowie der Dresdner Bank.

Diese vereinte Rettungsaktion war damals einzigartig und blieb bis zur Finanzkrise 2007/2008 auch eine Ausnahmeerscheinung.

Nach der Auflösung

Robert Merton arbeitet heute als Professor an der Harvard Business School. Myron Samuel Scholes leitet unter dem Namen *Platinum Grove Asset Management* wieder einen Hedge-Fonds mit einem verwalteten Vermögen von rund fünf Milliarden US-Dollar. John Meriwether leitet seit unmittelbar nach der Auflösung von LTCM unter dem Namen *JWM Partners* einen neuen Hedge-Fonds. Dieser investiert nach der gleichen Methode, wie damals LTCM indem mit Hilfe von hohen Krediten auf den Rückgang anomaler Preisdifferenzen auf den Finanzmärkten spekuliert wird[2].

Maßnahmenpaket "Beschäftigungssicherung durch Wachstumsstärkung"

Das **Maßnahmenpaket "Beschäftigungssicherung durch Wachstumsstärkung"** wurde am 5. November 2008 vom Bundeskabinett in Berlin verabschiedet. Als Ziel des

Maßnahmenpakets wird genannt: „In Anbetracht der weltweiten Konjunkturabschwächung als Folge der ernsten Krise auf den globalen Finanzmärkten sieht die Bundesregierung es als vorrangige Aufgabe an, Wachstum und Beschäftigung auch weiterhin zu sichern."

Es enthält im Wesentlichen folgende Maßnahmen:

- Flächendeckender Ausbau des Sonderprogramms für ältere und geringqualifizierte Arbeitnehmerinnen und Arbeitnehmer (WeGebAU), um durch berufsbegleitende Weiterbildung Entlassungen zu verhindern
- Verbesserung der Vermittlung von Arbeitnehmerinnen und Arbeitnehmern, die sich in der Kündigungsphase befinden (**Job-to-Job**-Vermittlung), durch 1000 zusätzliche Vermittlerstellen in den Agenturen für Arbeit
- Verlängerung der Bezugsdauer von Kurzarbeitergeld von bisher 12 Monate auf 18 Monate befristet auf ein Jahr.
- Bei der KfW Bankengruppe wird ein zusätzliches Finanzierungsinstrument mit einem Volumen von bis zu 15 Mrd. € geschaffen (Sondervermögen
- Einführung einer degressiven Abschreibung für bewegliche Wirtschaftsgüter des Anlagevermögens in Höhe von 30 % zum 1. Januar 2009 zeitlich befristet für 2 Jahre (Sonderabschreibung)
- zusätzlich wird befristet für zwei Jahre die Möglichkeit von Sonderabschreibungen für kleinere und mittlere Unternehmen (KMU) eingeführt
- Aufstockung der KfW-Mittel für das CO2-Gebäudesanierungsprogramm und anderer Maßnahmen um insgesamt 3 Milliarden Euro;
- Für einen befristeten Zeitraum Aufstockung der Infrastrukturprogramme der KfW für strukturschwache Gemeinden um 3 Milliarden Euro mit besonders günstig gestalteten Zinskonditionen
- Beschleunigte Umsetzung dringlicher Verkehrsinvestitionen - zusätzliches Volumen von 500 bis 1000 Millionen Euro

- Erhöhung der Finanzmittel für die Gemeinschaftsaufgabe „Verbesserung der regionalen Wirtschaftsstruktur“
- Verdoppelung des Steuerermässigung bei der Einkommensteuer bei der Absetzbarkeit von Haushaltsnahen Handwerkerleistungen von 600 auf 1.200 Euro jährlich ab 1.Januar 2009
- Kraftfahrzeugsteuerbefreiung von einem Jahr für alle Neuwagenkäufe und Verlängerung der maximalen Kfz-Steuerbefreiung auf zwei Jahre für Fahrzeuge, welche die Euro-5 und Euro-6-Norm erfüllen
- Verstärkung der bisherigen Maßnahmen der KfW im Bereich der Innovationsförderung und –umsetzung bei gleichzeitiger Aufstockung ihres Angebots an Beteiligungskapital, damit junge innovative Unternehmen einfacher zu einer Anschlussfinanzierung finden.

Das Maßnahmenpaket soll ein Finanzvolumen von ca. 50 Milliarden Euro in den Jahren 2009 und 2010 haben. Es wurde am 13.November 2008 von den Fraktionen von CDU/CSU und SPD beschlossen und soll als Gesetzentwurf in den Deutschen Bundestag eingebracht werden. [1]

Pfundkrise

Die **Pfundkrise** im September 1992 war eine Spekulation gegen das Britische Pfund, die das Europäische Währungssystem (EWS) beinahe zum Einsturz brachte.

George Soros und andere Investoren waren der Meinung, dass das britische Pfund überbewertet sei und dass Großbritannien entweder das Pfund abwerten oder das EWS verlassen würde. Soros und andere setzten daher große Geldsummen zur Schwächung des Pfunds ein. Zuerst versuchte die britische Notenbank noch, durch Stützungskäufe ihre Währung zu stabilisieren. Als das aber wenig Wirkung zeigte, gab sie am 16. September 1992 eine Zinserhöhung von zuerst 10% auf 12% bekannt um die Attraktivität des Pfundes zu steigern und Investoren anzuziehen. Nur wenige

Stunden später stellte die Notenbank eine Erhöhung des Zinssatzes auf 15% in Aussicht. Die Spekulanten ignorierten aber diese Aussage und setzten weiterhin hohe Summen gegen das britische Pfund, so dass gegen 19 Uhr Ortszeit der Schatzkanzler (Chancellor of the Exchequer), Norman Lamont, bekannt gab, dass Großbritannien das EWS verlassen wird und die Zinsen wieder auf das alte Niveau von 10% gesenkt werden. In der Folge fiel das britische Pfund in den nächsten fünf Wochen um fast 15% gegenüber der deutschen Mark und um 25% gegenüber dem US-Dollar.

Diese Spekulation brachte Soros einen Milliardengewinn und den Beinamen „The man who broke the Bank of England" ein.

Quantum Funds

Quantum Funds ist ein von George Soros 1969 gegründeter Hedge-Fonds.

Bis 1992 weitgehend unbekannt, wurde Quantum Funds durch die Spekulation auf Grundlage der Global Macro Strategie gegen das überbewertete Britische Pfund bekannt. Durch einen taktischen Leerverkauf (short selling) von 10 Milliarden GBP, hauptsächlich gegen die Deutsche Mark und den Französischen Franc, war die Britische Notenbank Bank of England nicht mehr in der Lage durch Devisenmarktinterventionen die festen Wechselkurse des Britischen Pfunds gegenüber den Währungen der anderen EWS-Mitglieder aufrecht zu erhalten. Am 16. September 1992 sah sich die Bank of England gezwungen eine Abwertung des Britischen Pfunds vorzunehmen (Pfundkrise). Nach der Abwertung konnte Quantum Funds die geliehenen Britischen Pfund zu einem niedrigeren Kurs zurückkaufen. Durch die erfolgreiche Wette gegen das Britische Pfund verzeichnete Quantum Funds innerhalb einer Woche einen Gewinn von 1 Milliarde USD. Dieser Handel machte Quantum Funds weltweit bekannt, da Großbritannien als Konsequenz die festen Wechselkurse aufgab und aus dem Europäischen Währungssystem austrat.

Resolution Trust Corp.

Resolution Trust Corp. (RTC) war eine Auffanggesellschaft, welche in den 80er Jahren des 20. Jahrhunderts von der damaligen US Regierung gegründet wurde. Diese hatte den Zweck, Immobilien, Hypotheken und andere Anlagen im Gesamtwert von $ 394 Milliarden zu erwerben, welche von Hunderten zusammengebrochener Spar- und Darlehensbanken stammten.

Die Auffanggesellschaft RTC bestand zwischen 1989 und 1993. Sie wurde aufgelöst, nachdem diese sämtliche Vermögenswerte über die Jahre hinweg erfolgreich verkaufen konnte.

Die jetzige US-Regierung mit dem aktuellen Finanzminister Henry Paulson planen eine ähnliche Rettungsaktion. Sie wollen die schlechten Kredite und Hypotheken, welche als Auslöser der Finanzkrise 2007 mit dem Höhepunkt im September 2008 gelten, für rund $ 700 Milliarden über eine neu zu gründende Gesellschaft aufkaufen um dann über die Jahre hinweg wieder im Markt platzieren zu können.

Risikobegrenzungsgesetz

Das **Gesetz zur Begrenzung der mit Finanzinvestitionen verbundenen Risiken** (**Risikobegrenzungsgesetz**) ist ein deutsches Bundesgesetz, das die Gestaltung von Kredit- und Sicherungsverträgen sowie die Abtretung von Kreditforderungen regelt. Zudem sind Änderungen bezüglich der Meldung von bedeutenden Beteiligungen an Unternehmen nach dem WpHG sowie im Bereich der Namensaktien nach dem AktG vorgesehen. Diese Änderungen haben zum Ziel, mögliche Übernahmeversuche von Finanzinvestoren den betroffenen Unternehmen gegenüber frühzeitig transparent zu machen.

Hintergrund: Rechtspolitische Diskussion 2007/2008

Seit 2007 bestand in Deutschland eine rechtspolitische Diskussion über den Verkauf von Krediten. Diskutiert wurde eine Informationspflicht der Bank an den Kreditnehmer vor Verkauf, die Verpflichtung für Banken, (gegen Zinsaufschlag) auch Kredite ohne die Möglichkeit eines Verkaufs anzubieten bis hin zu einem Sonderkündigungsrecht des Kunden bei Kreditverkauf (was ökonomisch einem Verbot des Verkaufs von festverzinslichen Krediten bedeuten würde).

Im Zuge dieser Diskussion hatten verschiedene Banken angekündigt, generell oder gegen einen Zinsaufschlag von 0,1 bis 0,2 % Kredite anzubieten, bei denen sie sich verpflichtet, den Kredit nicht zu verkaufen.

Neue Regelungen im Risikobegrenzungsgesetz

Als Ergebnis dieser Diskussion hat der Deutsche Bundestag Ende Juni 2008 das „Gesetz zur Begrenzung der mit Finanzinvestitionen verbundenen Risiken“ (Risikobegrenzungsgesetz) verabschiedet. Es trat überwiegend am 19. August 2008 in Kraft. In den Art. 6 bis 11 sind Regelungen für den besseren Schutz von Kreditnehmern bei Kreditverkäufen enthalten. Diese modifizieren insbesondere Vorschriften des Bürgerlichen Gesetzbuches über das Darlehen und die Grundschuld. Mit dem Gesetz soll für Darlehensnehmer eine höhere Transparenz bei Kreditverkäufen und ein besserer Schutz bei Zahlungsrückständen geschaffen werden. Die vom Gesetzgeber neu vorgesehenen Regelungen vollziehen teilweise das nach, was bei der Abtretung von Forderungen von der überwiegenden Zahl der Kreditinstitute bereits praktiziert wird. Die Änderungen lauten im Einzelnen[1]:

- Vorvertragliche Informationspflicht über Abtretbarkeit: Die neue Regelung nach § 492 Abs. 1a Satz 3 BGB verpflichtet den Kreditgeber bei Immobiliardarlehensverträgen i.S. § 492 Abs. 1a Satz 2 BGB (d.h. nur bei einem Verbraucher als Kreditnehmer) nun dazu, den Kreditnehmer bereits bei Vertragsabschluss mit einem deutlich ausgestalteten Hinweis darüber zu informieren, dass die Darlehensrückzahlungsforderung ohne dessen

Zustimmung abgetreten und das Vertragsverhältnis auf einen Dritten übertragen werden darf, wenn dies nicht vertraglich ausgeschlossen wird.

- Belegschaften sollen bei Betriebsübernahmen besser geschützt werden: Soweit dadurch keine Betriebs- und Geschäftsgeheimnisse gefährdet werden, besteht künftig eine Unterrichtungspflicht gegenüber dem Wirtschaftsausschuss bzw. dem Betriebsrat. Dazu wird das Betriebsverfassungsgesetz in § 106 Abs. 2 BetrVG wie folgt ergänzt: Zu den erforderlichen Unterlagen gehört in den Fällen des Absatzes 3 Nr. 9a insbesondere die Angabe über den potentiellen Erwerber und dessen Absichten im Hinblick auf die künftige Geschäftstätigkeit des Unternehmens sowie die sich daraus ergebenden Auswirkungen auf die Arbeitnehmer; gleiches gilt, wenn im Vorfeld der Übernahme des Unternehmens ein Bieterverfahren durchgeführt wird. Das gilt künftig auch für Betriebe, in denen kein Wirtschaftsausschuss besteht, durch ein entsprechendes Beteiligungsrecht für den Betriebsrat (§ 109 a BetrVG).
- Anzeigepflicht bei Abtretung: Wird eine Kreditforderung abgetreten oder findet ein Wechsel in der Person des Darlehensgebers statt, muss der Darlehensnehmer gem. dem neu gefassten § 496 Abs. 2 BGB unverzüglich darüber informiert werden, es sei denn der Darlehensgeber tritt aufgrund einer Vereinbarung mit dem Erwerber der Darlehensforderung im Verhältnis zum Schuldner weiterhin als Gläubiger auf (stille Zession).
- Verpflichtung des Darlehensgebers zu Folgeangebot oder Hinweis auf Nichtverlängerung des Vertrages: Das Kreditinstitut oder der neue Forderungsinhaber wird gem. dem neuen § § 492a Abs.1 BGB nun spätestens drei Monate vor dem Ablauf einer Zinsbindungsfrist oder einer Fälligkeit der Forderung dem Darlehensnehmer seine Bereitschaft für ein Folgeangebot mitzuteilen oder darauf hinzuweisen haben, dass der Vertrag nicht verlängert wird. Hierdurch gewinnt der Darlehensnehmer Zeit, sich auf die Veränderungen einzustellen und ggf. Alternativen zu prüfen.

- Erweiterter Kündigungsschutz bei Immobiliardarlehensverträgen (also nur gegenüber Verbrauchern, s.o.): Eine Kündigung ist nach dem geänderten § 498 Abs. 3 BGB nur dann möglich, wenn der Darlehensnehmer mit mindestens zwei aufeinanderfolgenden Teilzahlungen ganz oder teilweise und mit mindestens 2,5% des Nennbetrags des Darlehens im Verzug ist. Diese Regelung entspricht der bisher bestehenden bei Ratenkrediten. Jedoch führt die hohe Prozentgrenze zu einer massiven Einschränkung des Kündigungsrechtes der Bank (siehe Kritik).
- Kein gutgläubiger einredefreier Erwerb der Sicherungsgrundschuld: Mit dem Sicherungsvertrag (auch: Sicherungsabrede oder Zweckerklärung) wird bei Kreditsicherheiten zwischen Kreditgeber und dem Sicherungsgeber (beispielsweise dem Grundstückseigentümer bei einer Sicherungsgrundschuld) vereinbart, welche Forderung bzw. welcher Kredit durch welche Sicherheit abgesichert werden soll. Wird der Kredit verkauft, kann der Darlehensnehmer dem neuen Gläubiger diese Sicherungsabrede entgegenhalten. Ein bisher – mangels Kenntnis der Sicherungsabrede – nach § 1157 S. 2 BGB dennoch möglicher gutgläubiger einredefreier Erwerb der Sicherungsgrundschuld wird durch die neue Regelung nach § 1192 Abs. 1a BGB ausgeschlossen.
- Fälligkeit der Grundschuld nur nach vorheriger Kündigung: Das Kapital einer Grundschuld muss gem. § 1193 Abs. 1 S. 1, 3 BGB mit einer sechsmonatigen Frist gekündigt werden, bevor die Zwangsvollstreckung aus ihr betrieben werden kann. Eine hiervon abweichende vertragliche Vereinbarung wird nun durch § 1193 Abs. 2 S. 2 BGB ausgeschlossen, wenn die Grundschuld der Sicherung einer Geldforderung dient. Das Gleiche gilt auch für die Zwangsverwaltung eines Grundstücks.
- Verschuldensunabhängiger Schadensersatzanspruch bei unberechtigter Zwangsvollstreckung aus einer vollstreckbaren Urkunde: Der Grundstückseigentümer, der sich nach Übergang der Darlehensrückzahlungsforderung auf einen Dritten der unberechtigten Zwangsvollstreckung aus einer vollstreckbaren Urkunde (gem. § 794 Abs. 1 Nr.

5 ZPO) ausgesetzt sieht, hat nun gem. § 799a ZPO einen verschuldensunabhängigen Anspruch auf Schadensersatz gegen denjenigen, der die Vollstreckung betreibt. Somit kommt es nach der neuen Regelung nicht mehr darauf an, ob der Vollstreckungsgläubiger von der Unzulässigkeit der Vollstreckungsmaßnahmen Kenntnis hat.

- Einstellung der Zwangsvollstreckung ohne Sicherheitsleistung: Gegen eine unberechtigte Zwangsvollstreckungsmaßnahme können sich der Darlehensnehmer bzw. der Eigentümer auch bisher mit einer Vollstreckungsabwehrklage gem. § 767 ZPO wehren. Bis zum Erlass eines Urteils kann der Zwangsvollstreckungsschuldner zudem einen Antrag auf einstweilige Einstellung der Vollstreckung stellen. Das Gericht kann dann die Einstellung gegen oder ohne Sicherheitsleistung anordnen. Da die Beibringung einer solchen Sicherheitsleistung in vielen Fällen die finanzielle Leistungsfähigkeit des Zwangsvollstreckungsschuldners übersteigt, muss das Gericht nun gem. § 769 Abs. 1 S. 2 ZPO die Einstellung der Zwangsvollstreckung ohne Sicherheitsleistung anordnen, wenn der Schuldner hierzu nicht in der Lage ist und seine Vollstreckungsabwehrklage hinreichend Aussicht auf Erfolg hat.
- Nicht abtretbare Unternehmenskredite: Unternehmer erhalten nun gem. § 354a Abs. 2 HGB die Möglichkeit, mit ihren Kreditinstituten Darlehensverträge zu schließen und dabei ein Abtretungsverbot zu vereinbaren.
- AGB-Schutz auch bei Darlehensverträgen: In Kauf-, Dienst- und Werkverträgen sind Klauseln unwirksam, die einen Wechsel des Vertragspartners (auf Seiten des Verwenders der AGB) ermöglichen. Dies gilt nicht, wenn der neue Vertragspartner namentlich benannt wird oder es dem Kunden vorbehalten bleibt, sich bei einem Wechsel des Vertragspartners vom Vertrag zu lösen. Diese Regelung wird durch den neu gefassten § 309 Nr. 10 BGB nun auch auf Darlehensverträge ausgeweitet.

- Bei wertpapierhandelsrechtlichen Meldepflichten sind Stimmrechte aus gehaltenen Aktien und Optionen künftig zusammenzurechnen.[2] Im Falle eines Verstoßes gegen wertpapierhandelsrechtliche Meldepflichten können Aktieninhaber ihre Stimmrechte für sechs Monate und länger verlieren. Die im Aktienregister Eingetragenen müssen dem Ermittelnden künftig auf Verlangen mitteilen, ob ihnen die Aktien gehören oder für wen sie die Aktien halten. Bei einer Verweigerung der Auskunft entfällt das Stimmrecht. Die Satzung kann Näheres dazu bestimmen, unter welchen Voraussetzungen Eintragungen im eigenen Namen für Aktien, die einem Anderen gehören, zulässig sind.
- Aktionäre müssen, sobald sie 10 Prozent oder mehr eines Unternehmens erworben haben, künftig die mit der Beteiligung verfolgten Ziele und die Herkunft der Mittel offen legen.

Kritik

Die Deutsche Bundesbank betont in ihrer Stellungnahme die Wichtigkeit der neu geschaffenen Möglichkeit der Abtretbarkeit von Kreditforderungen im Sinne eines effizienten Finanzmarktes. Sie äußert Bedenken, die Offenlegungsvorschriften auch auf stille Zessionen auszudehnen.

Massive Kritik richtet die Bundesbank an die Einführung eines Mindestrückstandes von 2,5 % der Darlehenssumme, bevor eine Kreditkündigung möglich ist. Bei einem typischen Baudarlehen mit 5 % Zinsen und einer anfänglichen Tilgung von 1 % führt diese Regelung dazu, dass ein Kreditnehmer 5 Monate lang keinerlei Zahlung leisten kann ohne dass die Bank den Kredit kündigen kann[3].

Russlandkrise

Als **Russlandkrise** (auch **Rubelkrise**) bezeichnet man die durch massiven Kapitalabfluss ausgelöste Wirtschaftskrise in Russland in den Jahren 1998 und 1999. Das russische Schlagwort für die Krise lautet *defolt*.

Erste Anzeichen für eine wirtschaftliche Krise hatte es bereits im Gefolge der Turbulenzen der Asienkrise im Herbst 1997 gegeben. Durch die dortige Krise waren die Anleger in Russland nervös geworden und es kam zu einem verstärkten Kapitalabfluss. Dadurch geriet die Währung, der russische Rubel, unter Druck. Zeitgleich hatte die russische Regierung einen hohen Bedarf für kurzfristige Kredite, um Lücken im Haushalt zu schließen.

Binnenverschuldung

Der russische Präsident Boris Jelzin entließ am 23. März 1998 die Regierung des russischen Ministerpräsidenten Wiktor Tschernomyrdin unter dem Vorwurf, er habe die wirtschaftspolitischen Probleme des Landes nicht energisch genug angegangen.

Beim Amtsantritt des neuen russischen Ministerpräsidenten Sergei Kirijenko (13. März kommissarisch, 24. April vom Parlament bestätigt) besaß der russische Staat ein hohes Haushaltsdefizit. Der Staat konnte aufgrund mangelnder Steuereinnahmen, mangelnder Rentabilität staatlicher Betriebe, Korruption, Schattenwirtschaft sowie ausländische Investoren schreckende komplizierte Zoll- und Steuergesetze die Haushaltsziele nicht einhalten. Er konnte kaum die Zinsen der Kredite (30% des Etats) und die staatlichen Lohnschulden (Streik der Bergarbeiter; Rentner, Soldaten, Ärzte, Lehrer) begleichen.

Das Hauptproblem der russischen Wirtschaft war eine Binnenverschuldung und Zahlungskrise. Fabriken konnten ihre Arbeitnehmer nicht bezahlen, da sie für ihre Waren kein Geld bekamen. Die Fabriken konnten nicht für den verbrauchten Strom zahlen, weshalb die Energiekonzerne wiederum keine Steuern an den Staat abführten.

Der größte Anteil der Schuldner waren Staatsbetriebe und Kommunen. Gewinner dieser Krise waren die sogenannten russischen Oligarchen, die mit dem Betrieb von Energie- und Rohstoffunternehmen riesige Vermögen angehäuft hatten.

Der extrem teure Präsidentschaftswahlkampf Jelzins gegen den Kommunisten Gennadi Sjuganow 1996 wurde zudem von Banken und Industrieunternehmen der Oligarchen bereitgestellt, die Jelzin nach der Wahl vor Steuerbehörden „schützte". Nur etwa fünf Millionen der 148 Millionen Einwohner Russlands zahlten regelmäßig Steuern.

Sparkurs

Kreditzusagen und ein Finanzplan des Internationalen Währungsfonds beinhalteten einen strengen Sparkurs. Am 27. Mai kam es an russischen Finanzmärkten zu starken Kursschwankungen. Zusätzlich stiegen die Zinsen für kurzfristige Staatsanleihen stark an. Wegen der bisherigen instabilen Situation blieb eine wirtschaftliche Erholung trotz einer wirtschaftlichen Beruhigung aus. Im Mai 1998 konnte die Regierung ihre Schuldverschreibungen nur unter massiven Zinserhöhungen (Zinssatz 80 %) am Markt absetzen. Um den Rubel nicht abzuwerten und den IWF von der Sanierung des Staatshaushaltes zu überzeugen verdreifachte die Zentralbank am 27. Mai 1998 die Leitzinsen auf 150%, während Präsident Jelzin per Dekret am 26. Mai ein Sparpaket verordnete, das eine Einsparung von ca. 40 Milliarden Rubel vorsah. Der IWF gab darauf seine Kredittranche von 670 Millionen Dollar bekannt. Der Staat stellte die Ölunternehmen Rosneft, Slawneft-Megionneftegaz, Sibur und Lukoil und die Telefon-Holding Swjasinvest zur Privatisierung. Nach dem Verfall der Ölpreise auf dem Weltmarkt fanden sich jedoch kaum Interessenten und der Verkauf scheiterte. Am 4. Juni senkte die Zentralbank die Leitzinsen auf 60%.

Reformversuche

Der IWF kritisierte am 18. Juni die Geschwindigkeit der Reformen und verschob die Auszahlung. Obwohl der IWF am 25. Juni die ausstehenden Kreditranchen genehmigte, fielen die russischen Aktien weiter. Am 1. Juli legte Kirijenko dem Parlament ein Sparpaket vor, das Einsparungen von umgerechnet 6 Milliarden Dollar im Jahr vorsah, und von dessen Billigung weitere Kredite des IWF zur Stabilisierung des Rubel abhingen. Die Regierung beschloss wegen des mangelnden Reformwillens der Duma wesentliche Punkte einer Steuerreform per Verordnung. Wegen der schleppenden Umsetzung der Reformen kürzte der IWF die erste Zahlung des Kredits. Der Versuch Kirijenkos, den kommunistischen Oppositionspolitiker Juri Masljukow als Industrie-

und Handelsminister in die Regierung einzubauen wurde vom Parlament nicht honoriert. Nach einer teilweisen Annahme des Sparpakets durch die Duma Mitte Juli gewährten die Weltbank und der IWF Russland für die nächsten beiden Jahre 22,6 Milliarden Dollar Kredit. Am 20. Juli genehmigte der IWF einen Überbrückungskredit von 11,2 Milliarden Dollar, am 6. August die Weltbank einen Kredit von 1,5 Milliarden Dollar.

Spekulationen

Am Interbankenmarkt wurde am 12. August die Liquidität knapp. Geschäftsbanken durften daraufhin auf Anweisung der Notenbank keine unbegrenzten Mengen an fremden Währungen mehr kaufen.

Am 13. August empfahl der ungarisch-amerikanische Milliardär und Finanzmakler George Soros der russischen Regierung in der Londoner Times eine Rubelabwertung von 15-25%. Spekulationen um eine Abwertung des Rubel führten sogleich zu drastischen Kursverlusten an der Moskauer Börse. Nach Panikverkäufen und Kursverlusten bis zu 25% wurde der Handel an der Börse zeitweise ausgesetzt. Die Aktien fielen auf den niedrigsten Stand seit zwei Jahren. Durch den resultierenden Kapitalabfluss und die hohe Staatsverschuldung geriet der russische Rubel massiv unter Druck. Jelzin schloss jedoch am 14. August eine Abwertung des Rubels aus, wodurch die Aktienkurse die Verluste mehr als wett machten. Faktisch bedeutete dies den Staatsbankrott mit der Folge, dass auch Privatguthaben auf Bankkonten ihren Wert verloren.

Soros wurde von der Moskauer Wirtschaftspresse vorgeworfen, seine Empfehlung einer Rubelabwertung zu Devisenspekulationen genutzt zu haben, was dieser jedoch bestritt. Tatsächlich deutete sich der Rubelverfall bereits eine gewisse Zeit zuvor an, und ging auch zurück auf die mangelnde Fähigkeit der bisherigen russischen Regierungen, den Staatshaushalt von den Schulden unrentabler Staatsbetriebe zu entlasten. Soros fungierte nur als Auslöser der Krise, indem er die Überteuerung des

Rubel öffentlich aussprach. Die Asienkrise sowie der Preisverfall bei Erdöl (Hauptexportgut Russlands) förderten die russische Währungskrise.

Abwertung des Rubel

Die russische Regierung konnte den unrealistisch gewordenen Kurs des Rubel nicht länger verteidigen. Sie hatte vergeblich versucht mit den 4,8 Milliarden Dollar Hilfsgeldern des IWF den Rubelkurs zu stützen. Am 17. August erweiterte sie den Dollar-Korridor des Rubel, was einer De-facto-Abwertung der Währung gleichkam. Der US-Dollar durfte danach zwischen 6,0 und 9,5 Rubel gehandelt werden. Zuvor durfte ein Mittelwert von 6,2 Rubel nur um maximal 15% nach oben oder unten überschritten werden. Das Versprechen der Regierung den Rubel nicht abzuwerten wurde so durch die Hintertür aufgegeben. Die Rückzahlung privater Auslandsschulden wurde für 90 Tage ausgesetzt und die Bedienung kurzfristiger Staatsanleihen eingestellt. Die Freigabe des Wechselkurses führte zu einer starken Abwertung des Rubels mit einem Wertverlust von 60 %. Dies wiederum verteuerte den Schuldendienst der Geschäftsbanken (bei Krediten in Fremdwährung) erheblich und führte zu einem Sturm der Privatanleger auf die Banken. Ein Großteil der Geschäftsbanken musste unter diesen Bedingungen Insolvenz anmelden.

Neue Regierung

Am 23. August entließ Jelzin Kirijenko nach fünf Monaten überraschend aus dem Amt. Ein Grund dafür war, dass Kirijenko nicht die Wirtschaftsprobleme gelöst habe, sowie dessen Entscheidung den Rubel abzuwerten. Jelzin sagte, er habe die Entlassung im Interesse der Stabilität und Kontinuität ausgesprochen. Kirijenko hatte zuvor im Parlament erklärt, Russland stehe am Anfang einer Finanzkrise, worauf weltweit die Kurse an den Finanzmärkten einbrachen. Mit der Entlassung Kirijenkos rettete Jelzin seine eigene Karriere, galt aber als angeschlagen. Erst nach einem Regierungswechsel, bei dem der vorherige und von Jelzin nun interimistisch eingesetzte Premierminister Wiktor Tschernomyrdin am 11. September durch den russischen Außenminister Jewgeni Primakow abgelöst wurde, wurde ein rigides Sparprogramm eingeleitet.

Dadurch konnte das Vertrauen der Finanzmärkte wieder hergestellt und die Inflation im Jahr 1999 eingedämmt werden.

Für die große Mehrheit der Bürger bedeutete die Abwertung des Rubels existenzielle Kaufkraftverluste. Erst mit dem Jahr 2000 konnte sich der Binnenmarkt, getragen von den Rohstoffexporten, wieder erholen.

Die Russlandkrise hatte erhebliche Auswirkungen auf die Nachfolgestaaten der Sowjetunion, denen die traditionellen Absatzmärkte wegbrachen. Bereits im Jahr 2006 verfügte die russische Regierung über erhebliche Devisenreserven.

Im Baltikum führte die Russlandkrise nach Jahren günstiger Wirtschaftsentwicklung zu einer Rezession im Jahr 1999.

Salami-Crash

Das Wort **Salami-Crash** (eine Anlehnung an den Begriff Salami-Taktik) wird für eine stetige Abwärtsbewegung an den Aktienmärkten verwendet, die über einen langen Zeitraum anhält. Besonderheit in diesem Fall ist, dass die Talfahrt nicht plötzlich, sondern eher schleichend eintritt. Die Aktien verlieren bei dieser Form des Börsenkrachs fast täglich, aber nur geringe Beträge. Spektakuläre Kursstürze gibt es nicht, obwohl fast täglich neue Tiefstände erreicht werden. Die Aktien verlieren ihren Wert in „kleinen Scheibchen".

Anleger erkennen einen Salami-Crash oft erst, wenn es zu spät ist. Eine seriöse Vorhersage ist nicht möglich. Zusätzlich kommt noch hinzu, dass Anleger bei neuen Tiefständen häufig nachkaufen, weil sie glauben, der Markt habe seinen Tiefpunkt erreicht. Diese falsche Einschätzung zwingt sie bei weiter fallenden Kursen, die Aktien wieder zu verkaufen, was den Trend weiter unterstützt.

Ursachen

Die Ursachen dieser Form des Börsenkrachs sind bislang recht unerforscht, weil das Phänomen relativ neu ist. Wirtschaftswissenschaftler sind sich aber sicher, dass einem Salami-Crash eine langfristige Hausse vorausgehen muss. Eigentlich ist ein „Salami-Crash“ nichts anderes als ein klarer Abwärtstrend, der, mangels Nachrichten, hauptsächlich von technisch orientierten Investoren getragen wird. Häufig beschleunigt sich der Trend mit zunehmender Dauer.

Beispiel

Der Wertverfall des Nemax zwischen März 2000 und Oktober 2003 gilt als das Musterbeispiel des Phänomens.

Schwarzer Dienstag

Schwarzer Dienstag (engl. "Black Tuesday") bezeichnet den 29. Oktober 1929, fünf Tage nach der US-Börsenkrise am Schwarzen Donnerstag. Durch eine einsetzende Panikreaktion auf den Schwarzen Freitag, der einen Zusammenbruch der Börse signalisierte, versuchten alle Investoren gleichzeitig ihre Aktien zu verkaufen. Dieser Tag und die darauffolgende Woche waren der Beginn der Weltwirtschaftskrise in den USA, der sogenannten Großen Depression. Dadurch wurde weltweit eine schwere Wirtschaftskrise ausgelöst.

Schwarzer Donnerstag

Im Allgemeinen bezeichnet der **Schwarze Donnerstag** (engl. "Black Thursday") den 24. Oktober 1929 und vor allem den damit verbundenen folgenreichsten Börsencrash der Geschichte. Nachdem schon in den Vorwochen ein deutlicher Rückgang des zuvor jahrelang stark steigenden Dow-Jones-Index verzeichnet worden war, brach an diesem Tag Panik unter den Anlegern aus. Die Börsenkurse brachen stark ein, viele Anleger waren nach Börsenschluss hochverschuldet. Dieser Börsencrash gilt als Auslöser der Weltwirtschaftskrise. Auch wenn nur dieser eine Tag sprichwörtlich wurde, zog sich der eigentliche Crash über Tage, und die folgende Baisse erreichte erst 1932 ihren endgültigen Tiefpunkt.

Das gleiche Ereignis bezeichnet man in Europa meist als *Schwarzer Freitag*. Dies wird häufig damit begründet, dass durch die Zeitverschiebung die Nachricht vom Crash in Amerika erst nach der abendlichen Schließung der Börsen in Europa eingetroffen sei und somit erst am nächsten Tag zur Panik an den europäischen Aktienmärkten geführt habe.
An der Berliner Börse hatte es zwei Jahre zuvor, am Freitag, dem 13. Mai 1927, plötzlich einen empfindlichen Kurseinbruch gegeben, der ebenfalls als *schwarzer Freitag* bezeichnet wird.
In den USA bezeichnet der *Black Friday* den Börsencrash vom 24. September 1869.

Vorgeschichte

Vorausgegangen war eine Spekulationsblase, ähnlich der New-Economy-Blase im Jahre 2000. In den zwanziger Jahren hatte eine unaufhaltsam scheinende Hausse den Dow Jones auf bis zu 331 Punkte getrieben – 1923 lag er noch bei ungefähr 100. Man sprach von einer „eternal prosperity“ – einem ewigen Wohlstand. In dieser Fehleinschätzung der Lage spekulierten nicht nur Großanleger und Firmen, auch zahlreiche Kleinanleger riskierten viel; Millionen nahmen kurzfristig hohe Kredite auf, um sich davon Aktien zu kaufen (oft galten allein die Aktien als Sicherheit), in der Hoffnung diese mit den Gewinnen zurückzahlen zu können. Man erzählt, dass John D. Rockefeller sich kurz vor dem Crash entschied, seine gesamten Aktien zu liquidieren, nachdem sein Schuhputzer ihm Börsentipps gab (und sich diese als richtig erwiesen). Er gehörte damit zu den wenigen Gewinnern. Eine Börsenaufsicht und viele heute selbstverständliche Gesetze zur Regulierung existierten damals noch nicht (die SEC wurde erst als Reaktion auf den Schwarzen Donnerstag gegründet). Börsenexperten nutzten Publikationen mit oft bewusst falschen Angaben, um persönlichen Gewinn zu machen und hielten die Euphorie hoch. Viele Anleger, die ihnen vertrauten, ruinierten sich schon lange vor dem Zusammenbruch.

Im Dezember 1928 gab der Börsenkurs zum ersten Mal nach. Die meisten Spekulanten und Makler sahen keinen Grund zur Beunruhigung, die damals noch recht unerfahrene US-Notenbank wurde jedoch unruhig und traf eine aus heutiger Sicht unzureichende Entscheidung: Die Zinsen auf langfristige Kredite wurden erhöht, um die Kreditfinanzierung von Aktienkäufen zu bremsen. In der herrschenden Euphorie wechselten die Anleger aber einfach zu kurzfristigen Krediten, die Spekulationsblase blähte sich weiter auf. Schließlich erreichte der Dow Jones einen Rekordhöchststand von 381 Punkten am 3. September 1929. Die Kursschwankungen wurden zunehmend nervöser. Man schätzt, dass ungefähr 10 Prozent der Aktien auf Kredit gekauft wurden.

Es gab Warnungen im Vorfeld (z. B. von Roger Babson), die jedoch als Schwarzmalerei abgetan wurden. Die Mehrzahl der Wirtschaftsführer und -wissenschaftler war noch Mitte Oktober davon überzeugt, dass der Höhenflug ewig weitergehen würde. Der bekannte Wirtschaftsprofessor Irving Fisher erlangte zweifelhaften geschichtlichen Ruhm, als er noch am 16. Oktober verkündete: „Es sieht so aus, als ob die Aktien ein dauerhaftes Hochplateau erreicht haben". Als der Dow Jones im Oktober 1929 deutlich verlor, brach jedoch Nervosität aus: viele begannen zu bemerken, wie hoch das Risiko war, das sie eingegangen waren. Bis zum 19. Oktober hatte der Dow Jones 15 Prozent verloren, Banken und Investmentfirmen begannen mit Stützungskäufen.

Zusammenbruch

Die Kleinanleger wurden sich Mitte Oktober vage der Gefahr bewusst. Der Kurs lag zwar noch auf hohem Niveau, aber er stagnierte. Viele erkannten, dass sie so ihre Kredite nicht würden zurückzahlen können. Der Kapitalzufluss brach ein, das Handelsvolumen nahm deutlich zu. Die gesamte Woche vor dem eigentlichen Zusammenbruch war von Hektik und Angst gekennzeichnet. Makler arbeiteten bis tief in die Nacht und die Polizei sperrte vorsorglich die Gegend um die New York Stock Exchange ab. Am 23. Oktober lag der Dow Jones bei nur noch knapp über 300 Punkten.

Am 24. Oktober 1929 lagen die Nerven vieler Händler blank. Dennoch begann der Handel ruhig. Gegen 11 Uhr änderte sich das schlagartig – ohne erkennbaren Auslöser. Massive Verkäufe brachten den Kurs in den Sturzflug, in Panik wurden viele Händler angewiesen, zu jedem Preis zu verkaufen, der Handel brach mehrfach zusammen. Zwei Stunden später war der Gesamtwert der börsennotierten Unternehmen um 11 Milliarden US-Dollar gefallen, ungefähr 1,5 % des damaligen Jahres-Bruttosozialproduktes der USA.

Die Banken versuchten mit Hilfe beschwichtigender Meldungen und massiver Stützungskäufe die Stimmung zu beruhigen. In ihrem Auftrag sowie in dem des Verwaltungsrates erschien Richard Whitney, der damalige Vizepräsident und spätere Präsident der New Yorker Börse, persönlich und orderte etliche Aktien besonders von Spitzenpapieren über dem aktuellen Marktpreis. Sein Auftritt brachte ihm einigen Ruhm ein. Dies hatte zunächst Erfolg, der Handel schloss mit einem Verlust von gerade einmal 2,1 % bei 299 Punkten. Es waren über 13 Millionen Aktien gehandelt worden, mehr als viermal soviel wie an einem normalen Tag.

Der britische Schatzkanzler und spätere Premierminister Winston Churchill befand sich an diesem Tag zufällig als Besucher in der New Yorker Börse. In seinen Memoiren findet sich eine lebendige Schilderung dieses Schicksalstages für die westlichen Gesellschaften.

Am Freitag setzte sich der Trend unverändert fort. Die Nachricht hatte nun auch die europäischen Börsen erreicht, aber die europäischen Wertpapiermärkte reagierten zunächst eher optimistisch auf den Zusammenbruch der riesigen Spekulationsblase an der New Yorker Börse. Man erwartete nämlich, dass die amerikanischen Kreditgeber künftig ihr Geld wieder nach Europa verleihen würden, statt es, wie in den anderthalb Jahren zuvor, an der Wall Street zu investieren. Die US-Banken versuchten weiter den Markt zu stützen und erreichten an diesem Tag sogar ein kleines Plus, trotz eines Handelvolumens von 8 Millionen Aktien und Kursverlusten einzelner Aktien von bis zu 30 %.

Endgültig brach der Markt erst am darauffolgenden Dienstag zusammen. Die Kurse waren zu weit gefallen, um die Kredite noch decken zu können – die Banken forderten nun ihr Geld zurück, zwangen oft die Anleger ihre als Sicherheit hinterlegten Aktien zu verkaufen. Dies sorgte nun für massive Verkäufe zu jedem Preis, das Handelsvolumen stieg immer weiter, der Dow Jones fiel auf 260 Punkte. Die Kurse trudelten weiter nach unten, und der Kurswert der Unternehmen fiel um weitere 14 Milliarden Dollar. Am darauf folgenden Dienstag wuchs das Handelsvolumen sogar auf 16,5 Millionen, einige Aktien waren um 99 % gefallen. Einige Anleger nahmen sich das Leben; das Bild des Managers, der sich aus dem Bürofenster stürzt, ist bis heute bekannt. Dennoch ist es geschichtlich nicht zu belegen, dass es nach dem Crash zu einer Selbstmordwelle kam. John Kenneth Galbraith wies in seinem bekannten Werk „The Great Crash 1929“ sogar nach, dass die Anzahl der Selbstmorde in den Monaten Oktober und November 1929 deutlich niedriger war als in den Sommermonaten, als die Börse noch boomte.

Folgen

Die Kurse fielen noch weitere drei Wochen. Erst am 15. November stellte sich eine Seitwärtsbewegung ein, der Dow Jones stand bei ca. 180 Punkten. Einige glaubten nun, der Tiefpunkt sei erreicht und kauften wieder mit hohem Risiko die vermeintlich billigen Aktien. Aber die Kurse fielen weiter, erst im Sommer 1932 war der Boden bei 41 Punkten erreicht – der gleiche Wert wie am 26. Mai 1896, der Erstpublizierung des Dow Jones Index.

Viele Anleger blieben hochverschuldet zurück, dabei auch viele Firmen, die nun Bankrott anmelden mussten. Andere Firmen hatten Kredite mit ihren eigenen Aktien gedeckt und gerieten ebenfalls in Probleme. Dies führte zu Massenentlassungen, Arbeitslosigkeit griff um sich. Die akuten Kapitalverluste, vor allem aber auch der Vertrauensverlust bei den Anlegern, machte eine Erholung der Wirtschaft schwierig.

In Europa brachen ebenfalls die Aktienmärkte zusammen, etliche Vermögen wurden zerstört und Unternehmen mussten aufgeben. Die meisten Länder hatten noch Schulden in den USA aus der Zeit des ersten Weltkrieges, die nun ihr Geld zurückzogen. Die Weltwirtschaftskrise setzte ein. Amerika traf es jedoch mit Abstand am härtesten – das amerikanische Bruttosozialprodukt brach in dieser Zeit um 28 % ein.

Deutschland, noch hoch verschuldet aus dem ersten Weltkrieg und stark belastet durch den Vertrag von Versailles, wurde am zweithärtesten getroffen. Die Regierung Heinrich Brünings setzte auf harte Sparpolitik, die Nachfrage brach zusammen und eine Deflation entstand. Hohe Arbeitslosigkeit breitete sich aus. Nach der gerade überwundenen Hyperinflation (siehe Deutsche Inflation 1914 bis 1923) war wieder eine schwere Krise eingetreten, extremistische Parteien errangen Wahlerfolge. Die Weltwirtschaftkrise gilt erst im Jahre 1933 als überwunden, nachdem bereits Hitler die Macht ergriffen hatte.

Das Vertrauen, gerade der Kleinanleger, in die Finanzmärkte war nachhaltig erschüttert. Erst in den siebziger Jahren wurden von dieser Gruppe wieder relevante Geldmengen an die Börse gebracht. Aber auch die Großanleger waren geschockt, erst 1954 erreichte der Dow Jones erstmals wieder seinen Höchststand. Nicht allein der Börsenkrach selbst, sondern auch dessen Vorgeschichte und natürlich die Schuldfrage rief Kritiker der „Alten Garde" auf den Plan, womit die wohlhabenden Mitglieder der Börse und Broker gemeint waren, allen voran der inzwischen zu deren Präsidenten aufgestiegene Richard Whitney. Im Bemühen, Gesetze zu schaffen, die die Spekulation zukünftig regulieren und eine Wiederholung des Börsenkrachs unterbinden sollte, richtete der Kongress einen Untersuchungsausschuss ein, vor dem u. a. Whitney zwischen 1932 und 1935 mehrfach aussagen musste.

Aus der Erfahrung des Schwarzen Donnerstags erließen alle Börsen später Regeln, die bei extremem Kursverfall den Handel zeitweise aussetzen, um somit die entstehende Panik zu bändigen. Hinzu kamen weitere Restriktionen, z.B. zur Kreditfinanzierung von Aktiengeschäften. Nachfolgende Börsencrashes waren daher weniger dramatisch als der Schwarze Donnerstag.

Schwarzer Freitag

Schwarzer Freitag ist die Bezeichnung eines wegen eines großen Unglücks denkwürdigen Freitags.

Herkunft des Begriffs

Diese Bezeichnungsweise, die ähnlich auch für andere Wochentage existiert, leitet sich her aus einer bereits römisch-antiken Tradition, die einen Unglückstag als "Schwarzen Tag" (*dies ater*) bezeichnete und die dann in moderner Zeit unter Einbeziehung der Namen der Wochentage fortgeführt wurde. Speziell der Freitag galt in der christlichen Tradition und im daran anknüpfenden Aberglauben als ein besonderer Unglückstag [1], weil sich an einem Freitag, dem Karfreitag, die Passion und Kreuzigung Christi ereignet hatte. Im Englischen wurde deshalb im 18. Jahrhundert in einer frühen Phase der Einführung des Ausdrucks *Black Friday* dieser Ausdruck noch gelegentlich bewusst als Kontrastbegriff gebraucht zu *Good Friday* [2], wie der Karfreitag im Englischen in Hinblick auf das mit dem Tod Christi eingeleitete Erlösungswerk unter positivem Vorzeichen heißt.

Schwarze Freitage im Finanzwesen

Dass geschichtlich bedeutsame Unglückstage von den Zeitgenossen als Schwarze Freitage bezeichnet wurden, lässt sich bis ins 18. Jahrhundert zurückverfolgen und ist dort zuerst in England für den *Black Friday* vom 6. Dezember 1745 belegt, bei dem es sich zugleich um den ersten wirtschaftlichen Schwarzen Freitag handelt, der von den Zeitgenossen so genannt wurde. An diesem Tag erreichte die Nachricht London, dass der Kronprätendent Charles Edward Stuart, der mit zwei Schiffen in Schottland gelandet war, erfolgreich bis Derby hatte vordringen können [3]. In London führte daraufhin die Angst vor einer französischen Invasion und einer Restauration der Herrschaft der Stuarts zu einem vorübergehenden Kollaps des Bankwesens und Wirtschaftslebens [4].

Der angelsächsische Usus, wirtschaftlich bedeutsame Unglückstage als *Black Friday* zu bezeichnen, fand dann im Zusammenhang mit der Internationalisierung der Geldmärkte und des Pressewesens seit dem 19. Jahrhundert auch in anderen Ländern Verbreitung. Als der Bankrott der Londoner Diskontbank Overend, Gurney and Co. Limited am 11. Mai 1866 eine Panik in der Londoner City und eine Krise des britischen Finanzwesens auslöste [5], beschrieb die Londoner Times diesen Freitag am nächsten Tag als einen Unglückstag, der noch lange als Schwarzer Freitag in Erinnerung bleiben werde[6]. Die ausländische Presse griff diese Bezeichnung auf, so in Frankreich der Nationalökonom Louis Wolowski, der sie am 15. August 1866 im Titel eines Artikel in der Revue des Deux Mondes und in weiteren Schriften jeweils mit Bezug auf den Londoner 11. Mai 1866 verwendete[7].

Weltweite Verbreitung fand der Begriff im Zusammenhang mit der amerikanischen Finanzkrise vom 24. September 1869, die von Goldspekulationen der Unternehmer Jay Gould und James Fisk und Gegenmaßnahmen der Regierung der Vereinigten Staaten ausgelöst wurde. Der amerikanische Schriftsteller Frederic Stewart Isham machte diesen Skandal zum Gegenstand seines 1904 erschienenen Romans *Black Friday* [8], der seinerseits 1916 unter der Regie von Lloyd Carleton als Stummfilm verfilmt wurde [9].

Als Schwarze Freitage wurden im deutschsprachigen Raum der Wiener Börsenkrach vom 9. Mai 1873 und der Kurssturz der Berliner Börse vom 13. Mai 1927 bezeichnet. Für ihre "schwarzen" Tage und ihren Schwarzen Freitag vom 25. Oktober ist heute noch besonders der Zusammenbruch der amerikanischen Börse 1929 bekannt, der die Weltwirtschaftskrise auslöste. Im Unterschied zu den vorhergehenden und nachfolgenden Tagen war der 25. Oktober 1929 allerdings kein Tag besonderer Kursverluste: Am Mittwoch, dem 23. Oktober, war der Dow Jones Industrial Average von 326,51 vom Vortag auf 305,85 gefallen, und am "Black Thursday", dem 24. Oktober 1929, nochmals um 6,38 Punkte auf 299,47, während er am Freitag vielmehr wieder um 1,75 Punkte zulegte und seine größten Verluste dann am Montag erlitt, an dem er wieder von 298,97 auf 260,64 fiel. Am "Black Tuesday" oder "Tragic Tuesday" fiel er dann weiter auf 230,07.

Sonstige Schwarze Freitage

Als Schwarze Freitage wurden seither zahlreiche Krisentage nicht nur des Börsen- und Finanzwesens, sondern auch der politischen Geschichte bezeichnet, so unter anderem der 8. September 1978, an dem es im Iran bei der gewaltsamen Niederschlagung von Protesten gegen die Regierung von Schah Mohammad Reza Pahlavi zu zahlreichen Todesopfern kam. Der Ausdruck ist überdies bei Unglückstagen für einzelne Regionen, Unternehmen, Mannschaften im Sport und Politiker oder sonstige Personen des öffentlichen Lebens, aber auch in der Beziehung auf rein private Angelegenheiten verbreitet.

Schwarzer Montag

Der **Schwarze Montag** am 19. Oktober 1987 war der erste Börsenkrach nach dem Zweiten Weltkrieg. Der Dow Jones fiel innerhalb eines Tages um 22,6% (508 Punkte), was den größten prozentualen Abrutsch innerhalb eines Tages in dessen Geschichte darstellt. Der Sturz breitete sich schnell auf alle wichtigen internationalen Handelsplätze aus. Bis Ende Oktober waren die Börsenkurse in Australien um 41,8% gefallen, in Kanada um 22,5%, In Hong Kong um 45,8%, und im Vereinigten Königreich um 26,4%.

Bis heute ist umstritten, welche Ursachen zu diesem Börsencrash führten, da dem Crash im Gegensatz zum Abrutsch nach den Anschlägen des 11. September 2001 keine einschneidenden Ereignisse vorausgingen. Es wird vermutet, dass mehrere verschiedene Gründe zum „schwarzen Montag" führten.

Die Bezeichnung lehnt sich an die Bezeichnung Schwarzer Donnerstag für den New Yorker Crash vom 24. Oktober 1929 an, der den Beginn der Weltwirtschaftskrise einleitete.

Gründe

Der Dow Jones hatte sich seit 1985 fast verdoppelt, im August 1987 mehrten sich jedoch die Anzeichen für einen Abschwung. So gelang es der amerikanischen Regierung nicht, die Inflation und das überbordende Handelsdefizit (1987 bei 152,1 Mrd. Dollar) in den Griff zu bekommen. Die Unsicherheit verstärkte sich, als die US-Notenbank zum ersten Mal seit drei Jahren den Leitzins für kurzfristige Kredite anhob. So hatte der Dow Jones seit seinem Hoch im August bis zum 13. Oktober in mehreren Sprüngen etwa 475 Punkte verloren.

Hinzu kam eine zunehmende Unsicherheit auf den Währungsmärkten und ein Vertrauensverlust in die amerikanische Währung. Die Abwertung des Dollars im Zuge des Plaza-Abkommens schien mit dem Louvre-Abkommen im Februar 1987 zwar zunächst gestoppt, Ende September kamen in den Medien allerdings Gerüchte über einen Streit innerhalb der G7-Staaten auf. Am Freitag vor dem Börsencrash fiel der Dollarkurs abrupt auf 1,77 DM ab. Die Unsicherheit verstärkte sich noch durch einen Artikel in der darauf folgenden Sonntagsausgabe der New York Times, in der sich der damalige US-Finanzminister James Baker indirekt gegen eine weitere Stützung des Dollarkurses aussprach.

Zum Ausmaß des Börsencrashs trug wesentlich die zunehmende Computerisierung des Börsenhandels bei. Seit den frühen 1980-Jahren setzten die Händler verstärkt Computer zur Absicherung ihrer Portfoliostrategien ein. Dadurch fand eine weitgehende Automatisierung statt, die es ermöglichte, binnen kurzer Zeit große Mengen an Ordern auszuführen.

Folgen

Am 20. Oktober 1987 fiel der Dow Jones zunächst weiter bis auf 1450 Punkte. An vielen Börsen wurde daraufhin kurzzeitig der Handel ausgesetzt; unter anderem deshalb, weil die Computertechnik der damaligen Zeit dem massiven Ordervolumen nicht gewachsen war. Dies gab der US-Zentralbank Zeit, Liquidität in den Markt zu pumpen und den Crash abzufedern. Zusätzlich begannen Unternehmen damit, ihre eigenen Aktien zurückzukaufen, um so den Kurs zu stützen. Am Ende der Woche notierte der Dow Jones wieder bei 1951 Punkten.

15 Monate nach dem „Schwarzen Montag" hatte der Dow Jones mit 2247 Punkten wieder sein Niveau vor dem Börsencrash erreicht.

Schwarzer Tag

Schwarzer Tag bezeichnet redensartlich einen Unglückstag, meist im Sinne einer Verkettung negativer Ereignisse.

Die Herkunft der Redensart lässt sich auf das lateinische *dies ater* (*dies*: Tag, *ater*: schwarz / glanzlos) zurückführen. Im Imperium Romanum wurde bei schweren Niederlagen des Heeres – so zum Beispiel in den Schlachten von Cannae oder Allia – vom „dies ater" gesprochen. An Tagen nach derartigen Niederlagen ruhten in der Regel die Amtsgeschäfte. Kulturell steht Schwarz in der westlichen Welt unter anderem für Trauer, für das Böse oder für eine Bedrohung.

Beispielhaft für einen Schwarzen Tag mit einer Häufung negativer Vorkommnisse kann der 27. Oktober 1962 stehen, der Höhepunkt der Kubakrise, der als „Schwarzer Samstag" in die Geschichte einging. An diesem Tag wurde eine U-2 über Kuba abgeschossen, in den USA ein Nuklearwaffentest durchgeführt und ein sowjetisches atomwaffenbestücktes U-Boot von US-Marineeinheiten beschossen. An diesem Samstag stand die Welt so dicht vor einem Atomkrieg wie nie zuvor und auch nie danach.

Der 16. September 1992, als in Großbritannien die Pfundkrise eskalierte, wird auch „Schwarzer Mittwoch" genannt.

Weitere bekannte Schwarze Tage sind unter anderem:

- Börsenbezogen:
  - Schwarzer Freitag (Börsenkrisen in verschiedenen Jahren, die erste am 24. September 1869)
  - Schwarzer Donnerstag (Auftakt zum folgenreichsten Börsenkrach der Geschichte am 24. Oktober 1929)
  - Schwarzer Dienstag (Börsenkrise fünf Tage nach dem Schwarzen Donnerstag, Beginn der Großen Depression, 29. Oktober 1929)
  - Schwarzer Montag (Börsenkrach vom 19. Oktober 1987)
- Schwarzer Tag des deutschen Heeres (1. Weltkrieg)
- Schwarzer Freitag, Sivas-Massaker Brandanschlag gegen Aleviten am 2. Juli 1993 seitdem gilt der Tag in Türkei und bei den Aleviten als Schwarzer Tag (Schwarzer Freitag)

Schwedische Bankenkrise von 1990 bis 1992

Die **Schwedische Bankenkrise von 1990 bis 1992** war eine schwere Bankenkrise in Schweden, die durch eine Spekulationsblase am Immobilienmarkt ausgelöst wurde.

Vorgeschichte

In den 80er Jahren erlebte die Wirtschaft Schwedens einen Boom. Niedrige Realzinsen (die Zinsen waren zwar nominell hoch, die hohe Inflationsrate ließ aber Investitionen in Immobilien lukrativ erscheinen), eine Liberalisierung des grenzüberschreitenden Kapitalverkehrs und vor allem das Steuerrecht führten zu massiv steigenden Immobilienpreisen. Teil des „Skandinavischen Modells" ist eine hohe Einkommensteuerbelastung. In den 80er Jahren war es möglich, bis zu 50 Prozent der Kreditzinsen vom zu versteuernden Einkommen abzuziehen. Dies stellte nicht nur einen hohen Anreiz dar, Immobilien zu erwerben, sondern vor allem, diese hoch zu beleihen.

Die Banken finanzierten im Vertrauen die Werthaltigkeit der Immobilien in großem Maße den Erwerb von Immobilien. Hierdurch wurde die Nachfrage weiter angeheizt: Eine Immobilienblase großen Ausmaßes bildete sich. Zwischen 1987 und 1993 wurden Immobilien im Gegenwert von 400 Milliarden Kronen errichtet.

Die Krise

Anfang der 90er Jahre platze die Blase. Die Konjunktur verschlechterte sich. Die Immobilienpreise begannen zu sinken. Vor allem aber geriet die Schwedische Krone unter erheblichen Abwertungsdruck. 1990 gerieten die ersten Banken bedingt durch die Marktentwicklung in Probleme und mussten Konkurs anmelden.

Im Herbst 1991 erreichte die Krise den ersten großen Marktteilnehmer: Die größte schwedische Bank, die (zum größten Teil im Staatsbesitz stehende) Nordbanken stand vor dem Zusammenbruch. Der schwedische Staat führte der Bank frisches Aktienkapital zu und übernahm die noch in Privatbesitz befindlichen Aktien. Die faulen Kredite wurden in einer Bad Bank ausgelagert.

Das Vertrauen der Anleger und Aktionäre in die Stabilität des Bankensektors war damit aber nicht wieder hergestellt. Alle Banken saßen auf einem Berg uneinbringlicher Kredite. Die Verbindlichkeiten der schwedischen Banken beliefen sich auf 175 Milliarden Kronen. Das Eigenkapital der Banken erlaubte es nicht, die notwendigen Abschreibungen durchzuführen. 1992 stand auch die erste Sparkasse (die heutige Swedbank) vor dem Aus. Auch hier wurden die faulen Kredite in einer Bad Bank ausgelagert, für die der Staat haftete. Um das Überleben der Bank zu sichern, musste die schwedische Regierung eine Garantie für alle Einlagen dieser Sparkasse geben.

Im September 1992 erreichte die Krise ihren Höhepunkt. Die schwedische Krone stand unter massivem Abwertungsdruck. Am 17. September 1992 musste die Schwedische Reichsbank den Leitzins auf 500 Prozent erhöhen, um die Krone zu stützen. Diese Maßnahme überforderte die schwedischen Banken und Kreditnehmer massiv. In

Schweden ist es traditionell üblich, Immobilienfinanzierungen mit variablen Zinsen vorzunehmen. Damit wirken Zinserhöhungen nicht nur auf neu abgeschlossene Kreditverträge sondern auf alle.

Am 24. September 1992 erfolgte der Befreiungsschlag. Die Schwedische Regierung erweiterte ihre Garantie auf alle Banken. Die betragsmäßig unbegrenzte Garantie galt für alle Gläubiger dieser Institute. Gleichzeitig wurden auch für die anderen Banken „Bad Banks" eingerichtet und die Banken damit bilanzmäßig entlastet. Diese Maßnahmen wirkten. Das Vertrauen in die Banken war wieder hergestellt und die Banken gerettet.

Die Folgen

Das Bankensystem Schwedens war nicht wiederzuerkennen. Vier große Banken stellten nun den weitaus überwiegenden Teil des Bankenmarktes. Eine Vielzahl von Banken waren auf andere Häuser verschmolzen worden. Hierdurch sank die Wettbewerbsintensität. Die Banken konnten ihre Margen deutlich erhöhen und so schnell die Verluste der Kreditausfälle wettmachen. Gleichzeitig wurden erhebliche Rationalisierungsmaßnahmen ergriffen, die dazu führten, dass schwedische Banken ab Mitte der 90er Jahre zu den ertragreichsten Banken der Welt zählten.

Die Wirtschaft erholte sich schnell wieder. Dies ermöglichte es die Kosten für den Staat begrenzt zu haten. Die Kosten für den Staat betrugen zunächst etwa 65 Milliarden Kronen. Dies entsprach 4 % des Bruttoinlandsproduktes. In dieser Summe hatte er faule Kredite übernommen und sie dem neu geschaffenen „Bankstödsnämnden" („Amt zur Bankenunterstützung") übertragen. Später reduzierte sich dieser Betrag auf die Hälfte, da ein Teil dieser Kredite doch zurück gezahlt wurde.

Auch wenn die Regierung für das Krisenmanagement vielfach gelobt wurde, waren die Maßnahmen unpopulär. 1994 verlor sie die Parlamentswahlen und die Sozialdemokraten übernehmen wieder die Regierung.

Sonderfonds Finanzmarktstabilisierung

Der **Sonderfonds Finanzmarktstabilisierung** (**SoFFin**) wurde am 17. Oktober 2008 in einem Eilverfahren beschlossen, bei dem am selben Tag Bundestag und Bundesrat das Finanzmarktstabilisierungsgesetz ratifizierten und dadurch den Fonds einrichteten.[1] Die Rechtsverordnung zu diesem Gesetz wurde am 20. Oktober vom Bundeskabinett verabschiedet. Die amtliche Bezeichnung ist laut Deutscher Bundesbank **Finanzmarktstabilisierungsfonds**.[2]

Einrichtung

Die durch das Finanzmarktstabilisierungsgesetz eingerichtete Finanzmarktstabilisierungsanstalt (FSMA) verwaltet den Fonds.

Der Fonds wird in der Form eines Sondervermögens des Bundes gebildet und unterliegt damit nicht den üblichen Regeln der Haushaltsplanung. 65 Prozent der Kosten werden vom Bund und 35 Prozent, maximal aber 7,7 Milliarden Euro, von den Bundesländern getragen. Der Fonds ist bei Verkündung zum 31. Dezember 2009 befristet. Der Fonds hat ein Volumen von 100 Milliarden Euro. Zunächst dürfen in dem Fonds Kredite von bis zu 70 Milliarden Euro zum Erwerb von Problemaktiva und zur Rekapitalisierung (Beteiligung) an Finanzinstitutionen aufgenommen werden. Über einen weiteren Kreditrahmen in Höhe von zehn Milliarden Euro kann mit Einwilligung des Haushaltsausschusses des Deutschen Bundestages zum selben Zweck verfügt werden. Darüber hinaus wird das Bundesministerium der Finanzen ermächtigt, weitere 20 Milliarden Euro aufzunehmen, um damit Forderungen, die aus Garantie resultieren, zu befriedigen: Die FSMA ist ermächtigt, für bis zum 31. Dezember 2009 begebene Schuldtitel und Verbindlichkeiten der begünstigten Unternehmen Garantien bis zu einer Gesamthöhe von 400 Milliarden Euro auszusprechen. Begünstigte Unternehmen sind:

- Institute im Sinne des § 1 Abs. 1b des KWG (Kreditinstitute und Finanzdienstleistungsinstitute),

- Versicherungsunternehmen und Pensionsfonds im Sinne des § 1 Abs. 1 Nr. 1 und 2 des VAG,
- Kapitalanlagegesellschaften im Sinne des InvG,
- Betreiber von Wertpapier- und Terminbörsen

sowie deren Mutterunternehmen. Die Hilfen gelten nur für Unternehmen mit Sitz im Inland.

Erwartete Funktion und Auflösung

Die Bundesregierung schätzt, dass fünf Prozent der Gesamtsumme (20 Milliarden Euro) ausfallen könnten, der Rest aber zurückgezahlt wird. Auch soll laut der verkündeten Schätzung nicht die komplette Fondssumme ausgezahlt werden müssen. Ferner müssen die Institute eine „marktübliche Vergütung“ (veräußerbare Gegenleistungen, z.B. Aktien) oder „angemessene Verzinsung“ an den Fonds als Gegenleistung entrichten. Laut einer Verfassungsbeschwerde gegen das Finanzmarktstabilisierungsgesetz enthält es allerdings keine Bestimmung, die die Rückzahlung der Finanzhilfen an den Staat regele[3].

Aktuelle Entwicklungen

Am 3. November 2008 teilte die Commerzbank mit, dass diese eine stille Einlage in Höhe von 8,2 Mrd. Euro vom Sonderfonds Finanzmarktstabilisierung erhalten werde. Diese Einlage werde zu 100 % auf das Kernkapital angerechnet. Darüber hinaus räume der SoFFin der Commerzbank-Gruppe als Option eine Garantie für Schuldverschreibungen über 15 Mrd. Euro ein.[4]

Sparkassenkrise

Die **Sparkassenkrise** (englisch **Savings and Loan Crisis**) war eine Bankenkrise in den 1980er-Jahren in den USA.

Über 1.000 Sparkassen in den USA brachen im Rahmen der Krise zusammen. Der Gesamtschaden betrug über 150 Milliarden US-Dollar, von denen an die 125 Milliarden durch die Öffentliche Hand aufgebracht wurden. Der Schaden trug dadurch zu den hohen Budgetdefiziten der USA in den 1980er-Jahren sowie der Rezession Anfang der 90er Jahre bei.

Hintergrund

Seit Anfang des 19. Jahrhunderts bestanden in den USA Sparkassen (englisch *Savings and loan associations*, kurz: S&Ls). Als meist kommunale Unternehmen unterlagen sie bis Anfang der 1970er Jahre konsequenten Regulierungsvorschriften. Dies ging so weit, dass selbst die maximale Höhe der Anlagezinsen vorgeschrieben wurde.

Nachdem in den 70er Jahren die Inflationsrate und damit auch die Zinsen deutlich anstiegen, verloren die Sparkassen umfangreiche Einlagen an Geldmarktfonds, die deutlich höhere Zinsen versprachen.

Auf der anderen Seite hatten die Sparkassen umfangreiche Festzinsdarlehen für Baufinanzierungen aufgelegt, die aufgrund der steigenden Zinsen zu Verlusten führten. Die Gewinne und das Eigenkapital der Sparkassen erodierten.

Die Wurzeln der strikten Regulierung lagen in der Ära der Great Depression. Angesichts der damaligen Bankenkrise wurden Sparkassen nur wenige Geschäftsfelder erlaubt. Auch das Trennbankensystem trug zu einer Begrenzung der Geschäftsmöglichkeiten bei.

Am Ende der Regierungszeit von Präsident Jimmy Carter wurden die Begrenzungen schrittweise aufgehoben. Außerdem wurde die Haftung der amerikanischen Einlagensicherung (Federal Deposit Insurance Corporation, FDIC) von 70% des Guthabens auf 100% angehoben. Als Ronald Reagan 1981 sein Amt als Präsident übernahm, schrieben 3.300 von 3.800 Sparkassen rote Zahlen.

1982 wurde daher durch den Kongress der Garn - St. Germain Depository Institutions Act erlassen: Ein Bundesgesetz, das die Sparkassen wieder befähigen sollte, wettbewerbsfähig zu werden. Die Regulierung wurde gelockert. Sparkassen durften Ratenkredite und Unternehmenskredite vergeben sowie Kreditkarten ausgeben und wurden von den Beschränkungen der Zinssätze befreit. Weiterhin durften sie im Immobiliengeschäft tätig werden. Lediglich das Investmentbanking blieb ihnen verwehrt.

Die Krise

Aufgrund der Deregulierung expandierten die Sparkassen in hohem Tempo. Die Ausleihungen für Immobilienkredite stiegen deutlich an. Da gleichzeitig die Immobilienpreise stiegen, sanken auch die Risikokosten. Im Vertrauen auf die staatlichen Garantien war die Akquisition der zur Refinanzierung notwendigen Anlagegelder kein Problem mehr. Die Gewinne aus den Geschäften flossen den Sparkassen zu, die Risiken blieben beim FDIC (siehe hierzu: moral hazard).

Neben dem Kreditgeschäft betrieben die Sparkassen hochriskante Unternehmensfinanzierungen. Sie gehörten zu den wichtigsten Investoren in sogenannte Junk Bonds, also hochriskante Unternehmensanleihen. Umgekehrt verkauften die Sparkassen große Teile ihrer Finanzierungen über Kreditverbriefungen.

Mit dem Sinken der Inflation (und der Zinsen) und dem Verfall der Immobilienpreise Mitte der 80er Jahre brach das Geschäftsmodell der Sparkassen zusammen. Die Verluste aus Immobilienkrediten und Spekulationsverlusten trafen die Sparkassen hart. Durch die Verbriefung der Kredite profitierten die Sparkassen hingegen kaum vom Sinken der Zinsen. Im Gegenteil: Die Refinanzierungsmöglichkeiten wurden durch das niedrige Zinsniveau erschwert.

Hinzu kam in einigen Fällen, dass Bankvorstände und Manager Finanzgeschäfte in betrügerischer Absicht vorgenommen hatten.

Zunächst war es Politik der FHL-Banken und FDIC, Insolvenzen nicht zuzulassen und eine Bankkrise durch Stützungen zu vermeiden. Diese Politik ließ sich aber nicht durchhalten. Im März 1985 musste die Home State Savings Bank aus Cincinnati, Ohio Konkurs anmelden. In der Folge brachen immer mehr Sparkassen zusammen, die Anleger wurden zum größten Teil durch die FDIC entschädigt.

Reaktionen des Gesetzgebers

Mit dem Financial Institutions Reform Recovery and Enforcement Act von 1989 (FIRREA) regelte der Kongress die Abwicklung der bankrotten Sparkassen. Einer der wichtigsten Teile dieses Gesetztes war die Gründung der « Resolution Trust Corporation » (RTC). Hierbei handelte es sich um staatliche Institute, die für begrenzte Dauer geschaffen wurden, um laut Gesetz "die Aufrechterhaltung, Sanierung und Reform der Finanzinstitutionen" zu organisieren. Somit übernahmen sie "faule" Kredite, die von den Gläubigern nicht zuverlässig bedient wurden. Nach 7 Jahren war die Krise größtenteils überwunden und das RTC ging in der staatlichen Einlagensicherung FDIC (Federal Deposit Insurance Corporation) auf.

Der Staat gewährte den Banken eine Kredit in Höhe von 400 Mrd. US-Dollar, von denen 124 Mrd. Dollar tatsächlich in Anspruch genommen wurden.[1]

Spekulationsblase

Eine **Spekulationsblase** bezeichnet einen überkauften Markt, der sich in der Regel im Börsen-, Rohstoff- oder Immobilienbereich völlig von der realen Wirtschaftsentwicklung abgekoppelt hat.

Getrieben von Berichten über raschen und mühelosen Reichtum springen immer mehr (auch unerfahrene) Anleger auf den fahrenden Zug auf, kaufen zu schon überhöhten Preisen und rechnen dennoch mit einer raschen Wertsteigerung ihrer Investition. Die Preise scheinen unbegrenzt weiter zu steigen, bis sich irgendwann die Erkenntnis des realen Wertes des jeweiligen Spekulationsobjektes durchsetzt und Käufer zu höheren

Preisen plötzlich ausbleiben. Es kommt zum Krach, die Werte verfallen in kurzer Zeit und die zahlreichen Spekulanten sehen sich mit dem rapiden Verlust ihrer Investitionen konfrontiert.

Beispiele

Solche in der Struktur immer gleichen Abläufe hat es in der Geschichte wiederholt gegeben:

- 1637: Am 7. Februar platzt die seit zirka 1634 andauernde Tulpenzwiebelspekulation in Holland.
- 1700: Die Darién-Gesellschaft kann ihre Anteile nicht mehr einlösen nach Scheitern des Projekts.
- 1720: Die Spekulation mit den Anteilscheinen der Mississippi-Kompanie in Frankreich
- 1720: Die Spekulation mit den Anteilscheinen der South Sea Company in England (Südseeblase, *South Sea Bubble*)
- 1873: Die Eisenbahnspekulation in Nordamerika
- 1873: Am 9. Mai (schwarzer Freitag) platzt die Blase der Deutschen Gründerzeit: Gründerkrise.
- 1929: Beginn der Weltwirtschaftskrise mit dem Crash an der New Yorker Börse am 24. Oktober (*"Black Thursday"*). In Deutschland mit einem Tag Verzögerung als *der* schwarze Freitag wahrgenommen und bezeichnet.
- 1980: Silberspekulation der texanischen Gebrüder Hunt
- 1990: Die Aktien- und Immobilienblase in Japan platzt - s.u.
- 2000: Mitte März kulminiert die Spekulation mit Aktien der Internet- und Telekommunikationsbranche (Dotcom-Blase, NEMAX). Der Zusammenbruch der Kurse um oft über 90 Prozent erfolgt im Laufe von drei Jahren bis März 2003.
- 2007: Die Immobilienblase in den USA platzt.

Aktien- und Immobilienmarkt in Japan

Ein bekanntes Beispiel für ein spekulativ aufgeblähtes Wirtschaftswachstum als Folge einer Spekulationsblase liefert die Entwicklung des japanischen Aktien -und Immobilienmarkts der zweiten Hälfte der 1980er Jahre.

Spekulationsblasen und Geldpolitik

Intensiv diskutiert wird, inwieweit es Aufgabe der Notenbanken sein soll, der Bildung von Spekulationsblasen entgegenzuwirken. Während unstrittig ist, dass ein Anstieg der Güterpreise (Inflation) im Rahmen der Geldpolitik begrenzt werden soll, ist die gleiche Frage in Bezug auf einen Anstieg der Preise auf Kapitalmärkten strittig.

Aufgrund der Auswirkungen von Spekulationsblasen auf die Realwirtschaft wird teilweise die Forderung erhoben, im Falle niedriger Inflation aber stark steigender Aktien- oder Immobilienpreise die Liquiditätsversorgung der Wirtschaft zu reduzieren.

Ein prominentes Beispiel hierfür war die vielbeachtete Rede von US-Notenbankchef Alan Greenspan am 5. Dezember 1996 in dem er vor einem "irrationalen Überschwang" an den Börsen sprach. Allein diese Formulierung sorgte für eine Korrektur. Die Fed erhöhte in der Folge im März 1997 die Leitzinsen um 1/4 %, konnte aber die Fortsetzung der Hausse und anschließenden Kollaps der Dotcom-Blase nicht verhindern.

Prognostizierte Blasen

Viele Kleinanleger im irischen Markt, die in sogenannten "Investment Properties" einen Großteil ihres Vermögens angelegt haben, befürchten, dass in näherer Zeit dieser Markt ähnlich wie in den USA einbrechen könnte. Dies begründet sich unter anderem auch darin, dass sehr viele Interessenten aus den USA die Preise künstlich in die Höhe trieben.

Auch die Entwicklung des Ölpreises bis Sommer 2008 sowie bei Agrarrohstoffen wie Weizen, Mais und Reis zeigt den typischen Verlauf einer Spekulationsblase. [1]

Stagflation

Die **Stagflation** ist ein Kofferwort aus den Worten Stagnation und Inflation und beschreibt den Zustand eines Währungsgebietes, in dem Inflation und Volkswirtschaftliche Stagnation zusammenkommen. Während einer Phase der Stagflation gelingt es einer Volkswirtschaft weder, die Produktionskapazitäten durch vermehrten Geldeinsatz und Krediterleichterung stärker auszulasten, noch die überhöhte Geldentwertungsrate durch ein geringeres Aktivitätsniveau zu reduzieren. Beide Ziele schließen sich gegenseitig aus und stellen insofern ein wirtschaftspolitisches Dilemma dar.

Dieses bis Ende der sechziger Jahre des 20. Jahrhunderts weltweit unbekannte Phänomen wurde erstmals 1969 zu Beginn der ersten Ölpreiskrise in den USA und Großbritannien beobachtet. Der Begriff wurde Anfang der siebziger Jahre auch in der Bundesrepublik verwendet (Bundestagswahlkampf 1972), um eine vergleichsweise lang anhaltende wirtschaftliche Stagnation (nicht Unterbeschäftigung) und eine vergleichsweise hohe Inflationsrate zu erklären.

Die Wortschöpfung *Stagflation* wird dem 1970 verstorbenen britischen Finanzminister Iain Macleod und John Overcountry zugeschrieben.

Ursachen und Auswirkungen von Stagflation

Auslöser von Stagflationen sind in der Regel Angebotsschocks, die durch Kostendruck das Preisniveau beeinflussen. Unternehmen werden etwa durch stark steigende Energiepreise, Missernten oder eine branchenspezifische, aggressive Lohnpolitik der Gewerkschaften gezwungen, ihre Preise zu erhöhen.

Solche negativen Angebotsschocks werden manchmal Preisschocks genannt, weil die Produzenten ihre höheren Produktionskosten mittels „mark-up pricing“ in höhere Absatzpreise umwandeln. Da die Gesamtnachfrage der Volkswirtschaft vorerst unverändert bleibt (die effektive Nachfrage, also die Summe der geplanten

Investitionen und Konsumausgaben einer Volkswirtschaft, wird von den Angebotsschocks nicht direkt beeinflusst), setzen die Unternehmen bei höheren Preisen weniger um, verringern dann ihre Produktion und entlassen Arbeiter. Jetzt erst kommt es zu den typischen Begleiterscheinungen des abwärtsgerichteten Konjunkturverlaufs, da durch steigende Arbeitslosigkeit, schrumpfende Einkommen und enttäuschte Absatzerwartungen der Unternehmen auch eine dämpfende Wirkung auf die Preise ausgeht.

Stagflation wurde erstmals während der ersten Ölkrise Ende der sechziger Jahre in Großbritannien und den USA beobachtet. Die OPEC verknappte wegen politischer Spannungen im Nahen Osten die Ölförderung, verdoppelte damit den Ölpreis innerhalb von zwei Jahren (1973-75) und sorgte somit für eine Kostenexplosion in den westlichen Industrieländern. Die Inflationsrate in den USA verdoppelte sich 1974 nahezu (von 6 % auf 11 %). Im darauffolgenden Jahr (1975) stieg die Arbeitslosenquote der USA auf 8,4 % und hatte sich somit gegenüber dem Jahr 1973 ebenfalls fast verdoppelt (4,9 %).

Die zeitliche Abfolge der Auswirkungen des Ölpreis-Schocks verdeutlicht den Unterschied zwischen nachfrageinduziertem Inflationsdruck (infolge eines staatlichen Konjunkturprogramms) und durch Angebotsschocks hervorgerufene Inflation. Während bei ersterem die Produktion und die Beschäftigung kurzfristig ansteigen und erst später die Preise steigen, kommt bei letzterem zuerst der Preisanstieg und wird später von stagnierender bzw. zurückgehender Produktion und Beschäftigung gefolgt.

Wenn die Volkswirtschaft einem Angebotsschock ausgesetzt ist, versagen die klassischen Instrumente staatlicher Konjunkturpolitik. Wird das Geldangebot ausgedehnt, um die Beschäftigung zu stabilisieren, verstärkt sich der kosteninduzierte Druck auf die Preise noch. Entscheidet sich die Wirtschaftspolitik für ein Konjunkturprogramm (etwa erhöhte Konsumnachfrage des Staates) bzw. fiskalische Maßnahmen (etwa Absenkung der Steuern) wird zwar die Gesamtnachfrage stabilisiert. Die Folge wäre dann aber ebenfalls ein dauerhaft erhöhtes Preisniveau, sowie eine gestiegene Staatsverschuldung, die zinstreibend wirkt und damit zukünftige negative Rückwirkungen auf die Investitions- und Beschäftigungsentwicklung hat.

Wirtschaftstheorien zur Stagflation

Die Phillips-Kurve, welche mit der keynesianischen Wirtschaftstheorie in Verbindung steht, erklärt, dass Stagflation unmöglich sei, da nach dieser Theorie ein proportionaler Zusammenhang zwischen Wirtschaftswachstum und Inflation besteht. Eine hohe Inflationsrate gehe daher nur mit einem hohen Wirtschaftswachstum einher.

Im Gegensatz dazu argumentiert man im Monetarismus, dass Inflation eher durch die Überversorgung mit Geld (also der verfügbaren Geldmenge) ausgelöst und nicht durch die Nachfrage beeinflusst werde. Das bedeutet, dass es zu einer Inflation kommen könne, wenn bei hoher Arbeitslosigkeit der Staat, d.h. heute in der Regel die Zentralbank, die Geldmenge erhöht. Dieser Zusammenhang folgt direkt aus der Quantitätsgleichung. Wenn die Geldmenge erhöht wird, so steigt in der Volkswirtschaft das Umsatzvolumen. Dieses höhere Umsatzvolumen besteht aus einem Preiseffekt und einem Mengeneffekt. Gibt es in der Volkswirtschaft kurzfristig freie Kapazitäten, so kann es einen deutlichen Mengeneffekt geben, so dass die Arbeitslosigkeit sinkt. In diesem Fall wird die Phillips-Kurve auch Bauer-Kurve genannt. Gibt es aber keine freien Kapazitäten, so steigt lediglich das Preisniveau, es kommt also zur Stagflation.

Die Österreichische Schule (von Mises, Hayek) sieht den Ursprung der Stagflation ebenfalls in einer zu lockeren Geldpolitik der Zentralbank. Doch entgegen der Ansicht der Monetaristen (Friedman, Phelps) unterscheidet man nicht zwischen kurz- und langfristigen Auswirkungen expansiver Geldpolitik, sondern stellt einen direkten Wirkungszusammenhang zwischen vermehrtem Geldangebot und abnehmender Güterproduktion her. Die Nachfragewirkung einer gewachsenen Geldmenge wird von den Österreichern grundsätzlich bestritten. Da das frische Zentralbankgeld nicht sofort allen Wirtschaftssubjekten zur Verfügung stehe, sondern nur einigen wenigen

Akteuren, fragten diese vermehrt Güter nach und sorgten für einen Preisanstieg. Diejenigen Wirtschaftsakteure ohne frisches Zentralbankgeld könnten von ihrem verfügbaren Geld somit weniger kaufen. Folglich sei die Gesamtnachfragewirkung der gewachsenen Geldmenge von Anfang an nicht existent.

Die Österreicher verweisen stattdessen auf die grundsätzlich schädliche Wirkung einer wachsenden Geldmenge, weil durch die anfänglich ungleiche Verteilung des neuen Geldes Produktionsentscheidungen und Güterpreise verzerrt würden. Da frisches Geld „aus dem Nichts" eine Umverteilung von den Produzenten hin zu den von der Notenbank begünstigten Geldhaltern sei, würden die Produzenten ihrer Mittel zur Steigerung von Produktion und Wohlstand beraubt und damit auch die Gesamtproduktion gebremst. Hier wird die Bedeutung des Say'schen Gesetzes für die österreichische Schule sehr deutlich. Da nur eine Ausdehnung des Angebots (und daraus folgender, äquivalenter Nachfrage) verantwortlich sein könne für Wirtschaftswachstum, müsse eine partielle und künstliche Nachfragesteigerung notwendigerweise zur Reichtumsumverteilung und Schwächung der Produktionsentscheidungen (geringere Produktion) führen.

Tequila-Krise

Tequila-Krise ist der populäre Ausdruck für die Peso-Krise, die Mexiko 1994/1995 durchmachte und die in eine Wirtschaftskrise mündete. Der Ausdruck entstammt ursprünglich einem Werk des mexikanischen Schriftstellers und Diplomaten Octavio Paz.

Diese Krise begann im Dezember 1994 mit einer Währungskrise, da die mexikanische Regierung nicht mehr in der Lage war, den fixierten Pesokurs gegenüber dem US-Dollar aufrecht zu erhalten, was zu einer generellen Vertrauenskrise führte. Dies hatte einen massiven Abzug ausländischen Kapitals zur Folge. Das fehlende Kapital brachte dann die mexikanischen Unternehmen in Schwierigkeiten und so endete die Währungskrise in einer allgemeinen Wirtschaftskrise.

Auch die politische Instabilität durch eine Revolte der Zapatistas in Chiapas, den Morden am Präsidentschaftskandidaten und dem Chef der Regierungspartei, aber auch die von Mexiko nicht beeinflussbare Zinssteigerung in den USA, die die Kapitalflucht aus Mexiko noch honorierte. Diese massive Kapitalflucht aus dem mexikanischem Währungsgebiet führte zu einer Währungsabwertung von bis zu 50 Prozent innerhalb weniger Tage. Daraus folgte ein drastischer Anstieg der Kreditkosten bei den Banken, die sich auf den liberalisierten Märkten in den USA verschuldet hatten, wodurch das Ausmaß an schlechten Krediten anstieg und die Banken vor dem Bankrott standen und dadurch überwiegend in ausländischem Besitz übernommen wurden. Mexikanische Unternehmen mussten sich nach der Bankenkrise somit bei ausländischen Kreditgebern verschulden soweit ihnen das möglich war. Der Staatshaushalt wurde durch die hochverzinslichen Staatspapiere bei den nunmehr ausländischen Banken stark belastet.

Um der Finanzkrise zu begegnen gab es im Februar 1995 ein Hilfspaket von 47,8 Milliarden US-Dollar für Mexiko durch den Internationalen Währungsfonds (IWF) und die Weltbank, wodurch die Auslandsschulden weiter anstiegen, aber ein Zusammenbruch der Großbanken und Investmentfonds verhindert wurde. Der früherer Geschäftsführende Direktor des IWF, Michel Camdessus bezeichnete diese als *„die erste Finanzkrise des 21. Jahrhundertes"*, welche sich enorm von den früheren Krisen seit den 1980er Jahren trenne.

Too Big to Fail

Too Big to Fail (deutsch: Zu Groß, um in Konkurs zu gehen) ist ein ökonomisches Schlagwort und beschreibt das Phänomen, dass Unternehmen ab einer bestimmten Größe allein aufgrund ihrer Größe davor geschützt seien, Konkurs anzumelden, weil sie rechtzeitig vom Staat gerettet würden, damit nicht die ganze Volkswirtschaft gefährdet würde. Dies gilt insbesondere für den Bankensektor aber auch für große Industrieunternehmen.

Begriff

Der Begriff stammt aus den USA. Mit dem "Federal Deposit Insurance Act of 1950" erhielt die Fed das Recht, zur Rettung von Finanzunternehmen Kredite und Eigenmittel zur Verfügung zu stellen ("providing assistance"), wenn dies zur Erhaltung der Stabilität des Finanzsystems notwendig sei. Jedoch wurde diese Option erstmals 1969 und nur sehr selten genutzt[1]. In den frühen 80ern wurde die siebtgrößte Bank der USA, die "Continental Illinois National Bank and Trust Company" als "Too Big to Fail" gerettet.

In Deutschland gelten für einen solchen Fall unter anderem die Regeln des § 47 des Kreditwesengesetzes[2].

Kettenreaktionen

In einer modernen Wirtschaft, die durch eine hohe Komplexität von Geschäftsbeziehungen geprägt ist, führt der Konkurs eines Unternehmens naturgemäß zu Auswirkungen auf eine Vielzahl anderer. Lieferanten und Kunden fallen weg, vor allem aber werden Forderungen an das insolvente Unternehmen wertlos. Dies kann wiederum zur Insolvenz der Lieferanten und damit zu einer Kettenreaktion führen. Insbesondere die Insolvenz eines Kreditinstituts kann zu gesamtwirtschaftlichen Problemen führen. Die von dieser Bank ausgegebenen Wertpapiere, Garantien oder Derivate werden wertlos und deren Inhaber können in existenzbedrohende Probleme geraten.

Je größer das Unternehmen, desto größer sind die Wirkungen auf andere Wirtschaftsteilnehmer. In diesen Fällen wird es mit erhöhter Wahrscheinlichkeit zu Rettungsaktionen durch Gläubiger, Wettbewerber oder den Staat kommen um diese Wirkungen zu vermindern. Daher wird vielfach die Vermutung geäußert, dass Unternehmen ab einer bestimmten Größe "Too Big to Fail" wären und damit quasi nicht pleite gehen könnten.

Ein Beispiel ist die Pleite der Danat-Bank während der Deutschen Bankenkrise 1931. Politik und Reichsbank übten massiven Druck auf die Dresdner Bank aus, die Danat-Bank zu übernehmen, da eine Abwicklung der Danat-Bank nicht übersehbare gesamtwirtschaftliche Folgen gehabt hätte. Aktuelle Beispiele sind Rettungsmaßnahmen im Rahmen der Finanzkrise 2007/2008.[3]

Politische Eingriffe

In Demokratien nutzen Politiker gerne die Möglichkeit, sich öffentlichkeitswirksam als "Retter" bedrohter Unternehmen darzustellen. Das Maß der medialen Aufmerksamkeit hängt hier naturgemäß von der Größe des Unternehmens und der Zahl der bedrohten Arbeitsplätze ab. So setzte sich der damalige Bundeskanzler Gerhard Schröder 1999 für den Erhalt von Philipp Holzmann ein und zwang die Kreditwirtschaft, dem maroden Unternehmen weitere Geldmittel zur Verfügung zu stellen. Offenkundig war Holzmann nicht "Too Big to Fail", sondern ging 2002 endgültig unter.

Wirkungen

Wenn Unternehmen oder Geschäftspartner davon ausgehen, das Unternehmen sei aufgrund seiner schieren Größe von jeder Insolvenzgefahr gefeit, schaft dies Anreize, Risiken einzugehen, die ansonsten nicht eingegangen worden wären. Noch kritischer wird in den Wirtschaftswissenschaften gewertet, wenn Notenbanken bereits im Vorfeld Kriterien definieren, wann Großunternehmen gerettet werden[4]. Dies würde Anreize zum Eingehen von Risiken auf Kosten der Allgemeinheit (Moral Hazard) erzeugen.

Erweiterungen

Das Schlagwort "Too Big to Fail" wird auch im Rahmen der internationalen Handelsbeziehungen verwendet. Ein Land wie die USA kann noch so große Zwillingsdefizite haben: Ein Zusammenbruch des Außenhandels mit den USA würde die Weltwirtschaft zum Zusammenbruch bringen. Das gleiche gilt für andere

Handelsnationen wie China aber auch Deutschland oder Japan. Im Sinne des Too Big to Fail-Prinzips wird daher erwartet, dass die Weltgemeinschaft im Falle einer Krise Stützungsmaßnahmen zu Gunsten dieser Länder beschließen müsste.

US-Konjunkturprogramm 2008

Das US-Konjunkturprogramm 2008, im deutschen auch Impulsprogramm[1] oder Impulspaket genannt, englisch Economic Stimulus Act of 2008, ist ein Gesetz der Vereinigten Staaten von Amerika, welches verschiedene konjunkturpolitische Maßnahmen vorsieht, um 2008 die Wirtschaft der USA zu stützen und eine mögliche Rezession zu vermeiden oder abzumildern. Das Gesetz wurde von Präsident George Bush am 13. Februar 2008 unterzeichnet.

Maßnahmen

- Bezieher von mittleren und niedrigen Einkommen erhalten Steuernachlässe. Die Steuernachlässe wurden in Form von Steuerschecks an die Steuerzahler 2008 ausbezahlt. Steuerzahler mit Einkommen unterhalb des Steuerfreibetrages erhalten 300 US-Dollar (gemeinsam veranlagte Ehepaare 600 Dollar). Dazu kommen 300 US-Dollar je Kind unter 17 Jahre alt.[2] Verhältnismäßig werden Bezieher niedriger Einkommen stärker begünstigt.[3]
- Steuerliche Erleichterungen für Investoren als Investitionsanreize.
- Die Höchstbeträge für Hypotheken, welche die sogenannten Government sponsored enterprises erwerben dürfen, wurden angehoben. Hintergrund ist, dass durch die stark gestiegenen Häuserpreise vor der Finanzkrise 2007/2008 zur Finanzierung neuer Häuserkäufe Hypotheken in einem Volumen notwendig geworden waren, deren Betrag über dem lag, bis zu dem Fannie Mae oder Freddie Mac Hypotheken kaufen und damit refinanzieren durften. Die Banken wollten ohne eine solche Refinanzierung keine Hypotheken mehr vergeben, so dass die Häuserpreise mangels Finanzierung neuer Käufe fielen. Durch Anhebung der Höchstgrenzen sollte dem entgegen gewirkt werden.

Finanzvolumen

Als Volumen für das Konjunkturprogramm waren 152 Mrd. US-Dollar für 2008 vorgesehen. Weitere 124 Mrd. US-Dollar sollen während der nächsten zehn Jahre verausgabt werden.[4]

Währungskrise

Währungskrise nennt man eine volkswirtschaftliche Krise, die durch eine plötzliche starke Abwertung einer Währung oder durch das ungewollte Aufgeben eines festen Wechselkurses zu einer oder mehreren anderen Währungen oder zum Gold ausgelöst wird. Nicht selten mündet eine Währungskrise in eine Finanz- und Wirtschaftskrise.

Gründe

Die Gründe für eine Währungskrise können in schlechten makroökonomischen Fundamentaldaten liegen (z.B. Überschuldung des Staates), so dass ein fester Wechselkurs drastisch überbewertet ist. Die Anleger erwarten langfristig eine Korrektur des Paritätskurses und bringen mit ihrer „Spekulation gegen die Währung“ die Krise zum Ausbruch. Das bedeutet, dass sie die unsichere Währung meiden und in sicheren Währungen investieren („Kapitalflucht“), weil sie eine starke Abwertung erwarten. Eben dies kann die tatsächliche Abwertung auslösen. Andere Gründe können sich selbst erfüllende, jedoch nicht durch makroökonomische Fundamentaldaten begründete Erwartungen von Anlegern sein.

Eine Bankenkrise löste dann eine Flucht aus dieser Währung aus. In der Regel können Währungskrisen als Resultat einer entsprechenden Bewertung makroökonomischer oder wirtschaftspolitischer Fehlentwicklungen durch den internationalen Kapitalmarkt interpretiert werden.

Beispiele

Beispiele sind die Dollarkrise 1971, die so genannte „Tequila-Krise“ in Mexiko 1994, die Asienkrise 1997 oder die Brasilienkrise 1999.

Einzelnachweise und Lizenzbestimmungen

Finanzkrise:

↑ International Monetary Fund: *World economic outlook. Financial crisis: causes and indicators*. Washington, May 1998, S. 74 ff.

↑ Franklin Allen and Douglas Gale: *An introduction to financial crises. http://fic.wharton.upenn.edu/fic/papers/07/0720.pdf*, S. 5.

Argentinienkrise:

↑ Blanchard, Olivier und Pérez Enrri, Daniel: Macroeconomía. Prentice Hall Iberia, Buenos Aires, 2002. Seiten 479 bis 481. ISBN 987-97892-4-5.

↑ Perspectivas de la crísis económica en Argentina, S. 8

↑ Zu dieser Kritik siehe El lado oscuro de la globalización: causas de la crísis económica en Argentina, S. 3 ff

↑ María Laura García: La nueva crísis argentina

↑ Chronologie der Argentinien-Krise (spanisch)

↑ China Today über die Ursachen der lateinamerikanischen Rezession 2001/02

↑ Daten: Erhebungen des Statistikamtes INDEC

↑ *Die Zeit* über Gläubiger Argentiniens

↑ CIA World Factbook

↑ Interview mit Valle

↑ Artikel in der Zeitung Clarín

↑ *Treber* in der Zeitung La Voz del Interior

↑ *a b* La crísis argentina: causas y remedios

↑ Zur Ermittlung zahlreicher Daten teilt der INDEC die Bevölkerung in Fünftel oder Zehntel je nach Einkommen auf, Nähreres auf der Seite des argentinischen Statistikamtes.

↑ *a b c* Daten: Website des INDEC

↑ Siehe hierzu die Seite des Promeba.

↑ Siehe dazu die Studie *Derecho a la Vivienda en Argentina*

↑ *a b* Informe Argentina Febrero 2006

↑ Artikel in La Voz del Interior

↑ Situation der Windenergie in Argentinien, INVAP, Anfang 2007

Asienkrise:

↑ [a] [b] Vgl. Dieter, H.: *Ostasien nach der Krise: Interne Reformen, neue Finanzarchitektur und monetärer Regionalismus*, Bundeszentrale für politische Bildung, Aus Politik und Zeitgeschichte (B 37–38/2000)

↑ Vgl. Meltzer, Allan H. *Asian Problems and the IMF* Cato Journal, Vol. 17, No. 3, 1998

↑ Vgl. Johnston, R. Barry, Salim M. Darbar and Claudia Echeverria, *Sequencing Capital Account Liberalization – Lessons from the Experiences in Chile, Indonesia, Korea, and Thailand* IMF Working Paper WP/1997/157.

↑ Vgl. Goldstein, M., Turner, P. „Banking Crises in Emerging Economies: Origins and Policy Options," BIS Economic Paper No. 46. 1996

↑ Für Banken ist normalerweise der Anteil der durch durch Immobilien besicherten Kredite im Vergleich zur Gesamtkreditvergabe maximal 15% bis 20%. In Indien z.B. betrug das Kreditvolumen, welches durch Immobilien besichert war am 31. März 2006 durchschnittlich zwischen 8% und 17%. Vgl. Weber, W.L., Devaney,M: *Bank Efficiency, Risk-Based Capital, and Real Estate Exposure: The Credit Crunch Revisited, Real Estate Economics, Vol. 27 March 1999* und RBI to cap banks' home loan exposure

↑ [a] [b] [c] Vgl. Steinwand, D. „Finanzkrisen der dritten Generation – Der Fall Asien, Erklärungsmodelle und Herausforderungen für die Technische Zusammenarbeit" Deutsche Gesellschaft für Technische Zusammenarbeit (GTZ), Abteilung 41 Kompetenzfeld Finanzsystementwicklung, Eschborn 2002

↑ Vgl. McKinnon, Ronald; Pill, H (1996): *Credible Liberalizations and International Capital Flows: The "Overborrowing Syndrome*, in: Ito, Takatoshi; Krueger, Anne O. (Hrsg.): —Financial Deregulation and Integration in East Asi, Chicago, London, S. 7–42., 1996

↑ Vgl. Tyers, R.: *Weathering the Asian Crisis: The role of China*, East Asian Bureau of Economic Research Finance Working Papers 426, Oktober 2000

↑ Racota, Despina-Simona (1999) Globale Konsequenzen der Asienkrise, Universität Göttingen

↑ „The Social Impact of the Asian Crisis", 2001, Asian Development Bank

↑ Vgl. The Economist: Gold from the storm - Ten years after Asia's financial crisis, the region is booming again. Has it fully recovered or are economic mistakes being repeated? Jun 28th 2007

↑ [a] [b] [c] [d] Vgl. *IMF-Supported Programs in Indonesia, Korea, and Thailand, A Preliminary Assessment* Timothy Lane, Atish Ghosh, Javier Hamann, Steven Phillips, Marianne Schulze-Ghattas, and Tsidi Tsikata; IMF Publications Occasional Paper 178, 1999

↑ Vgl. Arne Kleine-Hartlage, Pawel Redlich: *Die Rolle des Internationalen Währungsfonds in der Asienkrise*. Universität Bielefeld, Lehrstuhl für Volkswirtschaftspolitik, 2005

↑ *(...) first, the failure to dampen overheating pressures that had become increasingly evident in Thailand and many other countries in the region and were manifested in large external deficits and property and stock market bubbles; second, the maintenance of pegged exchange rate regimes for too long, which encouraged external borrowing and led to excessive exposure to foreign exchange risk in both the financial and corporate sectors: and third, lax prudential rules and financial oversight, which led to a sharp deterioration in the quality of banks' loan portfolios*, Fischer, Stanley *The Asian Crisis: A View from the IMF*. Address at the Midwinter Conference of the Bankers' Association for Foreign Trade. IMF 1998

↑ *Warum darf Rußland kein Geld mehr bekommen, Professor Dornbusch?*. Interview mit Rüdiger Dornbusch in: FAZ Magazin, 25. September 1998, S. 58.

↑ Letter of Intent of the Government of Thailand, August 14, 1997

↑ Vgl. Kreile, M.:*Deutschland und die Reform der internationalen Finanzarchitektur*, Bundeszentrale für politische Bildung, Aus Politik und Zeitgeschichte (B 37-38/2000)

↑ Dieter, H.;*Die Asienkrise und der IWF: Ist die Politik des Internationalen Währungsfonds gescheitert?* (Institut für Entwicklung und Frieden) INEF-Report Nr. 29, 1998 Duisburg

↑ [a] [b] Stiglitz,Joseph E.:*Globalization and Its Discontents*,W. W. Norton & Company; 1 edition (June 2002), ISBN 0393051242

↑ Krugman, Paul: A Model of Balance of Payment Crises, in: Journal of Money, Credit and Banking, No. 8, 311–325. 1979

↑ Vgl. Flood R. & P. Garber: Collapsing Exchange Rate Regimes: Some Linear Examples, in: Journal of International Economics, 17, 1–13. 1984

↑ Obstfeld, M.: The Logic of Currency Crises, NBER Working Paper No. 4640.,1994

↑ Vgl. Chang, Roberto & Andrés Velasco: Financial Crises in Emerging Markets: A Canonical Model. Federal Reserve Bank of Atlanta, Working Paper 98–10, 1998

↑ Vgl. Kaminsky, Graciela L. & Carmen M. Reinhart: The Twin Crisis: The Causes of Banking and Balance-of-Payment Problems. International Finance Discussion Papers, No 544, Board of Governor of the Federal Reserve System, 1996

↑ Vgl. Schneider, Martin & Aaron Tornell: Balance Sheet Effects, Bailout Guarantees and Financial Crises. NBER Working Paper 8060, 2000

↑ Vgl. Chan-Lau, Jorge A. & Zhaohui Chen: Financial Crisis and Credit Crunch as a Result of Inefficient Financial Intermediation – with Reference to the Asian Financial Crisis. IMF Working Paper 98/127, 1998

↑ Vgl. Díaz-Alejandro, Carlos F. (1985): *Good-bye financial repression, hello financial crash.* Journal of Development Economics, 19, S. 1–24. 1985

↑ Bordo Michael D, Murshid Antu Panini, *Are Financial Crises becoming increasingly more Contagious? What is the Historical Evidence on Contagion?* NBER Working Paper 7900, Research, Februar 2000.

↑ Vgl. Fratzscher, Marcel: What Causes Currency Crises: Sunspots, Contagion or Fundamentals? Paper presented at the Conference: „Financial Crises in Transition Countries“, Institut für Wirtschaftsforschung Halle, 2000

↑ Mishkin, F. *Anatomy of a Financial Crisis.* Journal of Evolutionary Economics. 1992

↑ Vgl. Paul Krugman *What happened to Asia?*

↑ Menkhoff, Lukas (2000): Die Rolle (inter)nationaler Finanzmärkte in der Asienkrise, in: Schubert, Renate (Hrsg.): Ursachen und Therapien regionaler Entwicklungskrisen – Das Beispiel der Asienkrise. Schriften des Vereins für Sozialpolitik, Band 276, 45-71.

↑ Vgl. Joseph E. Stiglitz: On the Davos World Economic Forum, What unfettered markets have wrought. 2008

↑ Vgl. Lilla Zuil: Has Basel II backfired? - Reuters 05/03/2008

Börsenkrach:

↑ teleboerse.de Größtes Tagesplus im Dax

Deflation:

↑ FAZ: Finanzkrise: Die Gefahr der Deflation

↑ WSJ: Amid Pressing Problems, Threat of Deflation Looms

↑ Bordo / Filardo: "Deflation in a historical perspective" (2005)

↑ Steven Soranno: "Mehr fürs Geld dank digitaler Deflation", Credit Suisse Global Research (2008)

Deutsche Inflation 1914 - 1923:

↑ Stenographische Berichte der Verhandlungen des Reichstags, Band 306, S. 224.

↑ Entnommen aus: Konrad Roessler: *Die Finanzpolitik des Deutschen Reiches im Ersten Weltkrieg*. Berlin 1967, S. 79, Tabelle 5.

↑ Entnommen aus: Hermann Bente: *Die deutsche Währungspolitik von 1914–1924*. In: *Weltwirtschaftliches Archiv*. 25 (1926) 1, S. 134.

↑ Sebastian Haffner: *Geschichte eines Deutschen. Erinnerungen 1914–1933*. dtv, München 2002, S. 54f.

EESA:

↑ Spiegel-Online 3. Oktober 2008: Bush unterzeichnet US-Rettungspaket für die Finanzbranche

↑ Spiegel-Online 3. Oktober 2008: 700-Milliarden-Hilfe beschlossen. Die Hilfe kommt, die Kurse fallen

↑ Spiegel-Online 4. Oktober 2008: US-Hilfspaket. Dies wird die Krise nicht beenden

Enronitis:

↑ Börsen-Unwort des Jahres 2006 und der vorherigen Jahre auf openpr.de

Finanzkrise 2007/2008:

↑ Fed Pumps $41B Into US Financial System auf biz.yahoo.com

↑ [1] „The Global Economy and Financial Crisis", Rede von John Lipsky, First Deputy Managing Director, International Monetary Fund, 24. September 2008

↑ „Um nach dem Crash am Aktienmarkt [nach der Dotcom-Krise] die US-Konjunktur zu retten, stimulierte die Notenbank mit rekordniedrigen Zinsen gezielt den Immobilienmarkt und sorgte dort für eine Preisblase, deren Platzen der unmittelbare Anlass für die 2007 offen ausbrechende Finanz- und Bankenkrise wurde", Lucas Zeise, S. 8.

↑ Vgl. Lucas Zeise, S. 17.

↑ Lucas Zeise, S. 15.

↑ Ben S. Bernanke: *Deflation – making sure „it" doesn't happen here*, Member of the Board of Governors of the U.S. Federal Reserve System vor dem *National Economists Club*, Washington, D.C., 21. November 2002. Originalquelle des Board of Governors of the U.S.

↑ BIZ, 78. Jahresbericht, VIII. Schlussbemerkungen: „Die schwierige Aufgabe der Schadensbegrenzung", S. 167 f. (PDF)

↑ [a b c d] Benedikt Fehr, 18. März 2008.

↑ BIZ, 78. Jahresbericht, 30. Juni 2008, I. Einleitung: „Das Ende einer unhaltbaren Situation", S. 8 f. (PDF)

↑ arte, Themenabend „Krepierte Kredite, explodierende Preise", 1. Juli 2008

↑ Lucas Zeise, S. 27.

↑ Lucas Zeise, S. 78f.

↑ The Economist, 25.–31. Oktober, 2008, Abb. S. 82.

↑ „Die Turbulenzen brachen aus, als einige wenige Fonds mit Anlagen in strukturierten Finanzprodukten, die mit jüngeren US-„Subprime"-Hypotheken unterlegt waren, die Rücknahme von Anteilen aussetzten." (PDF), BIZ, 78. Jahresbericht „I. Einleitung: Das Ende einer unhaltbaren Situation"

↑ [2] Gretchen Morgenson: „Bear Stearns Says Battered Hedge Funds Are Worth Little", The New York Times, 18. Juni 2007

↑ Lucas Zeise, S. 27.

↑ So Lucas Zeise, S. 28.

↑ NYT 20. Juli 2007

↑ Siehe Abbildung 6 in„The Global Economy and Financial Crisis" IWF-Dokument

↑ Lucas Zeise, S. 22, Schweizerische Nationalbank Bericht zur Finanzstabilität Juni 2008, S. 12

↑ Schweizerische Nationalbank, Bericht zur Finanzstabilität Juni 2008, S. 12 und S. 19 (PDF)

↑ „Banken buhlen um Dollar-Kredite der EZB", Financial Times Deutschland, 11. September 2008

↑ [3] „Gemeinsame Aktion – Notenbanken verleihen abermals Milliarden", FAZ-Meldung vom 18. September 2008.

↑ http://www.nzz.ch/nachrichten/startseite/notenbanken_handeln_gemeinsam__1.1062542.html Sieben Notenbanken senken gemeinsam den Leitzins

↑ [4] FAZ, *Notenbanken senken Zinsen*, 8. Oktober 2008; [5] *Statement von Prof. Axel A. Weber zur konzertierten Zinssenkung am 08.10.2008*

↑ [6] Meldung der EZB vom 6. November 2008.

↑ *Benelux-Staaten retten Finanzriesen Fortis mit Milliardenspritze.* In: Spiegel Online, 28. September 2008 (online)

↑ *Finanzkrise in Belgien: Dexia Bank bekommt staatliche Hilfe.* In: Spiegel Online, 30. September 2008 (online)

↑ *Weitere Rettungsaktion für Fortis.* In handelsblatt.com, 4. Oktober 2008 (online)

↑ http://www.ftd.de/unternehmen/finanzdienstleister/:Bankenbeben-Wie-die-Finanzkrise-die-Branche-ver%E4ndert/422519.html?p=3#a1 Ftd:Franzsosen übernehmen Fortis

↑ Deutsche Seite des China Internet Information Center (CIIC)

↑ IKB-Krise verschärft sich, auf www.sueddeutsche.de (Süddeutsche Zeitung) vom 11. August 2007.

↑ Unternehmen droht Kreditklemme, auf www.handelsblatt.com (Handelsblatt) vom 20. August 2007.

↑ Landesbank-Belastungen, br-online.de, 3. April 2008

↑ „Keine Lösung für WestLB in Sicht", tagesschau.de, 7. Februar 2008

↑ Finanzkrise verdirbt Deutsche Bank erstes Quartal, reuters.de, 1. April 2008

↑ *Dax-Konzern Hypo Real Estate kämpft ums Überleben.* In: Spiegel Online, 28. September 2008

↑ *Finanzkonsortium stützt Hypo Real Estate mit Milliardenkredit.* In: Spiegel Online, 29. September 2008

↑ *Nach Scheitern des 35-Milliarden-Euro-Pakets – Krisengipfel soll HRE retten.* In: Tagesschau (ARD), 4. Oktober 2008 (online)

↑ *Nach Bund und Finanzbranche erreichen Einigung – 15 Milliarden Euro mehr Kredit für HRE.* In: Tagesschau (ARD), 6. Oktober 2008 (online)

↑ *Hohenheimer Aufruf zur Finanzkrise: „Keine Wirtschaftskrise herbeireden!“* (PDF)

↑ Video auf bundesfinanzministerium.de: Torsten Albig, Sprecher von Bundesfinanzminister Peer Steinbrück zur abgegebenen Garantieerklärung der Bundesregierung bezüglich der Spareinlagen.

↑ [7] Presseerklärung des Bundesfinanzministeriums

↑ [8] Bundesministerium der Finanzen, *Auskünfte zu Maßnahmen der Bundesregierung zur Stabilisierung der Finanzmärkte.*

↑ Wortlaut des Finanzmarkstabilisierungsgesetzes

↑ Deutscher Bundestag – Informationen zum Finanzmarktstabilisierungsgesetz

↑ *Milliarden-Rettung für deutsche Banken*, tagesschau.de

↑ [9] BMF-Link mit weiterführenden Links.

↑ *Finanzkrise – EU-Kommission genehmigt deutsches Rettungspaket*, rp-online.de

↑ [10] Presseerklärung des BMWi vom 5. November 2008

↑ *EU fordert gemeinsame Finanzaufsicht*, focus.de

↑ *Finanzkrise: EU will Weltreform anstoßen*, salzburg.com

↑ FTD: Irland springt für Einlagen der Banken ein (dpa, 30. September 2008 10:21 Uhr)

↑ FAZ:Island bereitet Banken-Verstaatlichung vor

↑ Spiegel Online: Island übernimmt totale Banken-Kontrolle*, 7. Oktober 2008.*

↑ FTD: *Island zahlt nicht mehr*

↑ finanzkrise.info: *Entschädigung in Aussicht gestellt*

↑ Börse Online: *Sparer hoffen auf Geld*, 31. Oktober 2008

↑ http://www.manager-magazin.de/unternehmen/vwdnews/0,2828,ticker-28036587,00.html

↑ http://derstandard.at/?url=/?id=1220460709832

↑ Rettungsaktionen machen Hoffnung auf ORF am 13. Oktober 2008

↑ Übernahme: Fünf Banken teilen sich die Constantia Privatbank in Die Presse vom 17.Oktober 2008

↑ KPÖ Oberösterreich vom 20. Oktober 2008]

↑ Der Weg ist nun für das 100-Mrd.-Paket frei auf ORF abgerufen am 30. Oktober 2008

↑ Erste nimmt Hilfspaket in Anspruch auf ORF abgerufen am 30. Oktober 2008

↑ Die Presse: *Kommunalkredit: Bund übernimmt 99,8 Prozent* vom 3. November 2008.

↑ FTD 29. Oktober 2007: Stan O'Neal spaltet die Wall Street

↑ NZZ vom 17. Dezember 2007

↑ NZZ vom 20. Februar 2008

↑ NZZ vom 19. November 2007

↑ http://tagesschau.sf.tv/nachrichten/archiv/2008/10/16/schweiz/milliardenpaket_fuer_die_ubs

↑ http://www.nzz.ch/nachrichten/startseite/riesenaerger_ueber_boni-politik_der_ubs_1.1128049.html Riesenärger über Boni-Politik der UBS

↑ Die Welt, 18. September 2007: Anleger erleichtert – Bankkunden zweifeln

↑ Medienmitteilung HM Treasury – Statement re Northern Rock, 18. Februar 2008

↑ http://www.netzeitung.de/wirtschaft/unternehmen/1169077.html

↑ [11] Meldung der Bank of England vom 6. November 2008

↑ Rauch, Joe (19. Februar 2007). Ad bill forces mortgage lender out of business. *Atlanta Business Journal*. Abgerufen am 12. August 2007.

↑ Federal Deposit Insurance Corporation (FDIC) – Bank Closing Information for New Century Bank, Shelby Township, MI.

↑ Spiegel Online – American Home Mortgage ist pleite.

↑ Bloomberg.com:Worldwide (2008). Abgerufen am 24. Februar 2008.

↑ Manager Magazin – Citigroup übernimmt Vermögenswerte.

↑ Federal Deposit Insurance Corporation (FDIC) – NetBank, Alpharetta, GA, Closing Information.

↑ Sub-prime crisis hits IKB and Terra – Times Online (2008). Abgerufen am 24. Februar 2008.

↑ Federal Deposit Insurance Corporation (FDIC) – Information for IndyMac Bank, F.S.B., Pasadena, CA.

↑ Federal Deposit Insurance Corporation (FDIC) – Information for The Columbian Bank and Trust Company, Topeka, KS.

↑ Federal Deposit Insurance Corporation (FDIC) – Information for Integrity Bank, Alpharetta, GA.

↑ Federal Deposit Insurance Corporation (FDIC) – Information for Silver State Bank, Henderson, NV.

↑ Lehman Brothers muss Konkurs beantragen (Handelsblatt).

↑ 12th bank failure of the year announced (CNN).

↑ Größte US-Sparkasse Washington Mutual bricht zusammen (Spiegel).

↑ Alpha Bank wird geschlossen (RP Online).

↑ Federal Deposit Insurance Corporation (FDIC) – Information for Freedom Bank, Bradenton, FL.

↑ [12]

↑ Ftd:Blackrock-Mann rückt an die Spitze von Merrill Lynch

↑ Ftd:Citigroup löst Finanzbeben aus

↑ Spiegel Online: Absturz der amerikanischen Hausmarke 11. Januar 2008

↑ Handelsblatt:Bank of America kauft Subprime-Opfer

↑ NZZ, 14. März 2008 – Bear Stearns nahe am Kollaps

↑ NZZ, 17. März 2008 – JP Morgan Chase übernimmt Bear Stearns

↑ [13]

↑ Medienmitteilung JPMorgan Chase, 24. März 2008 – JPMorgan Chase and Bear Stearns Announce Amended

↑ Bausparbank IndyMac pleite: Zweitgrößter Bankcrash der US-Geschichte, Der Standard, 13. Juli 2008.

↑ [14] NZZ, 24. Juli 2008

↑ FAZ, 29. Juli 2008, S. 13.

↑ Deutsche Presse-Agentur, 30. Juli 2008

↑ US-Regierung übernimmt Freddie Mac und Fannie Mae auf spiegel.de, 7. September 2008. „Amerika verstaatlicht Freddie und Fannie", FAZ 8. September 2008.

↑ „Amerika verstaatlicht Freddie und Fannie", FAZ 8. September 2008.

↑ „Fannie Mae und Freddie Mac stellen jedoch ein um ein vielfaches (*exponentially*) größeres Problem dar. Sie sind fraglos ‚too big to fail'". [15] The New York Times „Borrowers and Bankers: A Great Divide", 25. Juli 2008.

↑ Benedikt Fehr am 10. September 2008 in der FAZ, S. 21

↑ *Lehman-Historie: Vom Gemischtwarenhandel zur viertgrößten US-Investmentbank*, wirtschaftsblatt.at

↑ Jahresgutachten 2008/09 des Sachverständigenrats, S. 117.

↑ [16]

↑ *US-Regierung verstaatlicht AIG*, FTD

↑ [17] (abgerufen 19. September 2008) „S.E.C. Temporarily Blocks Short Sales of Financial Stocks", New York Times, 19. September 2008

↑ Allgemeinverfügung der BaFin vom 19. September 2008 (abgerufen am 8. Oktober 2008)

↑ Erläuterungen der BaFin dazu [[18]], heruntergeladen am 8. Oktober 2008

↑ Letzte US-Investmentbanken geben Geschäftsmodell auf (Reuters)

↑ *Wells Fargo kauft Wachovia*, Financial Times Deutschland vom 3. Oktober 2008

↑ „Die Fed pumpt weitere Milliarden in die AIG", NZZ, 9. Oktober 2008

↑ Financial Times Deutschland: „Kampf gegen Finanzkrise – Fed pumpt 540 Mrd. Dollar in Geldmarktfonds"

↑ *Was hat die Fed mit 2 Billionen gemacht?*, boerse.ard.de

↑ Amex will 3,5 Milliarden Hilfe*, boerse.ard.de*

↑ Frankfurter Allgemeine Zeitung: „Wochenverluste an den internationalen Börsen", Nr. 238, 11. Oktober 2008, S. 11

↑ Spiegel Online, *Hedgefonds-Milliardär Paulson – Der neue König des Geldes*, 17. April 2008

↑ Jonas Dovern, Klaus-Jürgen Gern, Nils Jannsen, Joachim Scheide und Björn van Roye: *Weltwirtschaft im Abschwung*, Institut für Weltwirtschaft, September 2008, S. 1 ([http://www.ifw-kiel.de/wirtschaftspolitik/konjunkturprognosen/konjunkt/2008/International_9-08_Internet_neu.pdf PDF, abgerufen 22. September 2008)

↑ [19] Reuters „ILO: Finanzkrise wird weltweit 20 Millionen Stellen kosten", 20. Oktober 2008

↑ [20] Nils Jannsen: *Weltweite konjunkturelle Auswirkungen von Immobilienkrisen.*

↑ Prognose der EU vom 3. November 2008: Für Deutschland, Frankreich und Italien 2009 ist mit einem Nullwachstum zu rechnen, während in England, Irland und Spanien sogar eine negative Zahl erwartet wird.

↑ IWF: „Deutsche Wirtschaft schrumpft 2009" (abgerufen am 6. November 2008)

↑ Bericht des IWF (abgerufen am 6. November 2008)

↑ Prognose der OECD (abgerufen am 13. November 2008)

↑ Pdf-Datei BIZ 78. Jahresbericht

↑ [21] „Dennis Snower: Ein Rettungsplan für das internationale Finanzsystem", 1.Oktober 2008.

↑ [22] IMK-Policy Brief, Oktober 2008, *Finanzmarktkrise: Erste Hilfe und langfristige Prävention* Update vom 22.10.08, Verfaser: Gustav Horn, Eckhard Hein, Heike Joebges, Silke Tober.

↑ „Die Banken retten, nicht die Bankiers", Standpunkt dgb, Nr. 1 2008, DGB-Bundesvorstand, Bereich Wirtschafts- und Steuerpolitik, 9. Oktober 2008

↑ „Das Finanz-Kasino schließen!" Erklärung des Attac-Ratschlages vom 12. Oktober 2008

Finanzmarktstabilisierungsgesetz:

tagesschau.de – Einigung auf Lastenverteilung des Rettungspakets - Hohe Verluste trägt allein der Bund (Zugriff am 16. Oktober 2008)

Hyperinflation:

↑ [a] [b] Artikel Lenin, Abschnitt Bürgerkrieg 1918 bis 1922, zweiter Absatz

↑ http://www.libertyhaven.com/countriesandregions/china/hyperinflation.html

↑ http://www.zeit.de/2003/38/Jeffrey_Sachs

↑ http://2001662.homepagemodules.de/t475443f11745512_Nicaragua_Der_Sieg_der_Sandinisten.html

↑ http://www.bpb.de/publikationen/06491994241220360370961530614087,1,0,Wirtschaftssystem_und_Wirtschaftspolitik.html

↑ http://www.emkweltmission.de/laender/brasilien/Brasilien_Zeitgesch.htm, siehe auch Fernando Henrique Cardoso

↑ http://www.kas.de/db_files/dokumente/auslandsinformationen/7_dokument_dok_pdf_3573_1.pdf (PDF), http://www.inwent.org/E+Z/1997-2002/ez602-9.htm

↑ http://www.clevelandfed.org/Research/com2000/1200.htm

↑ http://www.bmlv.gv.at/download_archiv/ausle_unterlagen/k_e_landesinfo_ab2.pdf (PDF)

↑ http://www.tomchao.com/hb20.html, http://129.194.252.80/catfiles/1916.pdf (PDF)

↑ http://www.bpb.de/publikationen/D0THIA,0,0,Die_Finanzkrise_in_Russland_im_Gefolge_der_Asienkrise.html

↑ http://www.us-angola.org/pressreleases/071904.htm, http://www.metro-press.com/angola/get_progrm.html

↑ http://www.ex.ac.uk/~RDavies/arian/amser/chrono4.html

↑ http://www.atimes.com/atimes/Global_Economy/DK08Dj01.html

↑ http://teacherlink.org/content/social/instructional/inflation/procedures.html

Immobilienblase:

↑ The Monetary Policy of Fourteenth Century Florence von Carlo Maria Cipolla

↑ http://www.safehaven.com/article-5813.htm

↑ http://en.wikipedia.org/wiki/United_States_housing_bubble

↑ http://www.quadlet.com/RE/REReport.html

Kreditklemme:

J. Downes, J. E. Goodman: Dictionary of Finance and Investment Terms, Fifth Edition ISBN 0-7641-0790-9

LTCM:

↑ [a] [b] "convergence trade", vgl. Saber, Nasser (1999): *Speculative Capital* Volume 1 - the invisible hand of global finance. Financial Times, Prentice Hall. ISBN 0-273-64155-7

↑ Handelsblatt vom 23. September 2008, Seite 10

Maßnahmenpaket Beschäftigungssicherung durch Wachstumsstärkung:

↑ welt.de - Konjunkturpaket - SPD und Union stimmen zähneknirschend zu (Zugriff am 13.11.2008)

Risikobegrenzungsgesetz:

↑ Text der geänderten Vorschriften mit Hervorhebung der Änderungen und diesbzgl. Begründungspassagen aus den Gesetzesmaterialien

↑ Fried Frank: Neue Meldepflichten durch das Risikobegrenzungsgesetz

↑ Stellungnahme der Bundesbank

Schwarzer Freitag:

↑ Gustav Jungbauer: Artikel *Freitag*, in: Handwörterbuch des deutschen Aberglaubens, Band 3 [1932], Nachdruck: Walter de Gruyter, Berlin / New York, 2000, Sp. 45-73

↑ Im Prozess gegen einen William Smith aus Ingleby Manor in Yorkshire, der der Anklage zufolge am Karfreitag des Jahres 1753 mehrere Verwandte durch Beimischung von Arsen in einen Karfreitagskuchen (*Good-Friday Cake*) ermordet hatte, erklärte die Dienerin eines der Mordopfer im Hinblick auf den qualvollen Tod ihrer Herrschaften: *"God rest their Souls! But never saw I such Mortality in all my Life; instead of Good Friday, it was black Friday (...)."* In: *The trial, conviction, condemnation, confession and execution of William Smith*, printed for M. Cooper, W. Reeve, and C. Sympson, London 1753, S. 11

↑ Zeitgenössisch z.B. *A letter to a Member of Parliament, concerning the free British fisheries*, printed for R. Spavan, London 1750, S. 16: *"Every body remembers during the Course of the late unnatural Rebellion, that when the News of the Rebels being at* Derby *reached* London, *which happened upon a* Friday, *(...) their Approach occasioned no small Confusion and Consternation in the City, of which I was an Eyer-witness; insomuch, that after his Royal Highness the Duke had obliged them to retreat, that day was called the Black Friday."*

↑ Andreas Michael Andreades: *History of the Bank of England, 1640 to 1903*, 4. Ausgabe, Cass, London 1966, S. 21

↑ Andreas Michael Andreades: *History of the Bank of England, 1640 to 1903*, 4. Ausgabe, Cass, London 1966, S. 353ff.

↑ *The Times*, Nr. 25496, 12. Mai 1866, S. 12, Spalte C (The Panic): *"Altogether, for many reasons, the occasion and the day will probably be long remembered in the City of London as the 'Black Friday'"*, vgl. auch Nr. 25535, 27. Juni 1866, S. 11, Spalte B (The Imperial Mercantile Credit Association)

↑ Vgl. The Times, Nr. 25580, 18. August 1866, S. 10, Spalte B; Louis Wolowski: *Réponse de M. Wolowski (...) à la lettre de M. Michel Chevalier (...) sur la question des banques*, Guillaumin, 1867, S. 15 (Auszug aus der Märznummer des *Journal des Économistes*); ders.: *Le change et la circulation*, Guillaumin, Paris 1869, S. 309, Anm. 1

↑ Frederic Stewart Isham: *Black Friday*, Bobbs-Merrill Co., Indianapolis 1904; dazu David Andrew Zimmerman: *Panic! Markets, Crises, & Crowds in American Fiction*, University of California Press, Chapel Hill 2006, S. 40 ff.

↑ Internet Movie Database

Schwedische Bankenkrise von 1990 bis 1992:

Handelsblatt vom 18. März 2008: „Wie andere Länder ihren Banken aus der Klemme helfen"

FAZ vom 9. Oktober 2008: „Ich hätte nie gedacht, dass wir das nochmal machen müssen"

Sonderfonds Finanzmarktstabilisierung:

↑ Finanzmarkstabilisierungsfonds eingeführt

↑ Webseite zum SoFFin von der Deutschen Bundesbank

↑ *Juristen stellen sich quer*, FR 23. Oktober 2008

↑ Commerzbank stärkt Kernkapital und Wettbewerbsfähigkeit, 3. November 2008

Sparkassenkrise:

↑ Frank Westermann von der Universität Osnabrück im Gespräch mit der FAZ, „Alle haben davon gewusst", 23. Oktober 2008

Steven Pizzo, Mary Fricker und Paul Muolo: *Inside Job*. ISBN 0-07-050230-7.

Lawrence White: *The S&L Debacle: Public Policy Lessons for Bank and Thrift Regulation.*

Michael Lowy: *High Rollers: Inside the Savings and Loan Debacle.*

Martin Tolchin: *Legal Scholars Clash Over Neil Bush Actions*. The New York Times, 27. September 1990.

Gerichtsurteil des Obersten Gerichtshofs der USA, *United States v. Winstar Corp.*, Aktenzeichen 518 U.S. 839(1996). Gibt eine knappe und präzise Übersicht über den zeitlichen Ablauf und die Buchhaltungspraxis, die die Krise verschärfte

Spekulationsblase:

↑ http://www.handelsblatt.com/News/Journal/Kommentar/_pv/_p/204051/_t/ft/_b/1420290/default.aspx/die-oelblase.html

Bloomberg Meldung vom 30. Juni 2008, Wheat Plunges as U.S. Report Shows Spring Acreage Increased

Bloomberg Meldung vom 30. Juni 2008, Commodities Signal Bubble Bursting as First-Half Ends

Too big to fail:

↑ http://marriottschool.byu.edu/emp/HBH/mba624/Commercial%20Banking%20Regulation.pdf Heaton, Hal B., Riegger, Christopher. "Commercial Banking Regulation", Class discussion notes.

↑ http://bundesrecht.juris.de/kredwg/__47.html

↑ „Fannie Mae und Freddie Mac stellen jedoch ein um ein vielfaches (*exponentially*) größeres Problem dar. Sie sind fraglos ‚too big to fail'". [1] New York Times „Borrowers and Bankers: A Great Divide", 25. Juli 2008.

↑ http://www.ftd.de/unternehmen/finanzdienstleister/:Warum%20Banken/242100.html?eid=237639 Financial Times Deutschland vom 21. August 2007

US-Konjunkturprogramm 2008:

↑ [1] 8. Januar 2002, Neue Zürcher Zeitung „US-Impulsprogramm kommt zu neuen Ehren - Die Konjunktur als Hintergrund des Schlagabtausches"

↑ [2] H.R. 5140: Economic Stimulus Act of 2008, abgerufen 25. Oktober 2008

↑ Vgl. auch Lucas Zeise: *Ende der Party - Die Explosion im Finanzsektor und die Krise der Weltwirtschaft.* Papyrossa-Verlag, Köln 2008, ISBN 978-3-89438-396-1, S. 140f..

↑ [3] Budget Report: H.R. 5140: Economic Stimulus Act of 2008

GNU Free Documentation License

Version 1.2, November 2002

Copyright (C) 2000,2001,2002 Free Software Foundation, Inc.

51 Franklin St, Fifth Floor, Boston, MA 02110-1301 USA

Everyone is permitted to copy and distribute verbatim copies

of this license document, but changing it is not allowed.

0. PREAMBLE

The purpose of this License is to make a manual, textbook, or other functional and useful document "free" in the sense of freedom: to assure everyone the effective freedom to copy and redistribute it, with or without modifying it, either commercially or noncommercially. Secondarily, this License preserves for the author and publisher a way to get credit for their work, while not being considered responsible for modifications made by others.

This License is a kind of "copyleft", which means that derivative works of the document must themselves be free in the same sense. It complements the GNU General Public License, which is a copyleft license designed for free software.

We have designed this License in order to use it for manuals for free software, because free software needs free documentation: a free program should come with manuals providing the same freedoms that the software does. But this License is not limited to software manuals; it can be used for any textual work, regardless of subject matter or whether it is published as a printed book. We recommend this License principally for works whose purpose is instruction or reference.

1. APPLICABILITY AND DEFINITIONS

This License applies to any manual or other work, in any medium, that contains a notice placed by the copyright holder saying it can be distributed under the terms of this License. Such a notice grants a world-wide, royalty-free license, unlimited in duration, to use that work under the conditions stated herein. The "Document", below, refers to any such manual or work. Any member of the public is a licensee, and is addressed as "you". You accept the license if you copy, modify or distribute the work in a way requiring permission under copyright law.

A "Modified Version" of the Document means any work containing the Document or a portion of it, either copied verbatim, or with modifications and/or translated into another language.

A "Secondary Section" is a named appendix or a front-matter section of the Document that deals exclusively with the relationship of the publishers or authors of the Document to the Document's overall subject (or to related matters) and contains nothing that could fall directly within that overall subject. (Thus, if the Document is in part a textbook of mathematics, a Secondary Section may not explain any mathematics.) The relationship could be a matter of historical connection with the subject or with related matters, or of legal, commercial, philosophical, ethical or political position regarding them.

The "Invariant Sections" are certain Secondary Sections whose titles are designated, as being those of Invariant Sections, in the notice that says that the Document is released under this License. If a section does not fit the above definition of Secondary then it is not allowed to be designated as Invariant. The Document may contain zero Invariant Sections. If the Document does not identify any Invariant Sections then there are none.

The "Cover Texts" are certain short passages of text that are listed, as Front-Cover Texts or Back-Cover Texts, in the notice that says that the Document is released under this License. A Front-Cover Text may be at most 5 words, and a Back-Cover Text may be at most 25 words.

A "Transparent" copy of the Document means a machine-readable copy, represented in a format whose specification is available to the general public, that is suitable for revising the document straightforwardly with generic text editors or (for images composed of pixels) generic paint programs or (for drawings) some widely available drawing editor, and that is suitable for input to text formatters or for automatic translation to a variety of formats suitable for input to text formatters. A copy made in an otherwise Transparent file format whose markup, or absence of markup, has been arranged to thwart or discourage subsequent modification by readers is not Transparent. An image format is not Transparent if used for any substantial amount of text. A copy that is not "Transparent" is called "Opaque".

Examples of suitable formats for Transparent copies include plain ASCII without markup, Texinfo input format, LaTeX input format, SGML or XML using a publicly available DTD, and standard-conforming simple HTML, PostScript or PDF designed for human modification. Examples of transparent image formats include PNG, XCF and JPG. Opaque formats include proprietary formats that can be read and edited only by proprietary word processors, SGML or XML for which the DTD and/or processing tools are not generally available, and the machine-generated HTML, PostScript or PDF produced by some word processors for output purposes only.

The "Title Page" means, for a printed book, the title page itself, plus such following pages as are needed to hold, legibly, the material this License requires to appear in the title page. For works in formats which do not have any title page as such, "Title Page" means the text near the most prominent appearance of the work's title, preceding the beginning of the body of the text.

A section "Entitled XYZ" means a named subunit of the Document whose title either is precisely XYZ or contains XYZ in parentheses following text that translates XYZ in another language. (Here XYZ stands for a specific section name mentioned below, such as "Acknowledgements", "Dedications", "Endorsements", or "History".) To "Preserve the Title" of such a section when you modify the Document means that it remains a section "Entitled XYZ" according to this definition.

The Document may include Warranty Disclaimers next to the notice which states that this License applies to the Document. These Warranty Disclaimers are considered to be included by reference in this License, but only as regards disclaiming warranties: any other implication that these Warranty Disclaimers may have is void and has no effect on the meaning of this License.

2. VERBATIM COPYING

You may copy and distribute the Document in any medium, either commercially or noncommercially, provided that this License, the copyright notices, and the license notice saying this License applies to the Document are reproduced in all copies, and that you add no other conditions whatsoever to those of this License. You may not use technical measures to obstruct or control the reading or further copying of the copies you make or distribute. However, you may accept compensation in exchange for copies. If you distribute a large enough number of copies you must also follow the conditions in section 3.

You may also lend copies, under the same conditions stated above, and you may publicly display copies.

3. COPYING IN QUANTITY

If you publish printed copies (or copies in media that commonly have printed covers) of the Document, numbering more than 100, and the Document's license notice requires Cover Texts, you must enclose the copies in covers that carry, clearly and legibly, all these Cover Texts: Front-Cover Texts on the front cover, and Back-Cover Texts on the back cover. Both covers must also clearly and legibly identify you as the publisher of these copies. The front cover must present the full title with all words of the title equally prominent and visible. You may add other material on the covers in addition. Copying with changes limited to the covers, as long as they preserve the title of the Document and satisfy these conditions, can be treated as verbatim copying in other respects.

If the required texts for either cover are too voluminous to fit legibly, you should put the first ones listed (as many as fit reasonably) on the actual cover, and continue the rest onto adjacent pages.

If you publish or distribute Opaque copies of the Document numbering more than 100, you must either include a machine-readable Transparent copy along with each Opaque copy, or state in or with each Opaque copy a computer-network location from which the general network-using public has access to download using public-standard network protocols a complete Transparent copy of the Document, free of added material. If you use the latter option, you must take reasonably prudent steps, when you begin distribution of Opaque copies in quantity, to ensure that this Transparent copy will remain thus accessible at the stated location until at least one year after the last time you distribute an Opaque copy (directly or through your agents or retailers) of that edition to the public.

It is requested, but not required, that you contact the authors of the Document well before redistributing any large number of copies, to give them a chance to provide you with an updated version of the Document.

4. MODIFICATIONS

You may copy and distribute a Modified Version of the Document under the conditions of sections 2 and 3 above, provided that you release the Modified Version under precisely this License, with the Modified Version filling the role of the Document, thus licensing distribution and modification of the Modified Version to whoever possesses a copy of it. In addition, you must do these things in the Modified Version:

A. Use in the Title Page (and on the covers, if any) a title distinct from that of the Document, and from those of previous versions (which should, if there were any, be listed in the History section of the Document). You may use the same title as a previous version if the original publisher of that version gives permission.

B. List on the Title Page, as authors, one or more persons or entities responsible for authorship of the modifications in the Modified Version, together with at least five of the principal authors of the Document (all of its principal authors, if it has fewer than five), unless they release you from this requirement.

C. State on the Title page the name of the publisher of the Modified Version, as the publisher.

D. Preserve all the copyright notices of the Document.

E. Add an appropriate copyright notice for your modifications adjacent to the other copyright notices.

F. Include, immediately after the copyright notices, a license notice giving the public permission to use the Modified Version under the terms of this License, in the form shown in the Addendum below.

G. Preserve in that license notice the full lists of Invariant Sections and required Cover Texts given in the Document's license notice.

H. Include an unaltered copy of this License.

I. Preserve the section Entitled "History", Preserve its Title, and add to it an item stating at least the title, year, new authors, and publisher of the Modified Version as given on the Title Page. If there is no section Entitled "History" in the Document, create one stating the title, year, authors, and publisher of the Document as given on its Title Page, then add an item describing the Modified Version as stated in the previous sentence.

J. Preserve the network location, if any, given in the Document for public access to a Transparent copy of the Document, and likewise the network locations given in the Document for previous versions it was based on. These may be placed in the "History" section. You may omit a network location for a work that was published at least four years before the Document itself, or if the original publisher of the version it refers to gives permission.

K. For any section Entitled "Acknowledgements" or "Dedications", Preserve the Title of the section, and preserve in the section all the substance and tone of each of the contributor acknowledgements and/or dedications given therein.

L. Preserve all the Invariant Sections of the Document, unaltered in their text and in their titles. Section numbers or the equivalent are not considered part of the section titles.

M. Delete any section Entitled "Endorsements". Such a section may not be included in the Modified Version.

N. Do not retitle any existing section to be Entitled "Endorsements" or to conflict in title with any Invariant Section.

O. Preserve any Warranty Disclaimers.

If the Modified Version includes new front-matter sections or appendices that qualify as Secondary Sections and contain no material copied from the Document, you may at your option designate some or all of these sections as invariant. To do this, add their titles to the list of Invariant Sections in the Modified Version's license notice. These titles must be distinct from any other section titles.

You may add a section Entitled "Endorsements", provided it contains nothing but endorsements of your Modified Version by various parties--for example, statements of peer review or that the text has been approved by an organization as the authoritative definition of a standard.

You may add a passage of up to five words as a Front-Cover Text, and a passage of up to 25 words as a Back-Cover Text, to the end of the list of Cover Texts in the Modified Version. Only one passage of Front-Cover Text and one of Back-Cover Text may be added by (or through arrangements made by) any one entity.

If the Document already includes a cover text for the same cover, previously added by you or by arrangement made by the same entity you are acting on behalf of, you may not add another; but you may replace the old one, on explicit permission from the previous publisher that added the old one.

The author(s) and publisher(s) of the Document do not by this License give permission to use their names for publicity for or to assert or imply endorsement of any Modified Version.

5. COMBINING DOCUMENTS

You may combine the Document with other documents released under this License, under the terms defined in section 4 above for modified versions, provided that you include in the combination all of the Invariant Sections of all of the original documents, unmodified, and list them all as Invariant Sections of your combined work in its license notice, and that you preserve all their Warranty Disclaimers.

The combined work need only contain one copy of this License, and multiple identical Invariant Sections may be replaced with a single copy. If there are multiple Invariant Sections with the same name but different contents, make the title of each such section unique by adding at the end of it, in parentheses, the name of the original author or publisher of that section if known, or else a unique number. Make the same adjustment to the section titles in the list of Invariant Sections in the license notice of the combined work.

In the combination, you must combine any sections Entitled "History" in the various original documents, forming one section Entitled "History"; likewise combine any sections Entitled "Acknowledgements", and any sections Entitled "Dedications". You must delete all sections Entitled "Endorsements".

6. COLLECTIONS OF DOCUMENTS

You may make a collection consisting of the Document and other documents released under this License, and replace the individual copies of this License in the various documents with a single copy that is included in the collection, provided that you follow the rules of this License for verbatim copying of each of the documents in all other respects.

You may extract a single document from such a collection, and distribute it individually under this License, provided you insert a copy of this License into the extracted document, and follow this License in all other respects regarding verbatim copying of that document.

7. AGGREGATION WITH INDEPENDENT WORKS

A compilation of the Document or its derivatives with other separate and independent documents or works, in or on a volume of a storage or distribution medium, is called an "aggregate" if the copyright resulting from the compilation is not used to limit the legal rights of the compilation's users beyond what the individual works permit. When the Document is included in an aggregate, this License does not apply to the other works in the aggregate which are not themselves derivative works of the Document.

If the Cover Text requirement of section 3 is applicable to these copies of the Document, then if the Document is less than one half of the entire aggregate, the Document's Cover Texts may be placed on covers that bracket the Document within the aggregate, or the electronic equivalent of covers if the Document is in electronic form. Otherwise they must appear on printed covers that bracket the whole aggregate.

8. TRANSLATION

Translation is considered a kind of modification, so you may distribute translations of the Document under the terms of section 4. Replacing Invariant Sections with translations requires special permission from their copyright holders, but you may include translations of some or all Invariant Sections in addition to the original versions of these Invariant Sections. You may include a translation of this License, and all the license notices in the Document, and any Warranty Disclaimers, provided that you also include the original English version of this License and the original versions of those notices and disclaimers. In case of a disagreement between the translation and the original version of this License or a notice or disclaimer, the original version will prevail.

If a section in the Document is Entitled "Acknowledgements", "Dedications", or "History", the requirement (section 4) to Preserve its Title (section 1) will typically require changing the actual title.

9. TERMINATION

You may not copy, modify, sublicense, or distribute the Document except as expressly provided for under this License. Any other attempt to copy, modify, sublicense or distribute the Document is void, and will automatically terminate your rights under this License. However, parties who have received copies, or rights, from you under this License will not have their licenses terminated so long as such parties remain in full compliance.

10. FUTURE REVISIONS OF THIS LICENSE

The Free Software Foundation may publish new, revised versions of the GNU Free Documentation License from time to time. Such new versions will be similar in spirit to the present version, but may differ in detail to address new problems or concerns. See http://www.gnu.org/copyleft/.

Each version of the License is given a distinguishing version number. If the Document specifies that a particular numbered version of this License "or any later version" applies to it, you have the option of following the terms and conditions either of that specified version or of any later version that has been published (not as a draft) by the Free Software Foundation. If the Document does not specify a version number of this License, you may choose any version ever published (not as a draft) by the Free Software Foundation.

ADDENDUM: How to use this License for your documents

To use this License in a document you have written, include a copy of the License in the document and put the following copyright and license notices just after the title page:

Copyright (c) YEAR YOUR NAME.

Permission is granted to copy, distribute and/or modify this document

under the terms of the GNU Free Documentation License, Version 1.2

or any later version published by the Free Software Foundation;

with no Invariant Sections, no Front-Cover Texts, and no Back-Cover Texts.

A copy of the license is included in the section entitled

"GNU Free Documentation License".

If you have Invariant Sections, Front-Cover Texts and Back-Cover Texts, replace the "with...Texts." line with this:

with the Invariant Sections being LIST THEIR TITLES, with the

Front-Cover Texts being LIST, and with the Back-Cover Texts being LIST.

If you have Invariant Sections without Cover Texts, or some other combination of the three, merge those two alternatives to suit the situation.

If your document contains nontrivial examples of program code, we recommend releasing these examples in parallel under your choice of free software license, such as the GNU General Public License, to permit their use in free software.

Haftungshinweis

Die jeweiligen Autoren und sonstigen Verantwortlichen dieses Projekts übernehmen keine Haftung für den Inhalt der veröffentlichten Artikel, insbesondere im Hinblick auf Richtigkeit, Aktualität und Vollständigkeit der zur Verfügung gestellten Informationen. Das Geltend machen von Ansprüchen jeglicher Art ist ausgeschlossen.

www.spinbooks.de